古典文獻研究輯刊

十八編

潘美月・杜潔祥 主編

第 9 冊

《今文尚書》文本結構研究

王 媛 著

國家圖書館出版品預行編目資料

《今文尚書》文本結構研究／王媛　著 — 初版 — 新北市：花
木蘭文化出版社，2014〔民103〕
目 2+246 面；19×26 公分
（古典文獻研究輯刊 十八編；第 9 冊）
ISBN：978-986-322-617-8（精裝）
1. 書經　2. 文本分析　3. 研究考訂
011.08　　　　　　　　　　　　　　　　　　103001306

ISBN-978-986-322-617-8

古典文獻研究輯刊
十八編　第 九 冊　　　　　　　ISBN：978-986-322-617-8

《今文尚書》文本結構研究

作　　者　王 媛
主　　編　潘美月　杜潔祥
總 編 輯　杜潔祥
副總編輯　楊嘉樂
編　　輯　許郁翎
企劃出版　北京大學文化資源研究中心
出　　版　花木蘭文化出版社
社　　長　高小娟
聯絡地址　235 新北市中和區中安街七二號十三樓
　　　　　　電話：02-2923-1455／傳眞：02-2923-1452
網　　址　http://www.huamulan.tw 信箱 hml 810518@gmail.com
印　　刷　普羅文化出版廣告事業
初　　版　2014 年 3 月
定　　價　十八編 22 冊（精裝）新台幣 40,000 元　　版權所有・請勿翻印

《今文尚書》文本結構研究

王　媛　著

作者簡介

王媛，女，1978 年出生，籍貫遼寧省。2001～2008 年就讀於首都師範大學，師從趙敏俐教授專攻中國古代文學專業。研究方向：先秦兩漢文學。2004 年獲文學碩士學位，2008 年獲文學博士學位。博士在讀期間（2005～2006 年），公派至日本廣島大學留學，師從野間文史教授，致力於儒家經學在日本的傳播與研究。近年來，先後在《文獻》等學術刊物發表《曾國藩、李鴻章、洪汝奎等致張文虎函箚》等多篇研究論文。現就職於中國戲曲學院。

提　要

　　《尚書》是我國最早的歷史文獻，也是我國文學史上一部具有母體性質的經典。由於長期以來，人們對《尚書》史書性質與經學意義的強調與關注，在一定程度上消解了它的文學價值。本書認為，《尚書》的文學性與其史書性質之間並不是矛盾對立的關係，而是相輔相成地構建了《尚書》的典型結構模式，而這正是《尚書》文學成就的集中體現。本書對《尚書》文學成就的研究，是以正確理解《尚書》泛文學特徵為前提，在對其作為記言史書的本質屬性與文學形式之間的關係進行重新思考的基礎上，結合對《尚書》文本的細讀而逐步展開的。

　　本書的內容主要包括六個部分。

　　緒論部分主要對現代《尚書》研究的總體狀況與文學研究狀況進行考察，總結《尚書》文學成就的特殊性，與其他先秦典籍一樣，《尚書》也具有鮮明的泛文學特徵。這一點決定了在探討《尚書》文學成就時，必須突破狹隘的純文學視角，在重新認識歷史與文學的關係的基礎上展開進一步的研究。

　　第一章是對《尚書》文本生成過程的考察。主要包括《尚書》的傳承與演變兩方面內容。先秦時代是《尚書》由孕育到初生的一段時期。在此期間，《尚書》從最早的奴隸制王朝的歷史檔案和歷史文獻，經過不斷地積累、彙聚和結集，在周代史官的整理下初步建立起了按王朝分類的基本格局。在流傳過程中，它的內容多有散失。春秋戰國之際，諸子百家都在客觀上對古史資料的鉤稽做出了努力，特別是儒家對《尚書》的整編和創制，奠定了後世《尚書》的總體結構框架。進入漢代，《尚書》逐漸完成了由歷史典籍向經世大典的轉變。在流傳的過程中，《尚書》的篇目內容和數量遞經變遷，總體來看，《今文尚書》二十八篇基本上代表了先秦《尚書》的形制與面貌。

　　第二章《尚書》篇目編次的整體特徵。本章第一節，立足文本著重分析了《今文尚書》篇目編次的編年體特徵，即《書》篇之間的先後次序與其內容所涉之歷史年代的先後基本一致。在第二節中，主要分析了《尚書》編年體式的特殊性。通過對《書》篇實際作成時間進行考察發現，其與《尚書》在整體結構上的編年次序並不一致，《尚書》的編年體形式實際上是春秋戰國時代學者對《書》篇進行纂輯時賦予它的一種新的體例。

　　第三章《尚書》文本結構的兩種基本模式。本章第一節，主要分析了外在於《書》篇而存在的編年體形式。通過對《書》篇中時間要素的存在形式進行考察，可以看出《尚書》記言本質對其文本結構的內在規定性，《尚書》整體結構上體現出來的編年特徵，並不能說明它就是一部嚴格的編年體著作，而只是在篇目編次中具有一定的編年意味。第二節，主要分析了《尚書》以記言為主體內容諸篇的結構特徵。通過對《書》篇中記敘部分基本形式的分析，確定其在構建《書》篇結構中的特殊作用，總結《尚書》記言的基本結構單元。在此基礎上，對《書》篇的兩種基本結構範式進行歸納與概括。

第四章《尚書》中敘事文本的結構特徵。《今文尚書》中還有四篇以記敘爲主要內容的《書》篇，即《堯典》、《禹貢》、《金縢》和《顧命》。本章先在第一節對這四篇作品中記敘部分的結構分別進行具體分析，然後在第二節梳理和總結它們在記敘結構上的共同特徵。主要包括記敘部分在《書》篇中的地位、《書》篇中記敘與記言部分的結構關係、記敘的人稱以及記敘部分的語言特徵等四個方面。

　　第五章《尚書》記言部分的結構特徵。這一章是對《書》篇中的記言部分進行專門分析。第一節著重分析《書》篇中記言與記敘部分的不同形式特徵，說明二者是構建《書》篇雙重結構的重要方面。第二節說明《書》篇雙重結構的內部實際上包括兩個基本層次，表層是史官記敘，內核是篇中記言，前者是《尚書》記言的基本形式，後者是《書》篇內容的表意核心，二者在內容、職能與語言形式等方面存在巨大差異，同時又相互協調相互統一，共同生成《尚書》文本的典型結構樣式。第三節總結《書》篇中記言部分的結構類型，首先從講話人數的角度，將言論劃分爲獨白式與對話式；再從對白式言論中論述形式的差異，劃分爲化解式與建設式；從對話關係的角度，將對話式記言劃分爲問對式與普通式。此外，對以記敘爲主要內容的《書》篇中記言部分的結構特徵，也進行相應的分析。

目次

圖表目錄

緒　論

第一節　現代《尚書》研究狀況綜述

（一）總體研究狀況

　　《尚書》是我國最早的歷史文獻。書中較系統地記述了上古時代虞、夏、商、周四代君臣的事迹，是研究我國原始社會與奴隸社會的重要資料。同時，《尚書》「又是我國封建社會的政治哲學經典，在儒家『五經』中佔有重要地位，既是帝王的政治教科書，又是封建士大夫必讀必遵的『大經大法』。」它所昭示的政治思想、所包蘊的哲學觀念、所保存的歷史信息等等，對中華民族歷史文化的發展與思想人格的形成產生了至深至遠的影響，有關《尚書》的諸多問題，激發了歷代學者生生不息的研究志趣。

　　經學是《尚書》研究的傳統領域。從漢代的今、古文經學興起、魏晉南北朝時期的鄭、王學論爭，到唐代以古文尚書為藍本的《尚書正義》問世；從宋代開始對古文尚書的疑辨、元明之際擁蔡倒蔡之爭和梅鷟《尚書考異》出現，再到清代王夫之終結宋學時代、閻若璩辨偽成功，《尚書》不僅在文本的傳說與傳承方面存在分歧，而且文本自身也存在諸多問題。應該說，《尚書》的經學研究是一個漫長而曲折的過程。

　　進入現代以來，《尚書》研究突破了傳統經學研究的一元局面，呈現出多學科多角度分別發展的總體態勢。從近二十年的《尚書》研究狀況來看，國內共發表《尚書》研究論文近八百餘篇（包括收錄於研究論著中的論文），出版研究專著近七十餘部。論文成果中（見圖 0-1），關於尚書學史的研究成果

數量最多，約 240 篇，占成果總數的 31.1%；歷史研究的論文，約 140 篇；《尚書》思想研究和有關文本注解的論文，均有 105 篇左右；文學和語言學研究的論文，分別爲 80 篇左右；除此以外，還有從檔案學、軍事、法律、飲食等其他領域對《尚書》進行研究的論文相對較少，合計 30 餘篇，約占論文成果總數的 4%。在研究論著中（見圖 0-2），尚書學史方面約有 30 餘部，文本注解約 33 部，二者占到全部論著數的 90% 以上。

其中，尚書學史始終是現代尚書研究中最熱門的領域之一。它的研究範圍較漢代以來的經學研究，有了更寬的拓展。既包括現代學者對《尚書》研究中傳統問題的再探討，如李學勤的《〈尚書孔傳〉的出現時間》（古籍整理研究學刊 2002 年第 1 期）、董治安的《漢代〈書〉的承傳與〈書〉學的演化》（山東大學學報 2004 年第 2 期）等，也包括結合出土文獻等新材料對文本展開的新研究，如廖名春的《郭店楚簡〈緇衣〉引〈書〉考》（西北大學學報 2000 年第 1 期）、晁福林的《郭店楚簡〈緇衣〉與〈尚書·呂刑〉》（史學史研究 2002 年第 2 期）等，同時又不乏對尚書研究史進行梳理與總結的學術力作，如陳夢家的《尚書通論》（中華書局 1985 年出版）、蔣善國的《尚書綜述》（上海古籍出版社 1988 年出版）、劉起釪的《尚書學史》（中華書局 1989 年出版）等。現代學術分科的細化與嚴格，在尚書研究中也有所體現。作爲我國最早的一部古文獻，《尚書》當然是歷史學科的重要研究對象。有關《尚書》中記載的歷史制度（包括曆法制度、刑罰制度、貢賦制度、奴婢製法律制度等）、古代社會狀況（包括政權組織形式、統治策略、政治文化綱領等）、歷史人物（包括周、召二公的關係、歷史事迹、政治地位與歷史貢獻的考察；及皋陶、商紂、盤庚等其他歷史人物），以及有關《尚書》的歷史價值和其中所體現的歷史觀的研究等等，都是歷史學科在研究《尚書》時關注的重要問題。《尚書》思想研究也取得了很大的成就。不僅有針對《尚書》中哲學思想（主要指《洪範》五行思想）、政治思想（包括民本思想、德治思想、殷鑒思想、國家思想、特權思想和政治倫理思想等）、經濟思想（包括重商思想、財政思想和裕民思想等）及法律思想（包括立法思想、刑法觀念和法治思想等）等展開的專門研究，而且還有就《尚書》思想對當今社會建設的啓示意義的思考與探索。王定璋是從事《尚書》思想研究的主要學者之一，近年來他發表了一系列學術論文，對《尚書》思想成就進行了全面的發掘與解析，其主要成果如：《〈尚書〉中的特權思想——從「沉潛剛克」到「高明柔克」》（天府新論 2000 年第

5 期）、《〈尚書〉中的裕民思想》（社會科學研究 2000 年第 4 期）、《〈尚書〉對歷史經驗的認知與總結》（中華文化論壇 2001 年第 4 期）、《「明德慎罰」——〈尚書〉的「以德治國」思想探析》（中華文化論壇 2003 年第 4 期）等。此外，郭旭東、游喚民、艾新強等學者也相繼發表了有關《尚書》思想研究的學術論文。

　　除了以上尚書學史、歷史與思想領域的研究之外，從語言學角度研究《尚書》，也取得了豐碩的成果，出現了一批對《尚書》詞彙（包括「朕」、「能」、「克」、「之」等實詞和「於」、「者」、「然」等虛詞的意義與語法功能等在內）、詞性（包括《尚書》中使用的數詞、連詞、歎詞、代詞和動詞同義詞聚合現象）、句法（包括判斷句、被動句、雙賓語句、賓語前置句等）及特殊語言現象等進行專門研究的一系列論文和論著。錢宗武是這方面的代表學者之一，其在在商務印書館、北京大學出版社等海內外重要出版社出版了多部《尚書》語言研究專著，如：《今文尚書語言研究》、《今文尚書語法研究》、《尚書語法論稿》、《尚書新箋與上古文明》等，並發表多篇相關學術論文。經典的傳承過程，也是它不斷「當代化」的過程，而對文本的注解可以說是這個複雜進程中最直觀的一環。近二十年來的尚書研究中，注解類論著的比例約占成果總數的 14%，僅次於尚書學術和歷史研究，居第三位。準確的注解使無限接近於文本本意成為可能，這不僅是《尚書》研究進一步走向深入的基礎，而且為《尚書》的多領域研究和經典普及提供了必要的前提，其中，錢宗武著《今古文尚書全譯》（貴州人民出版社 1990 年）、金景芳、呂紹綱著《〈尚書·虞夏書〉新解》（遼寧古籍出版社 1996 年）、顧頡剛、劉起釪著《尚書校釋譯論》（中華書局 2005 年）等都是這方面的重要成果。

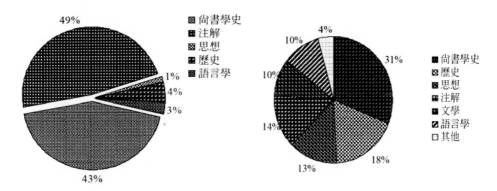

圖 0-1：尚書研究論文的內容分佈　　圖 0-2：尚書研究論著的內容分佈

和《尚書》的歷史學研究、語言學研究等一樣，《尚書》文學成就的專門研究也是現代學科發展的結果。近二十年來共發表《尚書》文學研究專題論文 80 篇左右，約占《尚書》研究成果總數的 10%。與其他學科相比，《尚書》文學研究的成果數量並不算多，然而《尚書》文學研究卻在 1946 至 2006 年六十餘年的時間里保持了持續增長的發展勢頭（如圖 0-3）。

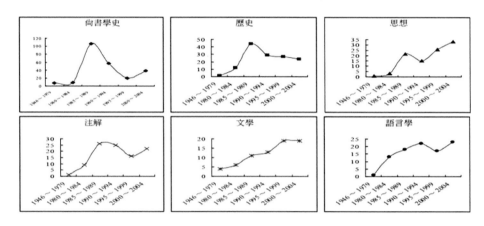

圖 0-3：各研究領域的發展走勢

學術分工使現代的《尚書》研究在吸納前人已有成果的基礎上，走上了日趨專業、細密、深入的道路。如果將《尚書》比作一棵大樹，那麼，古代《尚書》研究是它粗壯的主幹，現代興起的分學科分領域研究，就是它多歧的枝杈。「若顛木之有由蘗」，《尚書》文學研究也是其中生機盎然的一枝。

（二）文學研究狀況

雖然嚴格意義上的《尚書》文學成就研究是現代學術發展的產物，但是在我國古代已不乏對《尚書》文學性的認識。只不過宥於《尚書》的經學屬性，對《尚書》文學性的關注只是作為古人研究經學問題時的附庸或工具，但是他們的論斷在客觀上卻對後世產生了深遠的影響，現代《尚書》文學研究正是在古代研究的基礎上發展起來的。

我國古代對《尚書》文學成就的認識，往往是與經學研究中的質疑與迴護、證實與證偽相伴而生的。孔傳古文尚書的真偽之辨是一樁經學宿案，注重整理依據，正式對其進行證偽的，是宋代的吳棫。吳氏指出：「伏生傳於既髦之時，而安國為隸古，又特定其所可知者。而一篇之中，一簡之內，其不可知者，蓋不無矣。乃欲以是盡求作書之本意，與夫本末先後之義，其亦可

謂難矣。而安國所增多之《書》，今《書》具在，皆文從字順，非若伏生之《書》，屈曲聱牙，至有不可讀者。夫四代之《書》，作者不一，乃至二人之手而定爲二體乎？其亦難言之矣。」（見梅鷟《尚書考異》所引）又，「湯、武皆以兵受命，然湯之辭裕，武王之辭迫；湯之數桀也恭，武之數紂也傲。學者不能無憾，疑其書之晚出，或非盡當時之本書也。」（見蔡沈《書集傳·泰誓》所引）吳氏的論說著眼於今古文尚書文章難易與語氣情態的差異，開創了從文本入手考察尚書可靠性的新方法，啓發了朱熹等學者的後繼研究。在吳棫的影響下，朱熹更明確地指出：「漢儒以伏生之《書》爲今文，而謂安國之《書》爲古文。以今考之，則今文多艱澀，而古文反平易……然伏生背文暗誦，乃偏得其所難，而安國考定於科斗古書錯亂磨滅之餘，反專得其所易，則又有不可曉者。」又，「孔壁所出《尚書》如《禹謨》……等篇皆平易，伏生所傳皆難讀，如何伏生偏記得難底至於易底全不記得，此不可曉。」吳棫、朱熹等人致力研究的固然是孔傳古文尚書的可靠性問題，但是他們分析問題時，關注《尚書》文章風格的做法卻帶有明顯的文學意味，從而開啓了我國《尚書》文學研究的先聲。

關於《尚書》諸篇的文體類別，古代主要有兩種說法，一爲「六體說」，一爲「十體說」。前者見諸孔安國《尚書序》：「芟夷煩亂，翦截浮辭，舉其宏綱，撮其機要，足以垂世立教，典、謨、訓、誥、誓、命之文凡百篇。」後者見諸唐孔穎達《尚書正義·堯典》疏文：「檢其此體，爲例有十。一曰典，二曰謨，三曰貢，四曰歌，五曰誓，六曰誥，七曰訓，八曰命，九曰徵，十曰範。」二者一簡一繁，但都是根據篇名末字來分類的，對於篇名中不涉體裁名稱的篇章，孔疏中又分別說明其歸類。這兩種分類方法與歸類原則，得到了古今學者的廣泛認同，有一些已經成爲《尚書》研究中的習語，如「周初八誥」，是指周書中的《大誥》、《康誥》、《酒誥》、《梓材》、《召誥》、《洛誥》、《多方》、《多士》八篇。也有學者專門就同類文體各篇進行橫向比較研究，探索其內部規律。這方面的論文成果如張大燭的《〈尚書〉「五誓」比較談》（《南平師專學報》1998 年第 1 期）、于雪棠《尚書〉文體分類及行爲與文本的關係》（《北方論叢》2006 年第 2 期）等。需要指出的是，無論是「六體說」還是「十體說」，其分類都是屬於個案研究，它只於《尚書》分析有效，不具有普遍意義。

現代學者運用現代的文學理論分析《尚書》體裁，認爲從文體樣式來看，

《尚書》是我國第一部古代散文集，其中保存了我國最早的成篇散文。絕大多數的散文史研究成果都論述了《尚書》在中國散文發展史的成就和地位。學者們同時注意到「中國古代散文與現代文體分類中的與詩歌、小說、戲劇並列的所謂『散文』在涵義與範疇上有所不同，往往是指一切散行以達意的文章，不專指文學性的創作。」 如，劉振東的《由〈尚書〉看中國散文始生期的歷史狀貌》（《齊魯學刊》1990 年第 6 期）、郝明朝的《論〈盤庚〉在中國散文史上的地位》（《聊城師範學院學報》1997 年第 2 期）、王文清的《論〈尚書〉散文的藝術風格特點》（《山東社會科學》1998 年第 6 期）等，都是學者們對《尚書》散文體特徵的有益探索，從而對《尚書》及我國上古散文的主要成就有了較爲充分的認識。《尚書》與卜筮之文、銘文共同構成我國古代散文的總源頭，同時具有史論不分、敘議不分的特點，因而從寫作手法的角度來劃分，也可以說《尚書》是我國第一部記敘文和論說文的集子。

《漢書·藝文志》記載，「古之王者世有史官。君舉必書，所以慎言行，昭法式也。左史記言，右史記事，事爲《春秋》，言爲《尚書》，帝王靡不同之。」作爲記言文之祖，《尚書》的語錄體形式引發了學者們的關注，論文成果如劉緒義的《〈尚書〉——中國最早的語錄體散文》（《湖南稅務高等專科學校學報》2004 年第 4 期）等。在《尚書》中，不僅有語錄式的發言記錄，還有兩人或多人的對話記錄。研究者一方面注意到《尚書》和《論語》的許多相似之處，指出二者之間存在直接的淵源關係。另一方面也發現《尚書》記言體式的獨特之處，即「雖然仍是每段冠以『周公曰』，似是一條一條的語錄，但各條之間是有聯繫、有順序的，去掉『周公曰』，仍可相屬成文。」同時，《尚書》的文章樣式是多種多樣的，研究中要採用具體問題具體分析的方法。如《皋陶謨》中的問話，《金縢》中的描寫，《顧命》中的敘述，《秦誓》中的人物形象描寫等等，都是《尚書》文學成就的不同體現。

韓愈《進學解》中有「周誥殷盤，佶屈聱牙」之說，從此，這八個字成爲《尚書》語言風格的千古定評。晦澀的語言，一方面增加了後世解讀與研究時的難度；另一方面，也成就了《尚書》至尊至重、徹頭徹尾的經典屬性和莊重典正、質直渾厚的獨到風範。劉知幾稱美班固文章說：「孟堅辭惟溫雅，理多愜當。其尤美者，有典誥之風，翩翩奕奕，良可詠也。」（《史通·內篇·論贊》）正可說明《尚書》語言的獨特魅力和影響力。現代學者在研究《尚書》

的語言成就時，十分注重對《書》中比喻、引用、排比、對偶等修辭手法的考察。其中尤以使用頻率較高的比喻修辭最受關注，如陳柱《中國散文史》說：「古書中善譬喻當以此篇（《商書·盤庚》）爲權輿。」近年來的研究，不僅對其增強語言生動性與情感色彩的作用有明確認識，而且還深入分析喻體的範疇、比喻的結構和文化內涵，力圖對《尚書》中比喻修辭有一個完整系統把握，如劉本臣《論〈尚書〉的修辭學價值》（《錦州師範學院學報》1995年第 4 期）等。語言本身並不是評價《尚書》文學價值高低的標準，「詰屈聱牙」的《尚書》語言只能拉開經典與後世的時間距離，卻無法阻隔文化心理與民族情感的一脈傳承。

　　《尚書》是我國文學史上一部具有母體性質的經典，後世很多文章體式、文學思想等都能在《尚書》中找到雛形。現代的《尚書》文學研究正在古代學人已有成果的基礎上，正一步步走向全面、系統和深入。

第二節　本書的研究角度、出發點和研究方法

（一）本書的研究角度

　　在現代學術分科的宏觀背景下展開的《尚書》研究，呈現出很多不同於傳統經學研究的新特點。歷史學科對《尚書》諸問題的集中關注，就是主要表現之一。進入近現代以來，《尚書》走下了經學的聖壇，學者們開始從不同的學科理論出發，試圖用更爲冷峻客觀的視角來重新定位這部傳承了兩千餘年的文化典籍。剝離了《尚書》的經學外衣，學者們發現，歷史是《尚書》的根本屬性。《尚書》是我國最古的文獻，「是我國進入文字記載的歷史時期以後最早的三個王朝夏、商、周的最高統治者在政治活動中所形成的一些誥語、誓詞、談話記錄等，由史臣載筆寫下，經歷了多災多難複雜曲折的流傳過程，才從當時眾多文獻中僥倖獲得保存下來的少數幾篇。雖然在流傳中除西周極少幾篇誥詞外各書篇大都程度不等地受過後來文字的影響，但總之是唯一保存下來的夏、商、周政治活動中最早的歷史見證，是研究這三代的第一手文獻資料，同時書中更保存了我國古代豐富的人文科學的和自然科學的各種重要資料。」〔註1〕《尚書》的本質是歷史。如前文所述，歷史領域的《尚書》研究論文數占到全部成果總數的 18%，僅次於尚書學史研究，在所有《尚

────────────

〔註1〕顧頡剛、劉起釪著：《尚書校釋譯論》，中華書局，2005 年 4 月，第 1 頁。

書》研究領域中居第二位，可以說是現代學科意義上《尚書》研究的最大熱門。在這種情況下，談《尚書》的文學成就總難免會讓人心生疑惑，《尚書》是文學作品嗎？《尚書》有文學價值嗎？如此等等。這些問題的產生，是由於從現代學術分野的角度來看，文學與歷史已經發展兩個並立的學科，各有其特定的研究範圍與對象，所以當人們在肯定《尚書》歷史性質的同時，就自然地消解了《尚書》的文學意義。要解決這些問題，首先必須認清楚歷史與文學的關係。

簡單地說，歷史旨在對事物的記錄，文學關注問題的表達。記錄強調對事實的忠誠，講求實錄，強調離我於自然；表達則浸染主觀意志，強調融我於自然。這樣一來，歷史更接近於自然科學，似乎與文學格格不入。但實際上，這是對歷史與文學關係的誤解。近代美學家克羅齊說：「史實不是形式，卻是內容；以形式論，它就無非是直覺，或美的真實。歷史並不尋求法則，也不構成概念，它不用歸納法，也不用演繹法；它的志趣在敘述而非論證；它不構成普遍概念或抽象觀念，卻只是直覺。它的領域就是『這個』和『這裡』，就是明白限定的個體。」〔註2〕也就是說，歷史對事物的記錄只是「內容」，至於這個內容以怎樣的方式「呈現」出來，則是文學要完成的使命，文學的職能就是對歷史的真實進行組織和表達。因此可以說，任何歷史都必然具有文學性。學者范甯用趙子昂的《管夫人詞》來形容歷史與文學的關係，以「你泥中有我，我泥中有你」來作為歷史與文學密切關係的生動寫照〔註3〕。歷史決定了文學的內容，同時，文學又影響著歷史的表述。章學誠說：「夫史之所載者事也，事必藉文而傳，故良史莫不工文。」孔子說「言之無文，行而不遠」，都肯定了文學對於歷史表達的能動作用。魯迅曾稱美《史記》為「史家之絕唱，無韻之離騷」，《史記》乃二十四史之首，而它的史書性質與它的文學成就之間非但不互相牴牾，相反卻是相互依存，相輔相成的。明確了歷史與文學的關係，就不會因為肯定了《尚書》的歷史性質而費解它的文學價值，這是對《尚書》進行文學研究的第一步。下面，要談一談《尚書》的泛文學性。

〔註2〕范甯：《歷史與文學》，見《范甯古典文學研究文集》，重慶出版社，2006年6月，第22頁。

〔註3〕范甯：《歷史與文學》，見《范甯古典文學研究文集》，重慶出版社，2006年6月，第22頁。

　　在我國上古時代，學術尚未分途發展，文史哲相融並生，《尚書》作為我國最早的歷史文獻，同時又是一部具有母體意義的文化典籍，是包括文學在內的很多現代學科的總源頭。從我國文學發展的歷史來看，從唐虞以訖戰國乃是我國文學孕育以漸成長之時期〔註4〕。這時的文學基本上是泛文學，「所謂的泛文學，就是文史哲不分，文學還處在文史哲的母體中，沒有獨立出來，還依附於文史哲渾然不分的綜合體。」〔註5〕《尚書》正是上古泛文學作品的典型代表。如前文所述，很多學者從現代視角出發對《尚書》進行逆向考察，以嚴格的文學理論作為標尺來考量《尚書》的文學性，經研究發現，後世的很多文章體裁、文學思想都肇源於《尚書》，很多修辭手段和寫作手法也在《尚書》中就有所運用，從而肯定了《尚書》的文學價值以及它在我國文學史上特別是散文發展史上的地位和意義。但是，受到《尚書》泛文學屬性的影響，在用純文學理論觀照《尚書》的時候，遇到了一個難題，即這樣的研究往往是處於一種「發現問題」的階段，而很難從所發現的成果中梳理出《尚書》的整體文學成就。例如，《皋陶謨》中的對話藝術，《金縢》中的情節描寫，《顧命》中的敘述，《秦誓》中的人物形象，《盤庚》中的比喻修辭，《大誥》中的譬喻論證等等，幾乎《尚書》的每一篇中都能夠發現其獨到的文學特色，但是這每一點又都不足以代表《尚書》整體的文學成就。這種情況表明，所謂《尚書》的「泛文學」性，一方面是對《尚書》文學成就的程度概括，另一方面也是對《尚書》文學成就特殊性的概括。《尚書》的泛文學性質決定了不能單純地運用現代的文學研究理論去認識它的文學成就。因為從某種程度上說，純文學理論就像一部高精度的顯微鏡，既可以使我們對《尚書》中包蘊的文學成就有準確的認識，同時也容易因為標準嚴苛而濾過了《尚書》的文學內涵。全面把所握《尚書》的文學價值，需要在正確認識歷史與文學的關係的前提下，從廣義文學概念出發，對《尚書》特殊的文學性質展開研究。《尚書》不僅具有巨大的歷史價值，而且也具有巨大的文學價值。《尚書》的歷史本質與文學性之間不是相互矛盾的關係，而是相輔相成、密不可分的。正確認識《尚書》文學成就的特殊性，並從這一視角出發，對《尚書》展開深入研究，是全面認識其文學價值的重要前提。

〔註4〕錢基博著，傅道彬點校：《現代中國文學史》，中國人民大學出版社，2004年10月，第10頁。

〔註5〕李炳海：《從上古文學到中古文學的轉型——兼論中古文學的幾個基本屬性》，陝西師範大學學報，2005年第1期，第96～102頁。

（二）本書的出發點

到目前為止，關於《尚書》文學成就的探討，大多是圍繞著《尚書》篇章的狹義文學價值展開的。本書認為，《尚書》作為上古典籍，具有鮮明的時代特徵。因而牢牢把握其泛文學性，是研究《尚書》的重要前提。

《尚書》的泛文學性包括兩個基本內涵。其一，泛文學性說明《尚書》尚處於文學發展的初期。《尚書》篇章中具體運用的文章樣式、寫作手法、文學思想、修辭手段等，所展現的都是文學最初的萌芽狀態。從純文學的視角看來，《尚書》文學藝術水平較低，與後世的文學作品相比，《尚書》如同一塊未經雕琢的璞玉，質樸無華。其二，《尚書》的泛文學性體現在文學與其他學科的共生。文學的功能體現在對歷史、哲學等方面內容的組織、闡釋與表達。文學決定了歷史等內容的表達方式和表達效果。這裡的「文學」已經不再是純文學概念，而是指廣義的文學。《尚書》時代固然沒有自覺的文學創作意識，沒有嚴格意義上的文學作品，但是這並不等於說《尚書》就沒有文學價值。文學的本質是一種形式，文學價值的考察，關注的是作品在內容的組織與表達中是否體現出對於形式美的追求。文學價值的有無，與作品內容的性質本身並沒有必然的聯繫。歷史性質與文學成就之間並不是相互對立的關係。《尚書》的成就是多方面的，而它的文學價值也有多種不同的表現形式。從純文學角度來看，《尚書》在文章體裁、修辭手法等方面的藝術水平是相對稚嫩的，這些文學的萌芽在後世的發展進程中逐步走向成熟；從泛文學的角度來看，《尚書》的結構形式則體現出對文章體裁的選擇意識和對內容、形式及表達效果三者之間的關係的重視。這在後世文學發展中產生了廣泛而深遠的影響。「中國古人無論寫什麼文體，除了講究其獨有的類特徵外，都會努力寫得文筆講究，節奏優美。因此，在中國古代的各類文體中，不論是審美色彩濃厚的詩賦詞曲還是實用功能極強的章表策論，都能選出膾炙人口的美文。」〔註6〕而這種帶有審美意味的文學思維，早在我國第一部文獻典籍《尚書》中就已經出現。

本書試圖對《尚書》的文學成就進行探討。與以往不同的是，本書跳出了嚴格的純文學視角，從《尚書》作為上古典籍的特殊性質入手，從更寬泛的意義上開展研究。從某種意義而言，文學也是一種形式，是任何內容在訴

〔註6〕左東嶺：中國古代文學研究的中心與邊界——關於古今文學觀念的差異與整合，首都師範大學學報，2006年第2期，第71～75頁。

諸文字時都要展現出來的樣態，是內容得以表達的途徑。對形式有意識的選擇、設計和加工，及由此形成的表達效果，都是文學研究關注的對象。本書從這一廣義的文學概念出發，對我國最早的歷史文獻《尚書》的文學成就及其產生的廣泛而深遠的影響進行探討。

（三）本書的研究方法

　　《尚書》是上古文獻的彙編，它在整體編排和各篇的內容上都經過春秋時人的統一整理，從而具有相對統一的整體風格。

　　以往在談到《尚書》的整體風格時，人們往往首先會想到韓愈的「周誥殷盤，詰屈聱牙」。語言作為一種記錄工具，其隨時代而變遷的速度是驚人的。在文化的傳承過程中，前代之文必然要不斷經過語言的時代轉換，才能更好更廣泛地為時人接受。諸如現代有很多古典今譯類的書籍，其所起到的都是將古籍語言當代化的作用。所謂「詰屈聱牙」，只能說是對《尚書》語言特色的總體評價，這主要是由於這種語言本身的時代差異導致的。春秋戰國時，諸子文獻在引用《書》篇時，就已多取其平易好讀的句子，如《康誥》「怨不在大，亦不在小」，《洪範》「三人占，從二人」等，而西周初年周公為鞏固周王朝所作的好幾篇誥詞，都是特別重要的周代開國文獻，反而罕被引及。這就是因為那些《書》篇所記載的都是周公用歧周方言所講的話，隔了五六百年之後，中原大地上的通用語言已經不同於歧周方言了，因此對於春秋戰國時的人來說，這些就已經成了不容易懂的文辭。《書》篇的艱澀程度隨著時代的變遷逐漸加劇，這是歷史發展進程中的一種很自然的變化，而這種由時代導致的「語言陌生化」現象，與《尚書》的文學成就本身並沒有必然的聯繫。

　　本書以為，《今文尚書》二十八篇雖然在寫定時間、真實程度、具體內容、語言特色等方面存在明顯差異，但是它們之間仍然存在著內在統一性，這個統一性成就了《尚書》的典型結構與整體風格。以往人們多因為《尚書》是上古時代王朝故檔的彙編而強調《尚書》各篇之間的獨立性，疏於探討貫通全集的統一性；又因為《尚書》語言異常的古奧艱澀，也在很大程度上阻隔了對篇章內部結構的解析。實際上，《尚書》的典型結構是客觀存在的，作為《尚書》特色的內在規定性，它就潛在於今文二十八篇之中。摸清《尚書》的典型結構相當於找到了打通《尚書》全集的鑰匙，對於《尚書》文學價值的探討也就不必再止步於零星的發現，而是可以從更高的宏觀視角出發，對《尚書》文學成就展開系統深入的研究。

　　《尚書》的典型結構研究包括兩方面內容。一是整體的結構，一是文章的結構。如前所述，《尚書》的內容在整體佈局上是按照時代前後順序編排的。但是虞夏商周各部分的寫定時間卻與這個時代順序相互牴牾。周書中的周初諸誥是《尚書》內容的核心，商書和虞夏書分別在西周和春秋時候寫定並按照時代順序分別置於周書之前，周書中的《呂刑》、《文侯之命》、《費誓》、《秦誓》則是《尚書》體在新時期的延伸。從整體結構來看，《尚書》的內容編排，在一定程度上體現出編年體的結構特色。在《尚書》內容逐漸層累形成的過程中，《尚書》具體篇章的結構也不斷發生著變化。其中虞夏書與商周書的區別尤爲明顯。由《商書》而《周書》，是記言傳統的形成期，《尚書》的典型結構在周初諸誥中形成。由《周書》而《虞夏書》、由周初諸誥而《秦誓》，是記言傳統的分流期，一方面有敘述體的發展壯大，一方面也有記言體的新發展。《尚書》的整體結構與具體文章結構關係密切。解析整體結構是理解文章結構的前提和基礎，文章結構的代變又與整體結構的形成進程密切相關。整體結構與文章結構是洞析《尚書》文學成就的兩個有力視角。

　　綜上所述，正確認識《尚書》在性質與結構方面的特殊性，是本書開展研究的出發點。本書的研究方法就是通過對《尚書》整體結構與文章結構的探索，來全面認識《尚書》的文學成就和它的歷史影響。此外，需要指出的是，學術界在對我國早期文學進行研究的過程中，有很長一段時間都苦於尋找不到切實有效的理論依據。這就要求研究者必須在吸收西方文學理論的同時，結合具體研究對象作出相應的調整。王靖宇先生運用西方敘事學理論在《左傳》研究方面取得了重要突破，雖然《尚書》文本結構在總體上不具備敘事文的基本要素和結構範式，無法直接運用敘事學理論對其進行考察和解析，但是敘事學方法中透過現象看本質，通過對文本構成要素及其相互間的關係進行抽象與歸納，從而總結出結構規律的方法，對於研究《尚書》文本也同樣是行之有效的方法。日本經學研究專家野間文史先生從《春秋》文本入手，具體考察其編年體式的結構特色，對於本書的《尚書》研究，也具有重大的啓示意義。總之，《尚書》研究應在一個更宏闊的視域中，兼收中西方文學研究理論的優秀成果，結合《尚書》文本的具體情況，對其整體結構規律展開深入地探索。

第一章 《尚書》文本的生成

第一節 《尚書》的傳承

　　《漢書・藝文志》說：「《易》曰：『河出圖，洛出書，聖人則之。』故書之所起遠矣。」《尚書》是我國最早的一部歷史文獻，關於它的起源，古人曾有過多種解說，《漢志》本之於劉歆《七略》，班書《五行志》中引劉說云：「宓羲氏繼天而王，受河圖，則而畫之，八卦是也。禹治洪水，賜洛書，法而陳之，《洪範》是也。蓋謂聖人法河圖而爲卦，法洛書而爲《書》。《書》即《尚書》之書。」「河圖洛書」的傳說，爲《尚書》的產生憑添了一抹撲朔迷離的神秘色彩，而要解釋《尚書》的起源，這種說法固不足信。故先儒說：「謂三皇之記識，流而爲《尚書》可也；而謂三皇之書，即無異於今之《尚書》不可也。」《尚書》是我國最早的一部歷史文獻彙編，它的出現是我國上古時代史官制度和歷史文化發展的必然結果，當時「君舉必書」是史官制度的主要職能，今天所見到的《尚書》內容的主體，就是夏、商、周三代統治者在政治活動中所發表的言論和政令的記錄，《尚書》實爲我國「記言文之祖」。《尚書》和眾多先秦典籍一樣，並非成書於一人一時之手，因而它的形制與面貌在歷史的發展進程中，亦不斷發生著變化。

（一）先秦時代的《尚書》

　　《尚書》中較早的篇章，都是夏、商、周三代統治者在政治活動中的講話記錄。在先秦時代，這些篇章最初是以分散的形式，作爲政治文檔或歷史資料爲各個王朝的統治階層所珍視和典藏。我國最早從什麼時候開始保存這

樣成篇的資料，目前已不能確知，但可以肯定的是，殷代已經建立了保存檔案的制度。《尚書・多士》篇有：「惟殷先人，有冊有典」，所謂「冊」和「典」就是指保存的檔案文獻。我國從很早的時候起就建立了史官制度，殷周金文中保存了大量史官名稱，從商周兩代的史職中，可以看出史官的作用主要表現在兩方面，一是統治者政治活動中的文書工作，把君主所要形成的文件寫下來，結果就成爲史料；一種則是給統治者總結經驗，以垂誠將來，爲了歷史的目的替君主言行作記錄的工作。《禮記・玉藻》說：「動則左史書之，言則右史書之。」《漢書・藝文志》說：「左史記言，右史記事。」雖然關於左右史職掌的說法不盡相同，但是卻反映出當時跟在統治者身邊的史官確在隨時記錄著統治者的「言」和「事」。其目的就是《藝文志》所說的：「古之王者世有史官，君舉必書，所以愼言行，昭法式也。」通過吸收前代的政治智慧與治世經驗，爲當下的統治者提供借鑒。

夏代的史官制度現在雖無從知道，但是根據「殷因於夏禮」，從承繼了夏代制度的商朝的情況，亦能獲知一二。因而可以推斷，今本《尚書》中的《夏書・甘誓》和《商書》四篇應該都是夏、商時代史官記錄並保存起來的國家文檔的一部分。武王伐紂的勝利，終結了商朝的統治，原本保存於商王室的歷史文獻也由周人接管。從《尚書》裏可以看到，當商王朝滅亡之後，商的遺民心不服周，周公就對他們說：「惟爾知，惟殷先人有冊有典，殷革夏命。」是說你們商朝的先人傳下來的史書裏，記載著商湯革掉夏命的歷史事件，說明周革殷命是有你們祖先的先例可援引的，殷人也就用不著怨恨周人。據此可知，商代史官的記載在周初還能看到。《墨子・貴義篇》說：「昔者周公旦朝讀書百篇」，大概近於事實，這說明周公所以熟悉商代的史事，是由於他掌握了不少商代史官記載的「書」的原故。因而，周時的史官除了要記錄當時的事件以外，還必須負責保管舊有的歷史檔案和整理古代的歷史傳說。歷史檔案愈積愈多，每篇都得有個篇名，例如，記錄盤庚遷都時告諭臣民的文獻就以《盤庚》爲篇名。同時，爲了使用方便，史官們便把屬於同一時代以及涉及那個時代的文獻編在一起，而以朝代作爲區別，這樣就產生了《夏書》、《商書》和《周書》。其中，由於《周書》是收納當代的檔案，內容又陸續有所增加。這些按朝代分編的歷史文獻彙編大約就是《尚書》的前身。

按理，當時統治者發表了多少篇重要講話，發佈了多少政令，就應該有多少篇相應的記錄，說當時的《書》有數千篇，應該不算誇張。但是由於這

些內容當時是記錄在竹簡上的，而竹簡的缺點是笨重且易腐爛，給傳錄和保存都帶來不小的困難。加之周朝時，教育還不甚發達，《書》的傳習既少，在流傳方面，很容易亡失。此外，還有統治者的有意摧殘，因而給歷史文獻的傳世帶來巨大的困難。如《史記‧孔子世家》記載：「周室微而禮樂廢，《詩》、《書》缺，追迹三代之禮，序《書傳》，上紀唐虞之際，下至秦繆，編次其事。」在孔子之時，《詩》《書》已經殘缺。雖然關於孔子是否刪《書》，《書序》是否爲孔子所作等問題，學界尚無定論，但是在春秋末年，儒家的始祖孔子在整理古籍、提倡學術和普及教育方面所起到的巨大作用是不可否認的。當時儒家把所搜集的《書》與搜集的《詩》，編爲兩本主要教材，並稱「詩書」，會同兩門課堂外的實習課《禮》、《樂》，合爲儒家教學的四項課程。而且孔子也「雅言《詩》《書》」（《論語‧述而》），從而使這些文獻得到了廣泛的流傳。春秋戰國時期，我國文化出現了極度繁榮的氣象，在百家爭鳴的文化背景下，各家爲了宣揚自己的學說，盡量利用往古的文獻來作爲佐證，因而到處搜集古代文獻資料，從儒家到諸子百家的著作，如《墨子》、《管子》、《孟子》、《呂氏春秋》、《荀子》和《韓非子》等等，都引用了不少《書》篇。這些引文有的見於今天的《尚書》，有的不見於今天的《尚書》，有的和今本《尚書》中的詞句大同小異。當時引書最多的是《左傳》，共達五十多次；引用篇數最多的是《墨子》，共達二十多篇。各家在徵引同一《書》篇時，往往在具體文句上存在差別；有時即使屬於同一家引用同一《書》篇，但是在不同學派所傳錄的本子之間也存在分歧。造成這種現象的原因，有學者指出，這主要是因爲先秦諸子都運用《書》篇來稱道古史，以宣揚自己的學說。凡能爲自己的學說張目者，就徑用原《書》篇，有不盡合自己的，他們就加工改造，成爲體現自己學說觀點的古史《書》篇，把自己的學說作爲古已如此的成例提出。其中，被他們宣揚得最成功的歷史人物就是堯、舜和禹。《韓非子‧顯學篇》說：「孔子墨子俱道堯舜，而取捨不同，皆自謂眞堯舜。堯舜不復生，將誰使定堯舜之誠乎？」說明堯、舜的歷史形象是由諸子百家塑造成的，至於與原來的堯、舜是否相符，那就誰也無法斷定了。廖平《書經大統凡例》指出：「儒家之堯舜美備，墨家之堯舜質野，道家之堯舜天神，農家之堯舜並耕，兵家之堯舜戰爭，法家之堯舜明察。各執一偏，言人人殊，皆非眞堯舜也。」可知堯舜在諸子筆下各不相同。而諸子百家一方面是在援引著歷史，一方面也在「創造」著歷史。流傳到漢代的《書》，是儒家傳下來的，留在《尚書》中

的《堯典》、《皋陶謨》和《禹貢》三篇，是大約在春秋戰國時期，由儒家搜集資料編造而成的有關堯舜以及禹的《書》篇，也是《尚書·虞夏書》的主體內容。到這時為止，今所見《尚書》的《虞書》、《夏書》、《商書》、《周書》四部分已經基本齊備，《尚書》的總體格局初步形成了。先秦時代《尚書》的定本究竟出現在什麼時候，最早編成的《尚書》定本究竟包括了多少篇，目前已經無從知道，因而我們只能根據儒家創制《虞夏書》的時間進行推斷，這個定本的編成年代不會早於戰國時期，而它的內容則囊括今所見《尚書》的全部內容。

先秦時代是《尚書》由孕育到初生的一段重要時期。在此期間，《尚書》從最早的奴隸制王朝的歷史檔案和歷史文獻，經過不斷地積累、彙聚和結集，在周代史官的整理下初步建立起了按王朝分類的基本格局。在歷史演進的過程中，它的內容多有散失。春秋戰國之際，諸子百家都在客觀上對古史資料的鈎稽做出了努力，特別是儒家對《尚書》的整編和創制，奠定了後世《尚書》的總體結構框架，使原來的塵封故檔，煥然成為一部自成體系的儒家經典。

（二）經學時代的《尚書》

秦代統一中國以後，為了加強思想統治，秦始皇採納丞相李斯的諫議：「史官非秦記皆燒之。非博士官所職，天下敢有藏《詩》、《書》、百家語者、悉詣守、尉燒之。有取偶語《詩》《書》者棄市。以古非今者族。」秦焚書坑儒，《詩》《書》首當其衝，加之，「其後兵大起」，典籍毀損嚴重。

秦之時，博士伏生把他傳授弟子的一部《尚書》偷藏於屋壁之中，到漢初除挾書之令後取出時，斷爛了不少，只殘存得二十八篇，「即以教於齊魯之間」。《史記》和《漢書》兩《儒林傳》都載，「孝文帝時，欲求能治《尚書》者，天下無有。乃聞伏生能治，欲召之。是時伏生年九十餘，老不能行，於是乃詔太常掌故朝錯往受之。」漢王朝所得到《尚書》本書，就是由朝錯從伏生處抄錄所得的二十八篇，再加上漢武帝時民間獻上的一篇《太誓》，共計二十九篇，立於學官，計有歐陽氏、大夏侯氏、小夏侯氏三家。漢代從文帝開始在國學立《詩經》博士，景帝時立了《春秋》，到武帝時立全了「五經」博士。其後漢宣帝、元帝時又補充立了幾個不同家派，於是五經博士共立十四家。因為這些經文都是用秦至漢代通行的隸書寫的，後來出現了幾部先秦時用古籀文字寫的經籍稱為古文，相對古文而言，這些就被稱為「今文」，伏

生所傳《尚書》就是《今文尚書》，歐陽、大小夏侯所傳就是「今文三家本」。從此，《尚書》的性質由先秦時代的史書變成了王朝「經世致用」的寶典，開始了它的經學時代。

從西漢中期起，先後有幾次出現了用先秦文體寫的本子，稱為《古文尚書》，包括孔安國家傳古文尚書本、漢廷「中秘本」、張霸「百兩篇」、孔壁本（又稱魯恭王本）、河間獻王本、杜林漆書古文本等。其中，孔壁本出，劉歆曾請將其與《左傳》等四部古文經立於學官，但由於今文家的抵制，未獲成功。《漢書·劉歆傳》記載：「歆及向始皆治《易》，宣帝時詔向受《穀梁春秋》，十餘年大明習。及歆校秘書，見古文《春秋左氏傳》，歆大好之。……歆數以難向，向不能非間也，然猶自持其《穀梁》義。及歆親近，欲建立《左氏春秋》及《毛詩》、《逸禮》、《古文尚書》，皆立於學官。哀帝令歆與五經博士講論其義，諸博士或不肯置對。歆因移書太常博士責讓之。」劉歆此舉激怒了原已當權的今文家儒生，在中國學術史上糾纏了一兩千年的今古文之爭，從此拉開了帷幕。〔註1〕

東漢時期，歐陽氏學壟斷了官學，屢代為皇帝經師。歐陽學派中多有漢世顯要，且大師所授弟子又人數眾多，動輒千餘人。相比之下，大、小夏侯二家雖亦列於學官，卻明顯勢頹。而古文經學雖然於王莽當政時立《古文尚書》、《左氏春秋》、《毛詩》和《逸禮》四家古文於官學，但是東漢政權建立之後仍然取消了古文學派而只承認今文學派。東漢王朝的《尚書》學，實際上主要就是今文歐陽氏學。就政治勢力而言，《今文尚書》家在東漢時期的地位比在西漢時期還要佔優勢一些。而從學術實力上看來，情況就不一樣了。在西漢時期，《今文尚書》在學術界風靡一時，《古文尚書》只是民間私學，勢力很小。而到了東漢以後，《古文尚書》雖然一直沒能立於學官，卻在學術界越來越佔優勢，最後竟至戰勝了《今文尚書》。〔註2〕據《後漢書·儒林傳》記載：「自安帝覽政，薄於藝文，（今文經學）博士倚席不講，朋徒相視怠散，學舍頹敝，鞠為園蔬，……順帝感翟酺之言，乃更脩黌宇，……自是遊學增盛至三萬餘生。然章句漸疏，而多以浮華相尚，儒者之風蓋衰矣。」〔註3〕這就是今文經學在東漢時期的衰敗氣象。可見，今文經學家們一方面憑藉自己

〔註1〕劉起釪著：《尚書學史》，中華書局，1989年6月，第115頁。

〔註2〕馬雍著：《〈尚書〉史話》，中華書局，1982年11月，第26頁。

〔註3〕〔南朝宋〕范曄撰，〔唐〕李賢等注：《後漢書·儒林傳》，中華書局，1965年5月，第2547頁。

的政治權位力圖遏制古文勢力的發展，另一方面卻不能抵禦自身日益滋生的弊端。相比之下，以恢復正統儒學所倡的堯舜禹湯文武之「聖道王功」爲己任的古文經學正逐步興起。《古文尚書》之所以能在學術界逐漸取得優勢，既是得益於王莽時期的提倡，使得研究《古文尚書》的學者日益增多；同時又與杜林、衛宏、賈逵、馬融、鄭玄等學者的大力倡導有直接關係。在東漢流行的《古文尚書》是杜林所傳的漆書古文本。杜林傳了幾個門生都是東漢著名學者，其中，衛宏爲這部《尚書》作《訓旨》，徐巡爲它作《音》，賈逵作《訓》，馬融作《傳》，再傳盧植作《章句》、鄭玄注疏。鄭玄破家法，雖以古文爲主，亦兼采今文之說。在學術界，今、古文學派的界限逐漸打破，兩派之間的論爭逐漸走向低潮，而對今、古文《尚書》進行綜合研究的人越來越多。〔註4〕到東漢後期，出現了今文經學式微而古文經學獨盛的局面，而古文學又歸結爲集大成的鄭玄之學。〔註5〕

東漢末年軍閥割據的戰爭使文化受到極大破壞，直到三國鼎峙的局面形成以後，各國分別恢復教育制度和學術活動。魏、蜀、吳諸政權都興行鄭氏古文之學。魏朝把鄭氏《古文尚書》及其它幾部古文經都立於學官，並且於魏正始年間（公元 240～249）刊刻了古文石經。魏朝權臣司馬氏扶植其貴戚王肅之學，到西晉建國之後，所立博士雖與魏王朝同，但於王肅古文之學則更爲推崇。由此《古文尚書》學派內部興起了鄭玄、王肅兩派之爭。遂有學者說，漢代經學是「今古文之爭」，魏晉經學是「鄭王學之爭」。

晉朝建立不久，中原發生軍閥混戰，永嘉五年（公元 311 年），匈奴族軍閥劉聰攻進晉朝首都洛陽，活捉了晉懷帝，這就是歷史上所謂的「永嘉之亂」。在這次變亂中，晉朝中央從漢、魏以來接收的史籍遭到了嚴重的破壞。古文和歐陽、大小夏侯三家的《今文尚書》全部喪失。元帝中興，豫章內史梅賾獻孔安國傳《古文尚書》，與鄭玄注並列國學，王學遂廢，直到南北朝末年孔傳和鄭注差不多平分南北。南朝多研究孔傳，北朝多研究鄭注。後來北方也研究南學。劉炫和劉焯時稱顯學，他們爲孔傳作《述議》，北方學者遂捨鄭注而趨治孔傳。到隋代統一南北經學，廢棄鄭玄注本，採用孔本。

唐代孔穎達撰《五經正義》時，就把孔本作爲《尚書》真本，把孔傳作爲正注，而把六朝至隋代間出現的各家「義疏」作爲補充解釋經、注的疏文。

〔註4〕馬雍著：《〈尚書〉史話》，中華書局，1982 年 11 月，第 32 頁。
〔註5〕劉起釪著：《尚書學史》，中華書局，1989 年 6 月，第 156 頁。

唐時這部《尚書正義》，被定爲官定本《書經》頒行全國。自此以後，鄭注漸衰，到了北宋時完全亡掉了。

宋代因疑古風氣漸興，吳棫、朱熹等人開始懷疑孔傳《古文尚書》。吳棫在《書裨傳》中開始提出來古文二十五篇不可靠，以後朱熹《朱子語類》裏也提出質疑。朱熹的學生蔡沈總結兩百年來創造性的研討成績作《書集傳》，注明「今文、古文皆有」的二十八篇，「今文無，古文有」的二十五篇，把今、古文區別清楚，並在《孔安國序》下面提出了懷疑意見。《書集傳》在宋代產生了巨大的影響，它是宋學的代表之作。

到明代，梅鷟作《尚書考異》，正式稱二十五篇爲僞書而加以考辨。清代的閻若璩作《尚書古文疏證》，他經過嚴密考證，提出《孔安國傳》實爲「僞《孔傳》」，這部書實爲「僞《古文尚書》」。自東晉以來一千多年間爲學者所誦習的二十五篇《晚書》被閻氏論定爲僞作的《書》篇。〔註6〕

綜上所述，《尚書》是我國最早的一部歷史文獻，也是最重要的儒家經典。它在漢代完成了由歷史典籍向經世大典的轉變之後，一直是歷代統治者和知識階層必讀必遵的大經大法，產生了巨大而深遠的歷史影響。先秦時《尚書》的存在狀況，現代已經無由得見，只能通過歷史與諸子文獻中對《書》篇的引述，在一定程度上還原先秦時候的《尚書》，並對當時《尚書》的形制與特點有所瞭解。春秋戰國時期，《尚書》已成爲儒家的經典之一，但是秦時焚書，《詩》《書》首當其衝，毀損慘重。進入漢代《尚書》開始了它的經學時代。作爲國家的大經大法，《尚書》的形制基本穩定下來，但此間亦有政治勢力的滲透和干預，而戰火對於文化的破壞，更使《尚書》屢屢處於存亡的邊緣。段玉裁《古文尚書撰異》序云：「經惟《尚書》最尊。《尚書》之離厄最甚。秦之火一也。漢博士之抑古文二也。馬鄭不注古文逸篇三也。晉之有僞古文四也。唐正義不用馬鄭用僞孔五也。天寶之改字六也。宋開寶之改釋文七也。七者備而古文幾亡矣。」陳柱說：「夫離此七厄，豈獨古文幾亡，而今文之離漢以後之六厄，其章句文字亦已改竄不少。失向來之面目，亦已多矣。」〔註7〕而《尚書》所遭遇實又不止於此。明清學者對《尚書》眞僞問題的考察與論斷，廓清了《尚書》的眞實面目，肯定了保存於《古文尚書》本中的今文篇目的價值和意義。《尚書》的經學歷史是一個披沙揀金

〔註6〕蔣善國撰：《尚書綜述》，上海古籍出版社，1988年3月，第127～131頁。
〔註7〕陳柱著：《〈尚書〉論略》，商務印書館，1924年12月初版。

的過程，《今文尚書》二十八篇終於在走過了漫長而坎坷的傳承歲月之後，成就了它名至實歸的經典地位。

第二節　《尚書》的形態演變

《尚書》在流傳的過程中，篇目的內容和數量屢經變遷。除了今文尚書與古文尚書情況迥異之外，在今文系統內部，伏生所傳本與今文三家本之間也存在著細微的分別。

（一）篇目的演變

第一，先秦時期

先秦時《尚書》究竟有多少篇，現在已無法確知。據劉起釪先生統計，先秦各文獻中引用《書》篇共計三百三十多次，所出《書》篇名共計五十多篇，見於漢代者二十六篇，不見於漢代可知篇名者三十二篇，而以其它稱法稱引者逾百數十次，當包括逸《書》數十篇，其中約可蹤迹其為篇者逾十九篇。〔註8〕《史記》所引《書》共涉及六十八篇，其中全部引及了今文二十九篇，並且載錄了其中十一篇的全文，其餘十八篇都引述了篇名。而在二十九篇之外，又引及了三十九篇，這三十九篇中，又有四篇載錄了全文（《湯征》、《湯誥》、《克殷》、《度邑》），其餘三十五篇引述了篇名。〔註9〕西漢末季所傳《書序》，以篇數計，是為百篇；以篇目計，為七十六篇。除百篇《書序》所列篇目以外，由周季到漢代，見於諸子史傳所引的《逸書》篇目和篇數各十。如果將二者匯總，共得出《尚書》篇目八十餘個，篇數則逾百篇。孔子於《詩》屢言「三百」之數，於《書》卻未曾提及。西漢末葉之後，因百篇《書序》的流行，故《書》有百篇之說興起。《法言・問神篇》說：「昔之說《書》者，序以百。」《漢書・藝文志》說：「《書》之所起遠矣，至孔子纂焉……凡百篇而為之序。」《論衡・正說篇》說：「……蓋《尚書》本百篇，孔子以授也。」等等。《書緯》說：「孔子求書，得黃帝玄孫帝魁之書，迄於秦穆公，凡三千二百四十篇，斷遠取近，定可以為世法者百二十篇，以百二篇為《尚書》，十八篇為《中候》。」（《尚書序疏》引）緯書為漢代方士所造，帝魁是方士所造

〔註8〕劉起釪著：《尚書學史》，中華書局，1989 年 6 月，第 62 頁。

〔註9〕劉起釪著：《尚書學史》，中華書局，1989 年 6 月，第 93 頁。

古史中的人物，所說《書》的篇數乃是隨意編造，不足爲信。但是《書》雖然沒有三千多篇，周時爲外史氏所執掌、行人所誦、政府所存的《書》，總不下數百篇。蔣善國先生以爲：「據清鄭獻甫的《愚一錄》卷四頁二十六和姚彥渠的《春秋會要》卷一所統計，周時各國見於《春秋經》的有八十三國，見於傳的有四十八國，共一百三十一國。陳漢章的《上古史》考得一百八十三國，那麼春秋各國，至少是一百三十一，至多是一百八十三。《公羊傳》隱公元年徐彥疏說：『按因閔敍云：「昔孔子制《春秋》之義，使子夏等十四人，求周史記，得百二十國寶書。」』所說百二十國的數目與《春秋》經傳所載國數甚近，這些寶書都是周時各國的史記，內中當有些近於《尚書》體裁的作品，絕不能盡屬《春秋》體裁的。每年以一篇計，爲數至少已達到一百三十一篇。可是如就《百篇書序》和《逸周書》所列各篇內容看，關於這一百三十一國的史記，不及十分之一。把漢代以來所可考的一百七十篇（《逸周書》在內），加上周時各國的書篇一百三十一，應有三百篇那麼多了。何況每國的寶書，實不止一篇呢！所以以上所統計的數目，雖不是三千二百四十篇，卻有三百篇的可能。」〔註10〕

第二，漢代以來

從先秦文獻引用《書》篇的情況來看，今文尚書二十八篇稱引最頻繁，次數也最多。其中以《康誥》稱引次數最多，達三十餘次；其次《太誓》二十三次，《洪範》十九次；再次《呂刑》、《堯典》各十六次，其餘則在十次以下，少至一、二次。而百篇中其餘七十二篇（包括逸十六篇）共只稱引十篇左右，顯然相形見絀。伏生將把它傳授到漢代，就是由於它是習讀之書。〔註11〕

漢代立於學官的《書經》，是由秦博士濟南伏生傳下來的今文本《尚書》。《史記·儒林列傳》記載：「秦時焚書，伏生壁藏之。其後兵大起，流亡，漢定，伏生求其書，亡數十篇，獨得二十九篇，即以教於齊魯之間。」伏生所傳《尚書》的篇目，據孔穎達《尚書正義》「虞書」下所載，今所流傳的孔本五十八篇中，除去比鄭注本增多的二十五篇（即古文諸篇）外，其餘爲「於伏生所傳二十九篇內無古文《泰誓》，除《序》尙二十八篇，分出《舜典》、《益稷》、《盤庚》二篇、《康王之誥》爲三十三。」可知，伏生本原無《泰誓》，

〔註10〕蔣善國撰：《尚書綜述》，上海古籍出版社，1988年3月，第4頁。
〔註11〕劉起釪著：《尚書學史》，中華書局，1989年6月，第62～63頁。

爲二十八篇。即《舜典》原在《堯典》內，《益稷》原在《皋陶謨》內，《康王之誥》原在《顧命》內，《盤庚》上、中、下三篇原合計爲一篇，故爲二十八篇。伏生《今文尚書》二十八篇的具體篇目如下：

> 《堯典》、《皋陶謨》、《禹貢》、《甘誓》、《湯誓》、《盤庚》、《高宗肜日》、《西伯戡黎》、《微子》、《牧誓》、《洪範》、《金縢》、《大誥》（《尚書大傳》以《大誥》在《金縢》前）、《康誥》、《酒誥》、《梓材》、《召誥》、《洛誥》、《多士》、《無逸》、《君奭》、《多方》、《立政》、《顧命》、《費誓》、《呂刑》、《文侯之命》、《秦誓》。

據《漢書·儒林傳》記載，伏生在齊魯之間所授門徒，其著者二人。一是張生，一是歐陽生（名和伯）。歐陽和伯授兒寬，兒寬授歐陽和伯之子世，再傳至和伯之曾孫歐陽高，於漢武帝時其學立於學官爲博士，被稱爲今文尚書的歐陽氏學；張生授夏侯都尉，傳族子夏侯始昌，始昌傳夏侯勝，勝受業於兒寬門人蕳卿，又從歐陽氏間爲學，於漢宣帝時立於學官爲博士，被稱爲今文尚書的大夏侯氏學；大夏侯傳其從子夏侯建，建又受業於歐陽高，亦於漢宣帝時立於學官爲博士，被稱爲今文尚書的小夏侯氏學。這就是尚書學的今文三家。〔註 12〕

依據伏生所傳授而立於學官的《尚書》應是二十八篇，《史記》和《漢書》的《儒林傳》都說是二十九篇，這是由於漢武帝時加進了民間所獻的《太誓》的緣故。孔穎達《尚書正義》云：「《史記》及《儒林傳》皆云『伏生獨得二十九篇，以教齊魯』，則今之《泰誓》，非初伏生所得。案馬融云『《泰誓》後得』，鄭玄《書論》亦云『民間得《泰誓》』。《別錄》曰：『武帝末，民有得《泰誓》書於壁內者，獻之。與博士使讀說之，數月皆起，傳以教人。』則《泰誓》非伏生所傳。而言二十九篇者，以司馬遷在武帝之世見《泰誓》出而得行，入於伏生所傳內，故爲史總之，並去伏生所出，不復曲別分析。」〔註 13〕因此，漢代立於學官的今文三家原都是二十八篇，後加《太誓》而成二十九篇。漢代立於官學的《今文尚書》二十九篇的具體篇目如下：

> 《堯典》、《皋陶謨》、禹貢》、《甘誓》、《湯誓》、《盤庚》、《高宗肜日》、《西伯戡黎》、《微子》、《太誓》、《牧誓》、《洪範》、《金縢》、

〔註 12〕劉起釪著：《尚書學史》，中華書局，1989 年 6 月，第 67～69 頁。

〔註 13〕〔清〕阮元校刻：《十三經注疏·尚書正義》，中華書局影印，1980 年 10 月，第 115 頁。

　　　　《大誥》、《康誥》、《酒誥》、《梓材》、《召誥》、《洛誥》、《多士》、《無
　　　　逸》、《君奭》、《多方》、《立政》、《顧命》、《費誓》、《呂刑》、《文侯
　　　　之命》、《秦誓》。

今文三家中，歐陽氏學將《盤庚》析爲上、中、下三篇，成爲三十一卷（但
篇目仍爲二十九），再加上《書序》總爲一卷，共計三十二卷。所以，歐陽氏
學所傳《尚書》篇目爲：

　　　　《堯典》、《皋陶謨》、《禹貢》、《甘誓》、《湯誓》、《盤庚上》、《盤
　　　　庚中》、《盤庚下》、《高宗肜日》、《西伯戡黎》、《微子》、《太誓》、《牧
　　　　誓》、《洪範》、《金縢》、《大誥》、《康誥》、《酒誥》、《梓材》、《召誥》、
　　　　《洛誥》、《多士》、《無逸》、《君奭》、《多方》、《立政》、《顧命》、《費
　　　　誓》、《呂刑》、《文侯之命》、《秦誓》、《書序》。

故《漢書・藝文志》記載《尚書》經文是：大、小夏侯二家「《經》二十九卷」，
「《歐陽經》三十二卷」。而其《章句》則爲：「《歐陽章句》三十一卷」（《序》
無章句），「大、小夏侯《章句》各二十九卷」〔註14〕。此外，還有大、小夏
侯《解故》二十九篇，《歐陽說義》二篇。這就是漢代今文三家博士本《尚書》
的篇卷情況。

　　《古文尚書》出現於西漢而盛行於東漢。從西漢中期起，文獻中記載了
先後出現的好幾次《古文尚書》。

　　最早見於記載者，爲「孔子家傳本」。《史記・儒林列傳》所載：「伏生教
濟南張生及歐陽生，歐陽生教千乘兒寬。……伏生孫以治尚書徵，不能明也。
自此之後，魯周霸、孔安國，洛陽賈嘉，頗能言尚書事。孔氏有《古文尚書》，
而安國以今文讀之，因以起其家。逸書得十餘篇，蓋尚書滋多於是矣。」

　　第二次見於記載者，爲「中古文本」。據《漢書・藝文志》記載：「劉向
以中古文校歐陽、大、小夏侯三家經文，《酒誥》脫簡一，《召誥》脫簡二，
率簡二十五字者脫亦二十五字，簡二十二字者脫亦二十二字。文字異者七百
有餘，脫字數十。」

　　第三次見於記載者，是「河間獻王本」。《漢書・景十三王傳》記載：「河
間獻王德以孝景前二年立，修學好古，實事求是。從民得善書，必爲好寫與
之，留其眞，加金帛賜以招之。……獻王所得書皆古文先秦舊書，《周官》、《尚

〔註14〕　〔漢〕班固撰，〔唐〕顏師古注：《漢書》，中華書局，1962 年 6 月，第 1705
　　　　頁。

書》、《禮》、《禮記》、《孟子》、《老子》之屬，皆經傳說記，七十子之徒所論。」〔註15〕

第四次見於記載者，是張霸的「百兩篇本」。據《漢書‧儒林傳》記載：「世所傳《百兩篇》者，出東萊張霸，分析合二十九篇以爲數十，又採《左氏傳》，《書敘》爲作首尾，凡百二篇。篇或數簡，文意淺陋。成帝時求其古文者，霸能爲『百兩』徵。以中書校之，非是。霸辭：『受父』。父有弟子尉氏樊並。時大中大夫平當、侍御史周敞勸上存之。後樊並謀反，乃黜其書。」

第五次見於記載者，是劉歆所宣揚的中秘所藏「孔子壁中本」。《漢書‧楚元王傳》附《劉歆傳》所載劉歆《移太常博士書》中說：「時漢興已七八十年，離於全經固已遠矣。及魯恭王壞孔子宅，欲以爲宮，而得古文於壞壁之中，逸《禮》有三十九篇，《書》十六篇。天漢之後，孔安國獻之，遭巫蠱倉卒之難，未及施行。及《春秋》左氏丘明所修，皆古文舊書。」〔註16〕

漢代所傳的這五次古文經，張霸「百兩篇」是第一次明確編造的《古文尚書》，但是它編綴的百篇《書序》卻一直作爲眞本流傳下來，產生了巨大的影響。所謂「百兩篇」，就是離析二十九篇成爲整整百篇，加上各篇有序言，把這些簡短序言合編成兩篇，就成「百兩」。這一「百兩篇」雖然在當時就發現是僞書而廢黜了，但所載「百篇《書序》」卻流傳並盛行起來。揚雄《法言‧問神篇》云：「昔之說《書》者序以百。」是西漢之末，百篇之序已爲學者所公認；但還沒有確定它的作者，而只是泛稱「昔之說《書》者」所作。到東漢就說成是孔子所作，如馬、鄭《書序‧注》皆肯定「《書序》孔子所作」。從此成了《尚書》學上影響最大的一件事。〔註17〕

關於《書序》的來源，劉起釪先生認爲：「這些序文原語大抵見於《史記》中，司馬遷撰《史記》，成於漢武之世，他採錄了先秦傳下的有關《尚書》篇章寫成情況的一些資料，只是作爲史事記述，本不是各篇之『序』。到了一百多年以後的成帝時，張霸抄錄了《史記》中這些關於《尚書》各篇寫成情況的話，加上從《左傳》採擷的話，假冒爲孔子所作的《書序》。」「現在基本弄清楚它的實際情況，『百篇』《書序》並不是孔子所作，它原只是《左傳》、《史記》中敘述《尚書》篇章撰成情況的一些零星資料，到張霸『百兩篇』

〔註15〕 〔漢〕班固撰，〔唐〕顏師古注：《漢書》，中華書局，1962 年 6 月，第 2410頁。

〔註16〕 劉起釪著：《尚書學史》，中華書局，1989 年 6 月，第 105～111 頁。

〔註17〕 劉起釪著：《尚書學史》，中華書局，1989 年 6 月，第 108～109 頁。

時，才搜列排比，加以補充編造而成的這麼一套《書序》。」〔註18〕孔穎達《堯典・序・正義》云：「檢此百篇，凡有六十三序，序其九十六篇。《明居》、《咸有一德》、《立政》、《無逸》不序所由，直云『咎單作《明居》』、『伊尹作《咸有一德》』、『周公作《立政》』、『周公作《無逸》』。六十三序者，若《汩作》、《九共》九篇、《槁飫》，十一篇共序；其《咸乂》四篇同序；其《大禹謨》、《皋陶謨》、《益稷》、《夏社》、《疑至》、《臣扈》、《伊訓》、《肆命》、《徂後》、《太甲》三篇、《盤庚》三篇、《說命》三篇、《泰誓》三篇、《康誥》、《酒誥》、《梓材》，二十四篇，皆三篇同序；其《帝告》、《釐沃》、《汝鳩》、《汝方》、《伊陟》、《原命》、《高宗肜日》、《高宗之訓》八篇皆共卷，類同，故同序。同序而別篇者三十三篇，通《明居》、《無逸》等四篇爲三十七篇，加六十三即百篇也。」〔註19〕由孔疏可知，因爲有四篇無序，只是標明某人作某篇；有十一篇共序；有八個「三篇共序」及四個「兩篇共序」，所以「百篇《書序》」實共有六十三個序。而所謂《尚書》百篇，則「整整齊齊」地包括《虞夏書》二十篇、《商書》四十篇、《周書》四十篇。其具體篇目爲：

虞夏書 20 篇：《堯典》、《舜典》、《汩作》、《九共》（九篇）、《槀飫》、《大禹謨》、《皋陶謨》、《棄稷》、《禹貢》、《甘誓》、《五子之歌》、《胤征》。

商書 40 篇：《帝告》、《釐沃》、《湯征》、《汝鳩》、《汝方》、《夏社》、《疑至》、《臣扈》、《湯誓》、《典寶》、《仲虺之誥》、《湯誥》、《咸有一德》、《明居》、《伊訓》、《肆命》、《徂後》、《太甲》（三篇）、《沃丁》、《咸乂》、《伊陟》、《原命》、《仲丁》、《河亶甲》、《祖乙》、《盤庚》（三篇）、《說命》（三篇）、《高宗肜日》、《高宗之訓》、《西伯戡黎》、《微子》。

周書 40 篇：《太誓》（三篇）、《牧誓》、《武成》、《洪範》、《分器》、《旅獒》、《旅巢命》、《金縢》、《大誥》、《微子之命》、《歸禾》、《嘉禾》、《康誥》、《酒誥》、《梓材》、《召誥》、《洛誥》、《多士》、《無逸》、《君奭》、《成王政》、《將蒲姑》、《多方》、《周官》、《立政》、《賄息慎之命》、《亳姑》、《君陳》、《顧命》、《康王之誥》、《畢命》、《君牙》、

〔註18〕劉起釪著：《尚書學史》，中華書局，1989 年 6 月，第 109 頁。
〔註19〕〔清〕阮元校刻：《十三經注疏・尚書正義》，中華書局影印，1980 年 10 月，第 118 頁。

　　《冏命》、《蔡仲之命》、《比米誓》、《呂刑》、《文侯之命》、《秦誓》。
〔註20〕

因爲百篇《書序》是作爲應古文之徵而提出的，所以東漢時馬融、鄭玄兩古文家都給《書序》作了注。他們把百篇中當時傳習的二十九篇篇文都作了注，而對當時不傳習的逸十六篇則注明爲「逸篇」〔註21〕，存其目於古文本中。

　　上述五種古文本中，張霸「百兩篇」本純爲僞書，河間獻王本雖無確證資料，前人既如此明確記載，亦無法予以否定。其它三種古文本實即一事。其中，孔子家傳本最爲可靠。據《史記‧孔子世家》記載，孔安國爲孔子十一世孫，由於孔氏家藏有先世傳下來的用古文寫的《尚書》，孔安國以所習《今文尚書》對照讀之，發現其中有「逸書」十餘篇。只是在《史記‧儒林列傳》中尚沒有載明是十幾篇，也沒有載明具體篇名，只是籠統地說是十幾篇。第二次的中古文本，又稱中秘本，是漢代皇家所藏的《古文尚書》。關於它的來源，並沒有明確記載，但是「漢武帝下詔求書，而孔安國作爲武帝博士，家有藏書不容不獻」，所以它很有可能就是孔安國所獻上的孔氏家傳本。〔註22〕第五次見於記載的「孔子壁中本」第一次確切提出孔壁本由孔安國獻上，且把孔子家傳本的逸《書》十餘篇實定爲孔壁本逸《書》十六篇。到《漢書‧藝文志》又對劉說作了增益云：「《古文尚書》者，出孔子壁中。武帝末，魯共王壞孔子宅，欲以廣其宮，而得《古文尚書》及《禮記》、《論語》、《孝經》凡數十篇，皆古字也。共王往入其宅，聞鼓琴瑟鍾磬之音，於是懼，乃止不壞。孔安國者，孔子後也，悉得其書，以考二十九篇，得多十六篇。安國獻之，遭巫蠱事，未列於學官。」〔註23〕這就在劉歆逸《書》十六篇的基礎上，進一步明確該本是在與《今文尚書》相同的二十九篇之外多十六篇。據孔穎達《尚書正義》「《堯典》」題下所引，《古文尚書》中逸十六篇篇名具體如下：

〔註20〕劉起釪著：《尚書學史》，中華書局，1989 年 6 月，第 110～111 頁。

〔註21〕所謂「逸十六篇」，指武帝末年，魯恭王壞孔子宅時，於屋壁中發現《古文尚書》。其中包括與今文尚書相同的一些篇（但其中必無漢《太誓》篇），和今文不同的有十餘篇，至於其具體篇數，劉歆《移太常博士書》說是十六篇。到《漢書‧藝文志》則更進一步確認了其中與今文尚書相同的篇目數量，認爲「孔子壁中本」的內容是與今文相同之二十九篇之外多十六篇。——劉起釪著：《尚書學史》，中華書局，1989 年 6 月，第 111～113 頁。

〔註22〕劉起釪著：《尚書學史》，中華書局，1989 年 6 月，第 107 頁。

〔註23〕〔漢〕班固撰：《漢書》，中華書局，1962 年 6 月，第 1706 頁。

《舜典》一、《汩作》二、《九共》九篇十一、《大禹謨》十二、《益稷》十三、《五子之歌》十四、《胤征》十五、《湯誥》十六、《咸有一德》十七、《典寶》十八、《伊訓》十九、《肆命》二十、《原命》二十一、《武成》二十二、《旅獒》二十三、《冏命》二十四。〔註24〕

由此可知，漢代立於官學的《今文尚書》爲二十九篇，《古文尚書》於二十九篇以外，又增多十六篇，爲四十五篇。劉向、劉歆父子整理皇家中秘藏書時，對今文、古文兩種《尚書》都登記在劉歆整理而成的目錄《七略》裏。東漢班固撰《漢書・藝文志》抄錄了《七略》所記載的全部內容。其中關於《尚書》的部分，所載「《經》二十九卷」，就是《今文尚書》；所載的「《尚書古文經》四十六卷」，就是《古文尚書》的四十五卷加上《書序》合爲一卷。〔註25〕漢代《古文尚書》四十五篇的篇目爲：

《堯典》、《皋陶謨》、《禹貢》、《甘誓》、《湯誓》、《盤庚》、《高宗肜日》、《西伯戡黎》、《微子》、《太誓》、《牧誓》、《洪範》、《金縢》、《大誥》、《康誥》、《酒誥》、《梓材》、《召誥》、《洛誥》、《多士》、《無逸》、《君奭》、《多方》、《立政》、《顧命》、《費誓》、《呂刑》、《文侯之命》、《秦誓》、《舜典》、《汩作》、《九共》、《大禹謨》、《大禹謨》、《五子之歌》、《胤征》、《湯誥》、《咸有一德》、《典寶》、《伊訓》、《肆命》、《原命》、《武成》、《旅獒》、《冏命》。

據《尚書正義》「虞書」下引劉向《別錄》載《古文尚書》「五十八篇」。又《太平御覽》第六〇八卷引桓譚《新論》也說：「《古文尚書》舊四十五卷，五十八篇」。其中，四十五卷就是孔氏古文原篇數，未加《書序》。五十八篇則是二十九篇析成三十四篇，即《盤庚》、《太誓》各析爲上、中、下三篇，從《顧命》中分出《康王之誥》篇；再加上逸十六篇析成二十四篇，即《九共》計爲九篇，組合而成。漢代《古文尚書》五十八篇的具體篇目如下：

《堯典》、《皋陶謨》、《禹貢》、《甘誓》、《湯誓》、《盤庚上》、《盤庚中》、《盤庚下》、《高宗肜日》、《西伯戡黎》、《微子》、《牧誓》、《泰誓上》、《泰誓中》、《泰誓下》、《洪範》、《金縢》、《大誥》、《康誥》、《酒誥》、《梓材》、《召誥》、《洛誥》、、《多士》、《無逸》、《君奭》、

〔註24〕〔清〕阮元校刻：《十三經注疏・尚書正義》，中華書局影印，1980年10月，第118頁。

〔註25〕劉起釪著：《尚書學史》，中華書局，1989年6月，第145頁。

《多方》、《立政》、《顧命》、《康王之誥》、《費誓》、《呂刑》、《文侯
之命》、《秦誓》。《舜典》、《汨作》、《九共》一、《九共》二、《九共》
三、《九共》四、《九共》五、《九共》六、《九共》七、《九共》八、
《九共》九、《大禹謨》、《大禹謨》、《五子之歌》、《胤征》、《湯誥》、
《咸有一德》、《典寶》、《伊訓》、《肆命》、《原命》、《武成》、《旅獒》、
《冏命》。

西晉永嘉之亂，文化遭受了一次巨大的破壞，晉朝中央從漢、魏以來接收的
中秘書遭到了嚴重的損害。歐陽、大小夏侯三家的今文《尚書》即亡於此間
〔註26〕。《經典釋文·敘錄》云：「永嘉傷亂，眾家之書並亡。」東晉元帝時，
豫章內史梅賾獻孔安國傳《古文尚書》，這就是後世所謂「僞《古文尚書》」。
全書共五十八篇，每篇有所謂孔安國做的注，標爲「孔氏傳」。漢代所傳下
的百篇《書序》過去都彙爲二卷或一卷，附在全書之末，此則把它按時間先
後分插在篇首或篇尾，而在全書前面有一篇以孔安國口氣寫的《尚書序》。
過去治經者習慣上將之稱爲《書大序》，《大序》中說：「先君孔子，生於周
末，……討論文典，斷自唐虞以下迄於周……典謨訓誥誓命之文，凡百
篇。……至魯共王好治宮室，壞孔子舊宅，以廣其居，於壁中得先人所藏古
文虞夏商周之書，……王又升孔子堂，聞金石絲竹之間，乃不壞宅，悉以書
還孔氏。……以所聞伏生之書，考論文義，定其可知者，爲隸古定，更以竹
簡寫之。增多伏生二十五篇，伏生又以《舜典》合於《堯典》，《益稷》合於
《皋陶謨》，《盤庚》三篇合爲一，《康王之誥》合於《顧命》。復出此篇，並
序，爲五十九篇，爲四十六卷。……悉上送官，……承詔爲五十九作《傳》。……
《書序》，序所以爲作者之意，昭然義見，宜相附近，故引之各冠其篇首，
定五十八篇。既畢，會國有巫蠱事，經籍道息，用不復以聞。」是此本既爲
漢孔安國所傳的孔壁古文本，那麼它應該有逸《書》十六篇，但是《大序》
卻說是「增多伏生二十五篇」，顯然與漢代《古文尚書》本不合。據《尚書
正義》記載，這增多的二十五篇是：

《大禹謨》一，《五子之歌》二，《胤征》三，《仲虺之誥》四，
《湯誥》五，《伊訓》六，《太甲》三篇九，《咸有一德》十，《說命》
三篇十三，《泰誓》三篇十六，《武成》十七，《旅獒》十八，《微子
之命》十九，《蔡仲之命》二十，《周官》二十一，《君陳》二十二，

〔註26〕馬雍著：《〈尚書〉史話》，中華書局，1982 年 11 月，第 45 頁。

《畢命》二十三，《君牙》二十四，《冏命》二十五。〔註27〕

其中，《大禹謨》、《五子之歌》、《胤征》、《湯誥》、《伊訓》、《咸有一德》、《武成》、《旅獒》、《冏命》九個篇題在逸十六篇中，而缺少十六篇中的《汨作》、《九共》、《典寶》、《肆命》、《原命》五題，多出了《仲虺之誥》、《太甲》、《說命》、《微子之命》、《周官》、《君陳》、《畢命》、《君牙》八個篇目。至於二十五篇的內容，係從當時所傳先秦文獻中搜集拼湊而成。〔註28〕

東晉《古文尚書》一方面在今、古文《尚書》相同的二十九篇裏面，分《盤庚》為三篇，刪除《泰誓》三篇、另換三篇《泰誓》（不是兩漢時所傳習的《泰誓》），分《堯典》「慎徽五典」以下為《舜典》，分《皋陶謨》「帝曰來禹」以下為《益稷》，分《顧命》「王出在應門之內」以下為《康王之誥》；另一方面，又新添出《仲虺之誥》、《太甲》三篇、《說命》三篇、《微子之命》、《蔡仲之命》、《周官》、《君陳》、《君牙》、《畢命》，計十三篇；再加上與孔壁古文獨多的十六篇篇目相同的《大禹謨》、《五子之歌》、《胤征》、《湯誥》、《咸有一德》、《伊訓》、《武成》、《旅獒》、《冏命》九篇。一共是五十八篇。其具體篇目如下：

> 《堯典》、《舜典》、《大禹謨》、《皋陶謨》、《益稷》、《禹貢》、《甘誓》、《五子之歌》、《胤征》、《湯誓》、《仲虺之誥》、《湯誥》、《伊訓》、《太甲》三篇、《咸有一德》、《盤庚》三篇、《說命》三篇、《高宗肜日》、《西伯戡黎》、《微子》、《泰誓》三篇、《牧誓》、《武成》、《洪範》、《旅獒》、《金縢》、《大誥》、《微子之命》、《康誥》、《酒誥》、《梓材》、《召誥》、《洛誥》、《多士》、《無逸》、《君奭》、《蔡仲之命》、《多方》、《立政》、《周官》、《君陳》、《顧命》、《康王之誥》、《畢命》、《君牙》、《冏命》、《呂刑》、《文侯之命》、《費誓》、《秦誓》。

魏晉南北朝時期原是東漢經學的發展，古文經學盛行，然而又形成了魏晉南北朝經學的特點，在《尚書》學方面，原盛行鄭學，王肅之學曾與之爭雄一時而終失勢，及《古文尚書》出而《尚書》學整個改觀。是南北朝成了鄭、「孔」學交替時期。在南朝，鄭學與「孔」學有一個較長時期的消長過程；在北朝，則鄭學仍保持著它的獨傳地位。〔註29〕隋以北朝政權統一南朝，從而統一了

〔註27〕〔清〕阮元校刻：《十三經注疏·尚書正義》，中華書局影印，1980 年 10 月，第 118 頁。

〔註28〕劉起釪著：《尚書學史》，中華書局，1989 年 6 月，第 186 頁。

〔註29〕劉起釪著：《尚書學史》，中華書局，1989 年 6 月，第 195 頁。

南北經學，唐王朝建立之後，在隋代的基礎上整理經學，貞觀初年，唐太宗認識到儒學在思想領域對鞏固政權的重要性，便十分注重經籍。先命顏師古定五經文字，又令孔穎達編撰《五經正義》，後者對後世經學產生了巨大的影響《舊唐書·高宗紀》永徽四年：「三月壬子朔，頒孔穎達《五經正義》於天下，每年明經令依此考試。」從此孔穎達所主持編撰的這部《五經正義》就成了明經考試必遵的權威教本。孔穎達在《尚書正義·序》中說：「先君宣父，生於周末，……上斷唐、虞，下終秦、魯，時經五代，書總百篇，……兩漢亦所不行。安國注之，實遭巫蠱，遂寢而不用。歷及魏晉，方始稍興，故馬、鄭諸儒莫睹其學，所注經傳時或異同。……但古文經雖然早出，晚始得行，其辭富而備，其義弘而雅，故復而不厭，久而愈亮，江左學者，咸悉祖焉。近至隋初，始流河朔。」〔註 30〕孔穎達在這裡說明了撰寫這部《尚書正義》的依據。在《尚書》本書方面，由於誤認孔傳《古文尚書》為出於孔子壁中的孔安國真本，所以專取「孔氏」古文，另在《堯典正義》中將真古文逸十六篇析成二十四篇，視為張霸所造的偽書。早在陳末陸德明所撰的《經典釋文》之《尚書釋文》中，已經一尊孔傳《古文尚書》，到了孔穎達等將其編入《五經正義》，作為國家主編的自漢至唐的經學大總結，成為王朝官定本傳佈開來，孔傳《古文尚書》的權威性和影響力就更為巨大了。

自東晉到隋、唐，大多數學者都堅信這就是孔壁本古文《尚書》和漢代孔安國作的「傳」。首先提出質疑的是南宋學者吳棫，他在《書稗傳》一書中懷疑孔本中的二十五篇「晚書」。明代梅鷟《尚書考異》運用分析和比較的研究方法，指出晚書為偽作，取得了空前的學術成就，開闢了清代《尚書》辨偽工作的新局面。清代的閻若璩在梅鷟論證的基礎上，潛心研究二十餘年，著成《古文尚書疏證》，論定《孔傳古文尚書》為偽作。至此基本終結了自宋代以來曠日持久的《尚書》辨偽工作。

先秦的《尚書》亡於秦朝，西漢初年伏生所傳的今文《尚書》亡於晉朝，西漢中葉孔安國所獻的古文《尚書》亡於唐朝，只有見存於《尚書正義》中的東晉孔傳《古文尚書》保留到了今天〔註 31〕。其篇目的具體情況如下：

〔註 30〕〔清〕阮元校刻：《十三經注疏·尚書正義》，中華書局影印，1980 年 10 月，第 110 頁。

〔註 31〕馬雍著：《〈尚書〉史話》，中華書局，1982 年 11 月，第 75 頁。

虞書：

堯典、舜典、大禹謨、皋陶謨、益稷

夏書：

禹貢、甘誓、五子之歌、胤征`

商書：

湯誓、仲虺之誥、湯誥、伊訓、太甲上、太甲中、太甲下、咸有一德、盤庚上、盤庚中、盤庚下、說命上、說命中、說命下、高宗肜日、西伯戡黎、微子

周書：

泰誓上、泰誓中、泰誓下、牧誓、武成、洪範、旅獒、金縢、大誥、微子之命、康誥、酒誥、梓材、召誥、洛誥、多士、無逸、君奭、蔡仲之命、多方、立政、周官、君陳、顧命、康王之誥、畢命、君牙、冏命、呂刑、文侯之命、費誓、秦誓

清代和近現代的學者多注重研究《孔傳古文尚書》中保存的眞《書》篇，即與「伏生本」相似的三十三篇。和《尚書》傳承過程中，不斷地對原有二十八篇進行析分和補添相反，現代學者在研究時往往要將漢代今文尚書的篇目從傳本中提取出來，並將其中被截取出來的篇目還原回去，即把從《堯典》截取出來的《舜典》、從《皋陶謨》中截取的《益稷》、從《顧命》中截取的《康王之誥》還回原篇，復原《堯典》、《皋陶謨》、《顧命》的本來面貌；把《盤庚》上、中、下三篇合計爲一篇；去掉晚出《泰誓》，使《尚書》的篇目與篇數都與伏生本今文本相同。雖然在《尚書》的流傳過程中，其具體文字經過多次改易，但是這二十八篇在總體上基本保持了先秦《書》篇的原貌。

（二）編次的演變

在《尚書》漫長的傳承過程中，不僅它的篇目與篇數在不同時期有所不同，而且《書》篇的編次也處於不斷變化中。目前已知的最早的《尚書》版本是漢代伏生所傳本，至於先秦時期的《書》篇的存在狀況，只能通過考察諸子與史家對《書》篇的徵引情況而獲知一二。

第一，先秦時期

根據劉起釪先生的統計，漢代今文二十八篇中有十五篇被先秦文獻稱引（分別是《堯典》、《皋陶謨》、《禹貢》、《甘誓》、《湯誓》、《盤庚》三篇、《牧

誓》、《洪範》、《康誥》、《酒誥》、《洛誥》、《無逸》、《君奭》、《呂刑》、《秦誓》），
西漢中期出現的孔子家傳本《古文尚書》中所包括的「逸《書》」十六篇，
在先秦時有四篇被稱引（其中明確提到篇名的有《伊訓》、《咸有一德》、《武
成》三篇，另有一些敘舜事，與今所見《堯典》分出之《舜典》所記不同者，
大概即爲逸十六篇中《舜典》的逸文）。在漢代中葉出現的百篇《書序》中
的篇目，包括伏生今文二十八篇（析爲三十一篇）、古文逸十六篇（析成二
十四篇），此外還有四十五篇是漢代新出現的篇名。在先秦文籍所紛紛稱引
的逸《書》中，其標明篇題並且屬於百篇《書序》內這四十五篇中的，一共
有七篇（即《仲虺之誥》、《太甲》、《說命》、《太誓》、《蔡仲之命》、《君陳》、
《君牙》）。〔註32〕以上三部分是見於先秦而又流傳到漢代及以後的《書》篇。
其中第一部分是全篇流傳到漢代，經漢儒傳授後直保存至今的；第二部分是
全篇流傳到漢代，漢以後又失傳，賴先秦文籍保存了它們一些零散文句的；
第三部分是只有篇名流傳至漢代而原文未傳，賴先秦文籍保存它一些零散文
句的。這後兩部分中的一些《書》篇，經晉代儒生用其篇名輯錄文獻中一些
文句另行編造成篇，以非原篇形式流傳至今。除上述這三部分以外，還有爲
先秦文獻所稱引，知其原文在先秦確曾存在過，但沒有流傳到後代的「逸
《書》」。有一些是有篇名的，有一些則只是些零散逸句而沒有篇名的。通過
對先秦引書情況的考察可知，「漢今文二十八篇在先秦稱引最頻繁，次數最
多，可知這是當時廣泛傳習之本。伏生把它傳授到漢代，就是由於它是習讀
之書。」〔註33〕這種現象也進一步證明，《尚書》在先秦的時候，曾經經過
較爲系統的整理和編排。由於先秦文獻在提到《書》篇內容時，往往只是隻
言片語式的引用，所以要探求《書》在當時的存在狀況也面臨著很大的困難，
有時亦難免有以偏概全的嫌疑，因而在利用和分析資料的時候必須要格外謹
慎小心。

先秦文獻引《書》，主要運用兩種方式，其一明示具體篇名；其二泛稱類
名。後者包括以「書」或「某書」來稱引。

《尚書》最初只叫作《書》，古代傳記裏面所引的「《書》曰」、「《書》云」，
都是指《尚書》而言。同時，「書」又是簡策的泛稱，所以《詩》、《易》以致
各國編年的史記，也都可以叫作「書」。自春秋以來，《尚書》與《詩》對稱

〔註32〕劉起釪著：《尚書學史》，中華書局，1989年6月，第14～61頁。
〔註33〕劉起釪著：《尚書學史》，中華書局，1989年6月，第62頁。

爲《詩》、《書》,「書」的名稱,遂有了共名和專名的分別,包含了廣義和狹義兩種意義。先秦文獻中稱「《書》」引用的共有 42 次。如:《左傳・襄公十三年》引用《周書・呂刑》云:「《書》曰:『一人有慶,兆民賴之,其寧惟永。』其是之謂乎?」等等。稱「某書」來引用的情況包括兩種類型,一,稱時代名。其中,稱《夏書》21 次,《商書》10 次,《周書》27 次,《夏商之書》1 次;二,稱國名。其中稱《鄭書》2 次,《楚書》1 次,《西方之書》1 次。其中《今文尚書》二十八篇在先秦文獻中也主要以明示篇名和泛稱類名兩種方式被引用。其中,泛稱「《書》曰」引用的,共計 16 次,涉及《康誥》、《呂刑》、《洪範》、《洛誥》和《無逸》等 5 個篇目。在以「某書曰」被引用時,今文二十八篇的內容只存在以時代稱名引用這一種情況,共計 19 次。其中,稱《夏書》者 3 次,涉及《堯典》和《皋陶謨》2 篇;稱《商書》者 5 次,涉及《盤庚》、《洪範》2 篇;稱《周書》者 11 次,涉及《康誥》、《洪範》、《無逸》3 篇。從中不難發現,《今文尚書》諸篇在先秦時分成《夏書》、《商書》和《周書》三部分。其中,《堯典》和《皋陶謨》在《今文尚書》本中屬於《虞夏書》、在《古文尚書》本中屬於《虞書》,但在先秦文獻中卻是作爲《夏書》的內容被引用的。《洪範》既被稱爲《商書》,又被稱爲《周書》引用。由此可以推測,在先秦時代《書》篇已經按照其內容所屬年代進行分類匯總,就全書的結構而言,很有可能是按照夏商周三代的先後順序進行整編的。只是當時各時代分類中所包含的篇目,與今所見《尚書》不盡相同。除引以外,在先秦文獻引《書》中還存在一種情況,如《韓非子・說林上》曰:「紹績昧……對曰:「桀以醉亡天下,而《康誥》曰:『毋彝酒。』彝酒者,常酒也。常酒者,天子失天下,匹夫失其身。」〔註34〕「無彝酒」是今本《酒誥》中的內容。段玉裁《古文尚書撰異》認爲:「周時通《酒誥》、《梓材》爲《康誥》。」皮錫瑞《今文尚書考證》說:「據此則三篇實同爲一篇,韓非在焚書之前,其說可據。」〔註35〕《康誥》是周王朝冊封周文王的兒子康叔於衛國時的誥辭,是當時稱爲「命書」的文件。不久又作《酒誥》、《梓材》兩篇,先秦時合稱爲《康誥》三篇。〔註36〕其中,《酒誥》是《康誥》的中篇,《梓材》是《康誥》的下篇,沒有《酒誥》和《梓材》兩篇的篇名。這大概是由於最初史官

〔註34〕〔戰國〕韓非著,陳奇猷校注:《韓非子新校注》,上海古籍出版社,2000 年10 月,第 473 頁。

〔註35〕劉起釪著:《尚書學史》,中華書局,1989 年 6 月,第 20 頁。

〔註36〕顧頡剛、劉起釪著:《尚書校釋譯論》,中華書局,2005 年 4 月,第 1291 頁。

把封康叔的誥命彙編在一起，遂合稱爲《康誥》的緣故。〔註37〕今本《尚書》把《康誥》的中、下兩篇分成《酒誥》和《梓材》，大約從伏生才是這樣。〔註38〕因而，《酒誥》文句在先秦文獻中被稱引一次，即用《康誥》篇名。〔註39〕

綜上所述，先秦文獻的引《書》在一定程度上體現了當時對《書》篇的整編層次（見圖：書──夏書、商書、周書──康誥 ①──康誥 ②、酒誥、梓材）：今見於《今文尚書》中的篇章在當時統稱爲「書」；具體篇目按內容所屬時代，再分爲《夏書》、《商書》和《周書》；有些篇題雖然與今本相同，但是它與今本《尚書》的具體篇題並不屬於同一層次，如《康誥》① 與《康誥》② 就有區別。以上是《尚書》在先秦時的整編情況。

第二，漢代以來

漢代伏生所傳《尚書》原爲二十八篇，後加《太誓》而成二十九篇。漢文帝時，伏生所傳《尚書》，傳爲歐陽、大小夏侯三系，都立學官。東漢末熹平年間，正定《尚書》經文，刊立今文經最後的官定本《一字石經尚書》。到了魏代，《古文尚書》獨立學官，除《一字石經》流傳外，歐陽、大小夏侯三家《今文尚書》漸無人傳習了。漢武帝時孔安國用今文讀孔壁《古文尚書》四十五卷（計五十七篇），除獻給朝廷外，把裏面與《今文尚書》相同的二十九篇傳給庸生一系，在平帝末一度立官學。到了東漢，因先有杜林、衛宏等提倡，後有孔僖、賈逵等繼起，遂有馬融、鄭玄最後注《古文尚書》，古文獨盛，今文遂衰。鄭玄《書注》與王肅《書注》，在魏代並列國學，到了正始時，刊立《古文尚書》的官定本《三字石經尚書》。西晉承魏制，鄭、王《書注》仍並立國學。西晉永嘉之亂，典籍亡佚嚴重，馬、鄭、王三家《書注》雖流傳不絕，可是漢、魏石經卻大受摧毀。東晉出，孔傳《古文尚書》出，與鄭玄《書注》並立國學，所傳經文共五十八篇，內有二十五篇，爲後世叫作《晚書》。到了南北朝，南朝崇《孔傳》，北朝崇《鄭注》，北齊以後，北學漸爲南學所化，江北也尊重孔本，《鄭注》漸衰。唐初修《尚書正義》，在孔傳《古文尚書》獨尊的學風之下，遂採用孔傳本，頒行天下，《鄭注》與馬、王《書注》唐後盡亡。從唐頒行《尚書正義》，直到現在，人們所誦習的《尚書》，都是《尚書正義》本經文五十八篇。大體說來，《正義》本經文，就是《孔傳》

〔註37〕蔣善國著：《尚書綜述》，上海古籍出版社，1988 年 3 月，第 246 頁。
〔註38〕蔣善國著：《尚書綜述》，上海古籍出版社，1988 年 3 月，第 245 頁。
〔註39〕顧頡剛、劉起釪著：《尚書校釋譯論》，中華書局，2005 年 4 月，第 1380 頁。

本經文。〔註40〕以上，是《尚書》文本在漢代以後的基本流傳過程。在篇目演進的過程中，諸篇的編次也在不斷發生變化。諸傳本中《尚書》篇目的編次比照情況見表1-1。

　　首先，對伏生本和三家本《今文尚書》的編次作以比較。如表格所示，伏生本《今文尚書》原爲二十八篇，歐陽、大小夏侯三家所傳授的本子（下稱歐陽本、夏侯本），因增入《太誓》一篇，篇目總數增爲二十九篇。《今文尚書》各本都包括《虞夏書》、《商書》和《周書》三部分。其中，《虞夏書》四篇、《商書》五篇的篇目和排序，伏生本與今文三家本基本一致。如前文所述，《商書‧盤庚》在伏生本和夏侯本中均爲一篇，唯歐陽本將其析爲上篇、中篇和下篇，但這並不影響各篇之間的先後順序。伏生本與今文三家本的最大區別，是後者在《周書》之首加入了一篇《太誓》。因而，《牧誓》在伏生本中列《周書》第一，全書第十；到了夏侯本中，後加入的《太誓》爲《周書》第一，《牧誓》則變爲《周書》第二，全書第十一；而在歐陽本中《牧誓》爲《周書》第二，全書第十三篇。受其影響，今文三家本中《牧誓》以後各篇的次第均相應後移一位。

　　其次，對《今文尚書》與《百篇書序》、東漢馬、鄭《古文尚書》和孔傳《古文尚書》的編次作以比較。《百篇書序》包括《虞夏書》二十篇、《商書》四十篇和《周書》四十篇。其篇目涵蓋了《今文尚書》二十八篇。如果將《今文尚書》的二十八個篇目從《書序》中提取出來不難發現，它們在《百篇書序》中的排列順序與伏生本《今文尚書》是相同的；馬融、鄭玄所注《古文尚書》包括《虞書》兩篇，《夏書》兩篇，《商書》五篇和《周書》二十三篇。馬、鄭所注雖然是古文經，但是只傳與今文相同的二十九篇。其中，馬、鄭古文本中的《康王之誥》是將《顧命》下半篇自「王若曰」以下截取而成的，編次緊接《顧命》。其他的篇目及其次第亦與《今文尚書》三家本全同；孔傳《古文尚書》合計五十八篇，包括《虞書》五篇、《夏書》四篇、《商書》十七篇和《周書》三十二篇。其內容亦囊括了伏生所傳《今文尚書》二十八篇。如果將孔本中的今文篇目抽繹出來可知，其與《今文尚書》的編次大同小異，二者的區別主要在於：《今文尚書》中，《顧命》之後的篇目依次爲：《費誓》、《呂刑》、《文侯之命》、《秦誓》；而孔傳本在《顧命》、《康王之誥》（二者本爲一篇）之後的篇目依次爲：《呂刑》、《文侯之命》、《費誓》和《秦誓》。這

〔註40〕蔣善國著：《尚書綜述》，上海古籍出版社，1988年3月，第369～370頁。

主要是由《費誓》篇的位置變更導致的。實際上，《費誓》在西漢伏生今文本中爲第二十五篇，在伏生系三家今文本中爲第二十六篇，在東漢馬鄭古文本中爲第三十一篇，其篇次皆在《呂刑》前，同屬《周書》。只有東晉古文本改在《文侯之命》後，爲全書的第五十七篇。

古代文獻的著錄，往往於篇題之下緊接著該篇的次第。「堯典第一」，《正義》解爲：「『堯典第一』，篇之名，當與眾篇相次。『第』訓爲次也，於次第之內而處一，故曰『堯典第一』。」〔註41〕「現在要求漢代的眞《尚書》經文，在石刻方面，只有靠著少數出土的漢、魏《石經》殘石」〔註42〕，今據出土漢《石經尚書·文侯之命》和《書序》殘石，《文侯之命》的篇目下有「廿八」二字，《書序》又緊接著《秦誓》經文，可見《秦誓》是第廿九，是最末一篇，而《文侯之命》則爲全《書》的第二十八篇。這也是對漢代《今文尚書》篇次的較爲直接、有力的說明。

〔註41〕〔清〕阮元校刻：《十三經注疏·尚書正義》，中華書局影印，1980 年 10 月，第 117 頁。

〔註42〕蔣善國著：《尚書綜述》，上海古籍出版社，1988 年 3 月，第 369～370 頁。

表 1-1：今文尚書、百篇書序、東漢古文尚書、孔傳古文尚書篇目編次比照表

伏生今文本	歐陽氏今文本	夏侯氏今文本	百篇書序	東漢馬鄭古文本	孔傳本\尚書正義本
虞夏書： 1 堯典第一	虞夏書： 1 堯典第一	虞夏書： 1 堯典第一	虞夏書： 1 堯典第一	虞夏書： 1 堯典第一	虞夏書： 1 堯典第一
			2 舜典第二、3 汩作第三、4～12 九共（九篇）第四至第十二、13 稾飫第十三、14 大禹謨第十四		2 舜典第二、3 大禹謨第三
2 皐陶謨第二	2 皐陶謨第二	2 皐陶謨第二	15 皐陶謨第十五	2 皐陶謨第二	4 皐陶謨第四
			16 益稷第十六		5 益稷第五
3 禹貢第三	3 禹貢第三	3 禹貢第三	17 禹貢第十七	3 禹貢第三	夏書：6 禹貢第一
4 甘誓第四	4 甘誓第四	4 甘誓第四	18 甘誓第十八	4 甘誓第四	7 甘誓第二
			19 五子之歌第十九、20 胤征第二十		8 五子之歌第三、9 胤征第四
			21 帝告第一、22 釐沃第二、23 湯征第三、24 汝鳩第四、25 汝方第五、26 夏社第六、27 疑至第七、28 臣扈第八		
商書： 5 湯誓第一	商書： 5 湯誓第一	商書： 5 湯誓第一	商書： 29 湯誓第九	商書： 5 湯誓第一	商書： 10 湯誓第一
					11 仲虺之誥第二、12 湯誥第三、13 伊訓第四、

					14 大甲上第五、15 大甲中第六、16 大甲下第七、17 咸有一德第八
			30 典寶第十、31 仲虺之誥第十一、32 湯誥第十二、33 咸有一德第十三、34 明居第十四、35 伊訓第十五、36 肆命第十六、37 徂後第十七、38~40 太甲（三篇）第十八至第二十、41 沃丁第二十一、42~45 咸乂（四篇）第二十二至第二十五、46 伊陟第二十六、47 原命第二十七、48 仲丁第二十八、49 河亶甲第二十九、50 祖乙第三十		
6 盤庚第二	6~8 盤庚（三篇）第二	6~8 盤庚（三篇）第二	51 盤庚上第三十一、52 盤庚中第三十二、53 盤庚下第三十三	6~8 盤庚第二	18 盤庚上第九、19 盤庚下第十、20 盤庚下第十一
			54~56 說命（三篇）第三十四至第三十六		21 說命上第十二、22 說命中第十三、23 說命下第十四
7 高宗肜日第三	9 高宗肜日第三	9 高宗肜日第三	57 高宗肜日第三十七	7 高宗肜日第三	24 高宗肜日第十五
			58 高宗之訓第三十八		
8 西伯戡黎第四	10 西伯戡黎第四	10 西伯戡黎第四	59 西伯戡黎第三十九	8 西伯戡黎第四	25 西伯戡黎第十六

9 微子第五	11 微子第五	9 微子第五	60 微子第四十	11 微子第五	26 微子第十七
周書： 10 牧誓第一	周書： 12 大誓第一	周書： 10 大誓第一	周書： 61~63 大誓（三篇）第一至第三	周書： 12~14 大誓（三篇）第一至第三	周書： 27~29 大誓（三篇）第一至第三
11 洪範第二	13 牧誓第二	11 牧誓第二	64 牧誓第四	15 牧誓第四	30 牧誓第四
	14 洪範第三	12 洪範第三	65 武成第五		31 武成第五
12 金縢第三	15 金縢第四	13 金縢第四	66 洪範第六	16 洪範第五	32 洪範第六
13 大誥第四	16 大誥第五	14 大誥第五	67 分器第七、68 旅獒第八、69 旅巢命第九		33 旅獒第七
14 康誥第五	17 康誥第六	15 康誥第六	70 金縢第十	17 金縢第六	34 金縢第八
15 酒誥第六	18 酒誥第七	16 酒誥第七	71 大誥第十一	18 大誥第七	35 大誥第九
16 梓材第七	19 梓材第八	17 梓材第八	72 微子之命第十二、73 歸禾第十三、74 嘉禾第十四		36 微子之命第十
17 召誥第八	20 召誥第九	18 召誥第九	75 康誥第十五	19 康誥第八	37 康誥第十一
18 洛誥第九	21 洛誥第十	19 洛誥第十	76 酒誥第十六	20 酒誥第九	38 酒誥第十二
19 多士第十	22 多士第十一	20 多士第十一 P1511	77 梓材第十七	21 梓材第十	39 梓材第十三
20 無逸第十一	23 無逸第十二	21 無逸第十二	78 召誥第十八	22 召誥第十一	40 召誥第十四
21 君奭第十二	24 君奭第十三	22 君奭第十三	79 雒誥第十九	23 洛誥第十二	41 洛誥第十五
			80 多士第二十	24 多士第十三	42 多士第十六
			81 無逸第二十一	25 無逸第十四	43 無逸第十七
			82 君奭第二十二	26 君奭第十五	44 君奭第十八

		83 成王政第二十三、84 將蒲姑第二十四		45 蔡仲之命第十九
22 多方第十三	23 多方第十四	85 多方第二十五	27 多方第十六	46 多方第二十
		86 周官第二十六		48 周官第二十二、49 君陳第二十三
23 立政第十四	24 立政第十五	87 立政第二十七	28 立政第十七	47 立政第二十一
		88 賄息慎之命第二十八、89 亳姑第二十九、90 君陳第三十		
24 顧命第十五	25 顧命第十六	91 顧命第三十一	29 顧命第十八	50 顧命第二十四
		92 康王之誥第三十二	30 康王之誥第十九 P1711	51 康王之誥第二十五
		93 畢命第三十三、94 君牙第三十四、95 冏命第三十五、95 蔡仲之命第三十六		52 畢命第二十六、53 君牙第二十七、54 冏命第二十八
25 費誓第十六	26 費誓第十七	97 比米誓第三十七	31 費誓第二十	57 費誓第三十一 P2137
26 呂刑第十七	27 呂刑第十八	98 呂刑第三十八	32 呂刑第二十一	55 呂刑第二十九
27 文侯之命第十八	28 文侯之命第十九	99 文侯之命第三十九	33 文侯之命第二十二	56 文侯之命第三十
28 秦誓第十九	29 秦誓第二十	100 秦誓第四十	34 秦誓第二十三	58 秦誓第三十二

綜上所述，在《尚書》傳承的過程中，今、古文經學之間的分歧主要在於對經義的理解和闡釋，各派所傳授的經文並沒有太的差異。與之相比，孔傳本對於《尚書》篇目構成與結構關係的影響更大。現代所通行的《尚書》是以孔傳《古文尚書》爲準據而成書的《尚書正義》，其篇目既包括今文二十八篇，又包括諸多古文系所傳《書》篇。先秦《尚書》賴伏生得以留存，伏生舊爲秦博士，其所習掌之《書》必爲當時通行之本。從先秦引《書》以今文二十八篇爲最頻繁、次數亦最多的情況看來，伏生所傳本在很大程度上保存了先秦《書》篇的本來面貌。通過以上對《尚書》篇目與次第的考察可知，伏生今文本的篇目和編次在各傳本中始終保持了相對穩定的狀態，並且《今文尚書》二十八篇始終都是各個傳本的主體或核心。由此也可以說，現見存於《尚書正義》中的今文二十八篇，在很大程度上保留了伏生本的原貌，因而，它們實爲現代研究《尚書》文本的有力依據。本書亦以伏生所傳《今文尚書》二十八篇作爲主要研究對象。其具體篇目及編次如下：

虞夏書：

　　《堯典》第一＊、《皋陶謨》第二＊、《禹貢》第三、《甘誓》第四

商書：

　　《湯誓》第一、《盤庚》第二＊、《高宗肜日》第三、《西伯戡黎》第四、《微子》第五

周書：

　　《牧誓》第一、《洪範》第二、《金滕》第三、《大誥》第四、《康誥》第五、《酒誥》第六、《梓材》第七、《召誥》第八、《洛誥》第九、《多士》第十、《無逸》第十一、《君奭》第十二、《多方》第十三、《立政》第十四、《顧命》第十五＊、《費誓》第十六、《呂刑》第十七、《文侯之命》第十八、《秦誓》第十九。

　　（＊《堯典》：合《正義》本《堯典》、《舜典》而成，並去掉「曰若稽古，帝舜，曰重華，協於帝。睿哲文明，溫恭允塞，玄德升聞，乃命以位」計二十八字。《皋陶謨》：合《正義》本《皋陶謨》和《益稷》而成。《盤庚》：上、中、下三篇，計爲《盤庚》一篇。《顧命》：合《正義》本《顧命》、《康王之誥》而成。）

第二章 《尚書》篇目編次的整體特徵

　　西漢伏生所傳《今文尚書》二十八篇，是目前所能追溯到的較早且較爲可靠的《尚書》文本。雖然《尚書》的傳承過程十分複雜，但是伏生本二十八篇的篇目和編次一直保持了相對穩定的狀態。這與《尚書》的經典性質有直接關係。自漢代始立五經博士，《今文尚書》立於官學，《尚書》的性質遂發生了根本性變化。經學在我國古代知識體系中具有至高無上的地位，在上昇爲經典的過程中，《尚書》的起源和文本被賦予了前所未有的神秘色彩和權威地位，今文二十八篇作爲諸傳本共同的核心內容，其形制和內容也被固定下來。自漢代以來，《尚書》一直爲歷代王朝尊爲經國常法，各家經師對於經義固然有不同的闡釋和解說，但是關於經文本身及諸篇次第並無有太多爭議。目前保存於《尚書孔疏》中的今文《書》篇，是研究《尚書》文本結構的主要依據。如前文所述，《孔疏》本以東晉孔傳《古文尚書》爲準據，它與伏生本的主要區別，一方面在於增益晚書二十五篇，並析分伏生本《堯典》爲《堯典》和《舜典》二篇、析分《皋陶謨》爲《皋陶謨》和《益稷》兩篇、析分《顧命》爲《顧命》和《康王之誥》兩篇，另一方面二者在今文諸篇的先後編次上存在一處差異。即在伏生本中，《費誓》篇在《顧命》之後、《呂刑》之前，爲《周書》第十六篇，總第二十五篇；在《孔疏》本中，《費誓》篇在《文侯之命》之後、《秦誓》之前，在《孔疏》本所保存的今文篇目中爲第二十七篇，《周書》第十八篇。現去掉《孔疏》本中的晚書二十五篇，將其析分出來的《舜典》、《益稷》和《康王之誥》還原各篇，將《費誓》次第復原與伏生本相同，亦即還原伏生《今文尚書》二十八篇的篇目和編次，以探討《今文尚書》編次的內在原則及其整體結構特徵。

第一節　《書》篇編次的編年體特徵

　　《今文尚書》二十八篇，起自《堯典》，終於《秦誓》，內容涉及從堯舜時期到春秋中葉期間的眾多重大歷史事件。《今文尚書》包括《虞夏書》、《商書》、《周書》三大部分，《書》篇次序遵循內容所涉及之具體歷史背景的時間先後排列，因而在整體結構上體現出編年體的特徵。

（一）《虞夏書》諸篇

　　伏生本《今文尚書》中，《虞夏書》包括《堯典》、《皋陶謨》、《禹貢》、《甘誓》四篇。

　　《堯典》，孔傳《古文尚書》將《堯典》自「慎徽五典」以下截取出來，並模仿《堯典》開篇，於「慎徽五典」前冠以「曰若稽古，帝舜曰重華，協於帝。濬哲文明，溫恭允塞，玄德升聞，乃命以位」計二十八字，製成所謂《舜典》，故《書序》於《堯典》《舜典》分別有《序》。《堯典》序曰：「昔在帝堯，聰明文思，光宅天下，將遜於位，讓於虞舜，作《堯典》。」《舜典》序曰：「虞舜側微，堯聞之聰明，將使嗣位，歷試諸難，作《舜典》。」二者在伏生今文本中本為《堯典》一篇的內容。堯和舜，相傳是我國原始社會後期的著名領袖，《堯典》所記敘的就是堯舜的美德和功績。《皋陶謨》，《史記‧夏本紀》記載：「皋陶作士以理民。帝舜朝，禹、伯夷、皋陶相與語帝前。」〔註1〕接著著錄《皋陶謨》全文。在《書序》中，《皋陶謨》與《大禹謨》、《益稷》三篇共《序》，《序》文曰：「皋陶矢厥謨，禹成厥功，帝舜申之。作《大禹》、《皋陶謨》、《益稷》。」今傳本中所見之《益稷》，為割裂《皋陶謨》中「帝曰：『來，禹，汝亦昌言』」以後的內容成篇，在今文本中合為《皋陶謨》一篇。漢代時本篇已被視為皋陶和禹在帝舜朝廷上的問答之語，是皋陶和禹、舜討論政務的記錄。《禹貢》，《書序》云：「禹別九州，隨山濬川，任土作貢。」《廣雅‧釋言》：「貢，功也。」「禹貢，就是禹的功績」。〔註2〕《史記‧五帝本紀》說：「唯禹之功為大，披九山，通九澤，決九河，定九州，各以其職來貢，不失厥宜。」〔註3〕《史記‧匈奴列傳》說：「堯雖賢，興事業不成，得

〔註1〕〔漢〕司馬遷撰：《史記》，中華書局，1959 年 9 月，第 77 頁。
〔註2〕錢宗武、杜純梓：《尚書新箋與上古文明》，北京大學出版社，2004 年 7 月，第 78 頁。
〔註3〕〔漢〕司馬遷撰：《史記》，中華書局，1959 年 9 月，第 43 頁。

禹而九州寧。」〔註4〕堯舜的時候，禹的功勞最大，《禹貢》自古被視爲是記載大禹治水功勳的篇章。《甘誓》，《書序》曰：「啓與有扈戰於甘之野，作《甘誓》。」據《史記・夏本紀》記載：「禹子啓賢，天下屬意焉。及禹崩，雖授益，益之佐禹日淺，天下未洽。故諸侯皆去益而朝啓，曰『吾君帝禹之子也』。於是啓遂即天子之位，是爲夏后帝啓。……有扈氏不服，啓伐之，大戰於甘。將戰，作《甘誓》。」〔註5〕啓是禹之子，是夏王朝的第一位君主。《甘誓》篇是夏啓在甘這個地方討伐有扈氏的誓詞。

《史記・五帝本帝》說：「學者多稱五帝，尚矣。然《尚書》獨載堯以來；而百家言黃帝，其文不雅馴，薦紳先生難言之。」是司馬遷以爲關於堯以前的史事，古說多虛誕神怪之辭，不足以取信於人，所以《尚書》以《堯典》爲首篇。據《尚書》和《史記》的記載，唐堯、虞舜和夏禹的時代，基本上還處在原始氏族制度的末期，社會生產力不高，在王位的更替問題上實行「禪讓」制度。即堯晚年不將帝位傳給他的兒子，而是咨詢四嶽，四嶽薦舉舜爲繼位人。舜經受各種考驗之後，攝位行政，堯死，舜正式即位。同樣，舜也不將帝位傳與其子，而是傳與推選出來的禹。舜死，禹繼位。禹在位時，仍沿襲禪讓制，當時眾人推薦皋陶爲繼位人。不久皋陶死，又舉皋陶之子伯益爲繼位人。禹死後，禹子啓奪伯益位自立，傳子制戰勝了傳賢制，禪讓制度至此廢止，因而出現了我國歷史上第一個王朝——夏。〔註6〕我國古代的帝王世系是從堯開始的，《虞夏書》中從《堯典》、《皋陶謨》、《禹貢》到《甘誓》的篇章序列所呈現出來的就是以堯、舜、禹、湯、文、武爲主幹構成的我國上古歷史的發端部分。

（二）《商書》諸篇

伏生本《今文尚書》中，《商書》包括《湯誓》、《盤庚》、《高宗肜日》、《西伯戡黎》和《微子》五篇。

《湯誓》，據《史記・殷本紀》記載，「（夏朝末年）夏桀爲虐政淫荒，而諸侯昆吾氏爲亂。湯乃興師率諸侯，伊尹從湯，湯自把鉞以伐昆吾，遂伐桀。」《書序》曰：「伊尹相湯，伐桀，升自陑，遂與桀戰地鳴條之野，作《湯誓》。」《湯誓》是商湯伐夏桀，戰於鳴條之野的誓師詞。《史記》記載此役的結果說：

〔註4〕〔漢〕司馬遷撰：《史記》，中華書局，1959年9月，第2919頁。
〔註5〕〔漢〕司馬遷撰：《史記》，中華書局，1959年9月，第83～84頁。
〔註6〕王玉哲著：《中華遠古史》，上海人民出版社，2000年7月，第135～142頁。

「桀敗於有娀之虛，桀奔於鳴條，夏師敗績。……湯乃踐天子位，平定海內」，商王朝由此建立。《盤庚》三篇，是盤庚在遷都時對臣民的講話。《書序》曰：「盤庚五遷，將治亳殷，民咨胥怨，作《盤庚》三篇。」《史記·殷本紀》記載：「帝盤庚之時，殷已都河北，盤庚渡河南，復居成湯之故居，乃五遷，無定處。殷民咨胥皆怨，不欲徙。」盤庚欲遷之殷，遭到了臣民們的反對，《孔疏》曰：自「祖乙遷都於此，至今多歷年世，民居已久，戀舊情深，……此則民怨之深，故序獨有此事。彼各一篇，而此獨三篇者，謂民怨上，故勸誘之難也。」〔註7〕歷史學家認為，盤庚以前的商代主要是精耕農業經濟，故人民視遷徙為當然，一地之力盡，即行搬遷，毫無猶豫，因為不遷則無以為生。但至遲到盤庚遷殷前後，農業上已有很大進步，即由精耕而進入比較精耕的階段，這使得人民可以在一地久耕，不必遷徙。自湯到盤庚約三百年間，只有幾次遷徙，大概人民逐漸趨於定居，遷徙逐漸不易。盤庚可能見到他所統率的部落中，一部分人仍經營粗耕農業，不遷移即不能生活，故不得不脅迫全族人一齊搬遷。而另一部分從事精耕農業者不願搬遷，即所謂「富民戀舊，故違上意，不欲遷也」。這樣的情況下，就必須加以命令或威脅才能做到了。〔註8〕伏生本《盤庚》本為一篇，至歐陽氏本始分上、中、下三篇，並為後世各本沿襲。《高宗肜日》，《史記》和《書序》都說本篇是「帝武丁祭成湯」時事，《書序》曰：「高宗祭成湯，有飛雉升鼎耳而雊，祖己訓諸王，作《高宗肜日》。」近人金履祥對此提出質疑，以為此篇為祖庚之時繹於高宗之廟而作。王國維贊同金氏觀點，並以殷墟卜辭證之，指出：「肜日者，祭名。云『高宗肜日』者，高宗廟之繹祭也。」《高宗肜日》為祖庚祭高宗之廟，而非高宗祭成湯。〔註9〕今人多從此說。《西伯戡黎》，《書序》曰：「殷始咎周，周人乘黎。祖伊恐，奔告於受，作《西伯戡黎》。」西伯，指周文王，殷末時西方諸侯的霸主，所以稱為西伯。黎，是殷的屬國之一，黎又寫作耆或饑。《史記》記載此篇時說：「（西伯）乃陰修德行善，諸侯多叛紂而往歸西伯。西伯滋大，紂由是稍失權重。……及西伯伐饑國，滅之，紂之臣祖伊聞之而咎周。」可知，本篇是西伯（即周文王）征服了居於商王朝西北屏蔽之地的黎國之後，商代統治者感到危亡在即，其貴族大臣祖伊對商王紂提出了警告。《微子》，《書序》

〔註7〕 〔清〕阮元校刻：《十三經注疏·尚書正義》，中華書局影印，1980 年 10 月，第 168 頁。

〔註8〕 王玉哲著：《中華遠古史》，上海人民出版社，2000 年 7 月，第 238～239 頁。

〔註9〕 王國維著：《觀堂集林》，中華書局，1959 年 6 月，第 28～30 頁。

曰：「殷既錯天命，微子作誥父師、少師。」據《史記》記載，商代末年，商紂爲淫亂不止，微子數諫不聽，微子見商朝大勢已去，乃與父師、少師謀。《微子》篇是他向父師、少師請教出處之道的對話。

　　《商書》五篇，涉及湯、盤庚、武丁、祖庚和紂等五位商代君主。其中，湯是商王朝的開國之君，他武功很大，率領軍隊推翻了夏朝的統治，又向四方征伐，大大擴展了商的政治領域，兵威一直影響到黃河上游。《史記·殷本紀》稱湯自言：「吾甚武，號曰武王。」《詩經·商頌》稱頌湯的武功說：「昔有成湯，自彼氐羌，莫敢不來享，莫敢不來王，曰商是常」（《殷武》）。湯勝夏約在公元前 16 世紀，湯是商有天下之後的第一位君王。盤庚是成湯的第十世孫，祖丁的兒子。盤庚繼承陽甲的帝位，成爲商朝第二十位君王。商族在盤庚遷殷前後，社會發生了巨大的變革，表現爲社會生產力進一步發展，奴隸制逐漸成爲社會制度的主要組成部分。盤庚遷殷正反映出當時商族經濟正處於從精耕農業到精耕農業的過渡之際〔註 10〕，自盤庚遷殷之後，「至紂之滅，二百七十三年，更不徙都」。歷史學家將商王朝歷史按盤庚遷殷前後分爲前後兩大時期，前期基本上處在氏族社會崩潰期，後期則正式進入奴隸社會。〔註 11〕殷王武丁（即高宗），是盤庚的侄子，是商朝的第二十三位君王。《尚書·無逸》說：「其在高宗，時舊勞於外，爰暨小人；作其即位，乃或亮陰，三年不言，其惟不言，言乃雍；不敢荒寧，嘉靖殷邦，至於小大，無時或怨：肆高宗之享國五十有九年。」由於其年少時曾行役於外，深諳民間疾苦和稼穡的艱難，即位之後政治開明，勵精圖治，擴展疆域，使國勢大振。在商王朝的發展歷史中，武丁曾起到重要的作用。祖庚是高宗的兒子，是商朝的第二十四位君王。《高宗肜日》所記載的是祖庚在又祭高宗時發生的事。紂是商朝的第三十一位君王。歷史記載商紂「好酒淫樂，嬖於婦人」，加重刑辟，脯醢賢臣，寵幸讒人。微子名啓，是帝乙的長子，紂的同母庶兄，因爲封在微，爵位屬於子這一等級，史稱微子。《史記·殷本紀》記載：「紂愈淫亂不止。微子數諫不聽，乃與大師、少師謀，遂去。」商紂離心離德，於牧野之戰中喪身亡國。

　　商王朝共傳十七世、三十一王。時間約從公元前十六世紀到公元前十一世紀，歷時約六百年左右。《商書》中《湯誓》、《盤庚》、《高宗肜日》、《西伯

〔註10〕王玉哲著：《中華遠古史》，上海人民出版社，2000 年 7 月，第 239 頁。
〔註11〕王玉哲著：《中華遠古史》，上海人民出版社，2000 年 7 月，第 196 頁。

戡黎》和《微子》五篇，依次記載了商朝歷史上第一任君王湯、第二十任君王盤庚、第二十四任君王祖庚和第三十一任君王紂統治時期的史事，其篇目次第與歷史順序相一致。

（三）《周書》諸篇

伏生本《今文尚書》中，《周書》共包括《牧誓》、《洪範》、《金縢》、《大誥》、《康誥》、《酒誥》、《梓材》、《召誥》、《洛誥》、《多士》、《無逸》、《君奭》、《多方》、《立政》、《顧命》、《費誓》、《呂刑》、《文侯之命》、《秦誓》十九篇。從篇章內容所涉及的歷史時間來看，《周書》諸篇可以分爲前後兩組，第一組，包括《牧誓》、《洪範》、《金縢》、《大誥》、《康誥》、《酒誥》、《梓材》、《召誥》、《洛誥》、《多士》、《無逸》、《君奭》、《多方》、《立政》和《顧命》，共十五篇，主要是從西周建國到周康王即位的歷史記錄。第二組，包括《費誓》、《呂刑》、《文侯之命》和《秦誓》四篇。在內容的時間性上不如第一組中的各篇明晰，但是在總體上晚於前十五篇。下面分別加以討論。

第一組：

《牧誓》，《書序》曰：「武王戎車三百兩，虎賁三百人，與受戰於牧野，作《牧誓》。」牧野之戰是周武王親率軍隊，聯合西方諸侯國和部落聯盟，同商紂進行了最後的決戰。這是一場具有劃時代意義的戰爭，它使統治黃河流域六百年的商王朝徹底覆滅，周王朝即宣告成立。《牧誓》在西周的建國歷史上具有重要意義，昭示了周武王武力建國的勳業。《周書·牧誓》是周武王在牧野與商紂王的軍隊決戰前的誓師詞，也是歷史上關於牧野之戰的最早記載。

《洪範》，《書序》曰：「武王勝殷，殺受，立武庚，以箕子歸，作《洪範》。」《洪範》的開篇記載了一段周武王與箕子的簡短對話。《史記·周本紀》說：「周武王已克殷，後二年，問箕子殷所以亡。箕子不忍言殷惡，以存亡國宜告。武王亦醜，故問以天道。」〔註12〕《宋世家》也說：「武王既克殷，訪問箕子。」接著全文轉載了此篇。從《洪範》篇的結構來看，它是周武王訪問箕子的談話記錄，內容主要是箕子向周武王講述治國的方略。

《金縢》，《史記》引錄了《金縢》篇，並記載：「成王少時，病，周公乃自揃其蚤沈之河，以祝於神……亦藏其策於府。成王病有瘳。及成王用事，人或譖周公，周公奔楚。成王發府，見周公禱書，乃泣，反周公。」司馬遷

―――――――――――――――――――――――
〔註12〕〔漢〕司馬遷撰：《史記》，中華書局，1959年9月，第131頁。

以爲，金縢之書的發現是周成王發府見書，而非如傳本《金縢》中所記載的那樣因天變而開啓金縢。又《史記》中明確記載，暴風雷雨是「周公卒後」之事，這樣一來，今所見《金縢》篇的內容實融合了不同時期的材料。孫星衍在《尙書今古文注疏》中說：「(《史記》) 載周公卒後，乃有暴風雷雨，命魯郊祭之事。是經文『秋大熟』以下，必非《金縢》之文。……《序》稱周公作《金縢》，周公不應自言死後之事，此篇經文當止於『王翼日乃瘳』。或史臣附記其事，亦止於『王亦未敢誚公』也。其『秋大熟』以下，考之《書序》，有成王召公周公作《薄姑》，則是其逸文。後人見其詞有『以啓金縢之書』，乃以屬於《金縢》耳。」〔註13〕孫氏據《史記》記載，認爲《金縢》篇中，由開篇到「王翼日乃瘳」，是武王克商二年時事；從「武王既喪」到「王亦未敢誚公」，大概爲史臣後來的補記。而「秋大熟」以下部分，是周公死後之事，絕對不應是《金縢》的本來的內容。劉起釪先生的看法與孫氏相類，他認爲《金縢》的故事是眞實的，「因爲在古代的奴隸制統治者，是純靠宗教迷信和暴力來維持它的統治的，他的一切活動都要通過尊神事鬼來進行。至上神、宗祖神以及各種事物的神都是他們膜拜的對象，所以吉凶禍福都要向鬼神祈禱和禳祓。而最高的奴隸主統治者，他的吉凶又是高於一切的，最好的幸福要集中到他一人身上，而有了災禍則是要他的臣下替他分擔、替他代受的。所以古代的帝王遇到災禍或疾病時，往往要向鬼神祈禳，叫他左右的親人或大臣來代他承擔。周公《金縢》的故事就是這樣的事件，因爲他所處的正是武王最新的親人和最重要的大臣的地位，他是必須扮演這一角色的。」〔註14〕而篇中後半部中的敘述則爲後人補述，他說「現在《金縢》篇中，除了周公禱祝的話可作爲他的講話記錄因而可靠外，還有不少敘事之文，與諸誥體例不一致。這些敘事之文的風格也較平順，……很可能是東周史官所補述。」〔註15〕《書序》只說：「武王有疾，周公作《金縢》。」《孔疏》在《金縢》題下曰：「武王有疾，周公作策書告神，請代武王死。」〔註16〕也都是以此作爲全篇內容的核心。關於《金縢》的編次，《史記·魯周公世家》記載：「周公乃奉成王命，興師東伐，作《大誥》。……寧淮夷東土，二年而畢定。

〔註13〕〔清〕孫星衍撰：《尚書今古文注疏》，中華書局，1986年12月，第323頁。

〔註14〕顧頡剛・劉起釪著：《尚書校釋譯論》，中華書局，2005年4月，第1251頁。

〔註15〕顧頡剛・劉起釪著：《尚書校釋譯論》，中華書局，2005年4月，第1253頁。

〔註16〕〔清〕阮元校刻：《十三經注疏·尚書正義》，中華書局影印，1980年10月，第195頁。

諸侯咸服宗周。」又載：「唐叔得禾，異母同穎，獻之成王，成王命唐叔以餽周公於東土，作《餽禾》。周公既受命禾，嘉天子命，作《嘉禾》。」接下來又記載：「東土以集，周公歸報成王，乃爲詩貽王，命之曰《鴟鴞》。王亦未敢訓周公。」孫星衍指出：「《金縢》篇中有『公乃爲詩以貽王，命之曰《鴟鴞》』等詞，是《金縢》作於《大誥》、《歸禾》、《嘉禾》之後，今篇次在前者，以禱疾事在二年也。」〔註17〕由此也可以說明，《金縢》前部分中所記載的周公禱詞，的確是全篇核心的內容。

　　《大誥》，《書序》曰：「武王崩，三監及淮夷叛，周公相成王，將黜殷，作《大誥》。」《史記·周本紀》記載：「成王少，周初定天下，周公恐諸侯畔周，公乃攝行政當國。管叔、蔡叔群弟疑周公，與武庚作亂，畔周。周公奉成王命，伐誅武庚、管叔，放蔡叔。……初，管、蔡畔周，周公討之，三年而畢定，故初作《大誥》。」是《大誥》爲周公爲平定叛亂而作。關於《大誥》篇的內容，《孔疏》說：「此陳伐叛之義，以大誥天下，而兵凶戰危，非眾所欲，故言煩重。其自殷勤，多止而更端，故數言『王曰』。大意皆是陳說武庚之罪，自言己之不能，言己當繼父祖之功，須去叛逆之賊，人心既從，卜之又吉，往伐無有不克，勸人勉力用心。」〔註18〕管蔡之亂發生了武王伐紂二年，其時，周武王去世，成王年幼，周公且鑒於國家局勢的需要，決定負起存亡繼絕的重任，代替成王踐祚稱王。然而周公繼武王踐天子位以治天下的做法，卻引起了管叔等人的猜忌，於是管叔及其群弟乃流言於國，《左傳》定公四年有「管蔡啓商，惎間王室」，這就是說管叔、蔡叔對周公代替成王當國不滿，所以製造流言蜚語，說周公篡位，在國內造成貴族之間的分裂，在國外則聯合商遺武庚借機叛周。周成王當時也對周公心生疑忌，新生的西周政權面臨巨大威脅。當是時，周公決定率兵東征，平定叛亂，並且通過占卜，企圖借助神的力量統一認識。然而，諸侯國的國君和眾位大臣卻認爲困難很大，紛紛勸說周公背棄龜卜的指示，放棄東征。周公於是大誥各諸侯國的國君和眾位大臣，駁斥他們關於困難很大和違背龜卜的說法，勸導他們同心協力去平定叛亂。《大誥》所記載的就是周公的這番動員講話。周公東征，粉碎了殷商復辟的最後夢想，消滅了殷商復辟的殘餘力量，對於西周政權的鞏固，

〔註17〕〔清〕孫星衍撰：《尚書今古文注疏》，中華書局，1986年12月，第323頁。
〔註18〕〔清〕阮元校刻：《十三經注疏·尚書正義》，中華書局影印，1980年10月，第198頁。

意義十分重大。

　　《康誥》，《史記‧衛世家》云：「衛康叔名封，周武王同母少弟也。……周公旦以成王命興師伐殷，殺武庚祿父、管叔，放蔡叔，以武庚殷餘民封康叔爲衛君，居河、淇間故商墟。周公旦懼康叔齒少，乃申告康叔曰：『必求殷之賢人君子長者，問其先殷所以興，所以亡，而務愛民。』告以紂所以亡者以淫於酒，酒之失，婦人是用，故紂之亂自此始。爲《梓材》，示君子可法則。故謂之《康誥》、《酒誥》、《梓材》以命之。」《書序》以《康誥》與《酒誥》、《梓材》三篇共《序》，曰：「成王既伐管叔、蔡叔，以殷餘民封康叔，作《康誥》、《酒誥》、《梓材》。」周公東征，殺了紂王的兒子武庚和參加叛亂的管叔，放逐了蔡叔，立康叔爲衛君，居住在黃河和淇水之間的殷商故地，《康誥》篇就是封康叔時的命書。不久又作《酒誥》和《梓材》，在先秦時合稱《康誥》三篇。今本《尚書》把《康叔》的中、下兩篇分成《酒誥》和《梓材》，大約是從伏生才是這樣。《酒誥》孔傳解題曰：「康叔監殷民，殷民化紂嗜酒，故以戒酒誥。」〔註 19〕《酒誥》是康叔封於殷故地衛之後，周公有鑒於殷人以酗酒亡國的歷史教訓，所以繼《康誥》之後緊接著告誡康叔勿蹈覆轍的誥詞。《梓材》，《史記孔疏》曰：「若梓人爲材，君子觀爲法則也。」孔傳《梓材》解題說：「告康叔以爲政之道，亦如梓人治材。」《康誥》、《酒誥》、《梓材》三篇都是周公因憂慮康叔年輕缺乏政治經驗，分別從不同角度對他的反覆告誡之辭。

　　《召誥》，《史記‧周本紀》：「周公行政七年，成王長，周公反政成王，北面就群臣之位。成王在豐，使召公復營洛邑，如武王之意。周公復卜申視，卒營築，居九鼎焉。曰：『此天下之中，四方入貢道里均。』作《召誥》、《洛誥》。」周公和周成王及召公商量利用殷遺民作爲營建洛邑的勞動力，由成王叫召公先到洛邑察看和籌劃命庶殷營建洛邑之事，接著周公到洛邑視察督促工程進行，講了這篇《召誥》。〔註 20〕《召誥》中著重談論君王個人品德與奪取天下、保有天下的關係。指出「德」與「天命」是互爲因果的，只有「王其德之用」，方能「祈天永命」，永遠享有上天賜予的統治天下的大命。周公強調君王加強品德修養的重要性和迫切性，注重對歷史經驗的吸收和對小民

〔註 19〕〔清〕阮元校刻：《十三經注疏‧尚書正義》，中華書局影印，1980 年 10 月，第 205 頁。

〔註 20〕顧頡剛、劉起釪著：《尚書校釋譯論》，中華書局，2005 年 4 月，第 1431 頁。

的統御。〔註21〕《洛誥》的主要內容是營建洛邑的主要工程完成之後，周公請周成王到洛邑舉行祀典，主持國政；成王則在祀後返回宗周，留周公居洛以鎮撫東土。在這一歷史過程中，周公與成王的相關往返告答之詞。〔註22〕

《多士》，《史記·周本紀》記載：「成王既遷殷遺民，周公以王命告，作《多士》。」《書序》曰：「成周既成，遷殷頑民，周公以王命誥，作《多士》。」孔傳說：「(《多士》) 所告者即眾士，故以名篇。」《孔疏》解題云：「成周之邑既成，乃遷殷之頑民，令居此邑。『頑民』謂殷之大夫士從武庚叛者，以其無知，謂之『頑民』。民性安土重遷，或有怨恨，周公以成王之命誥此眾士，言其須遷之意。史敘其事，作《多士》。」〔註23〕《多士》就是周公還政成王之後，以成王命對一部分遷徙到洛邑的商遺貴族的告誡之辭。在《多士》中，周公竭力宣揚天命，處處用天命來壓制殷人：滅殷是天命，遷殷是天命，不任殷人官職亦是天命，而武庚反周是違抗天命，遷洛的殷人如其不安於新邑也是違抗天命，集中體現了周公利用天來作統治殷遺民的政治手段的做法。

《無逸》，《史記·魯周公世家》：「周公歸，恐成王壯，治有所淫佚，乃作《多士》，作《無逸》。」《書序》於《無逸》只說「周公作《無逸》」。本篇是周公在以《召誥》、《洛誥》兩篇吸取夏商教訓諄諄告誡成王之後，又以《無逸》一篇，沿前兩篇精神，進一步專門教誨成王不要貪圖逸樂而應知稼穡之艱難及小民之疾苦。所謂「為人父母，為業至長久，子孫驕奢忘之，以亡其家，為人子可不慎乎！」〔註24〕周公即以此意深誡成王。

《君奭》，《史記·燕召公世家》據先秦所傳史料記載：「成王既幼，周公攝政，當國踐祚，召公疑之，作君奭。君奭不說周公。周公乃稱『湯時有伊尹，假於皇天；在太戊時，則有若伊陟、臣扈，假於上帝，巫咸治王家；在祖乙時，則有若巫賢；在武丁時，則有若甘般：率維茲有陳，保乂有殷』。於是召公乃說。」《列子》中也有關於召公不悅周公的記載，《列子·楊朱》篇曰：「武王既終，成王幼弱，周公攝天子之政。召公不悅，四國流言。居東三年，誅兄放弟，僅免其身，戚戚然以至於死：此天人之危懼者也。」可見，

〔註21〕錢宗武、杜純梓著：《尚書新箋與上古文明》，北京大學出版社，2004 年 7 月，第 202～203 頁。

〔註22〕顧頡剛、劉起釪著：《尚書校釋譯論》，中華書局，2005 年 4 月，第 1456 頁。

〔註23〕〔清〕阮元校刻：《十三經注疏·尚書正義》，中華書局影印，1980 年 10 月，第 219 頁。

〔註24〕〔漢〕司馬遷撰：《史記》，中華書局，1959 年 9 月，第 1520 頁。

先秦時就已存在著召公不悅周公之說。《書序》曰：「召公爲保，周公爲師，相成王爲左右。召公不說，周公作《君奭》。」後世經師多遵循《書序》說法。《孔疏》於《君奭》解題曰：「成王即政之初，召公爲保，周公爲師，輔相成王爲左右大臣。召公以周公嘗攝王之政，今復在其位，其意不悅。周公陳己意以告召公，史敘其事，作《君奭》之篇。」〔註25〕《後漢書‧申屠剛傳》注云：「言周公既還政成王，宜其自退，今復爲相，故不說也。」可見先秦史料多以召公不悅在周公攝政之時，漢代《書序》以來則以爲是在周公還政之後。孫星衍在《尚書今古文注疏》中以此爲「今古文異說也」，並云：「編篇在《多士》之後，疑非踐祚時矣。」〔註26〕現代學者通過考察歷史上周、召二公的關係，認爲「不會發生戰國和西漢、東漢所傳說的那種召公不悅周公、二人發生嫌隙情況的」。〔註27〕「召公所不悅的是周王子孫安於天命不求進展的執命思想，而不是不悅周公。」〔註28〕《君奭》的主要內容是論證輔臣的重要作用，是周公爲了搞好和同時執政輔國的召公奭的團結，特意闡述大臣對治國的重要性，而大臣之間的和衷共濟尤爲重要，因而他總結歷史教訓，對召公奭講了這番話。

《多方》，據《史記‧周本紀》記載：「周公行政七年，成王長，周公反政成王，北面就群臣之位。……召公爲保，周公爲師，東伐淮夷，殘奄，遷其君薄姑。成王自奄歸，在宗周，作《多方》。」孫星衍《尚書今古文注疏》說，本書所記應是周公攝政七年還政成王之後，與二年平管蔡之亂並非一時之事。〔註29〕古史研究者認爲，「商奄、淮夷、熊盈之族的勢力在東方具有根深蒂固的基礎。他們在周公東征時即使一時被打敗，過後還會再叛。所以，周人對這一帶的真正征服，還是在周公還政成王後，又經過多年大事撻伐，才徹底解決。」〔註30〕所以，《多方》篇的歷史背景是周公歸政成王後的第二年，淮夷與奄國又發動叛亂，周成王以召公爲保，周公爲師，親自率師出征，討伐淮夷，滅掉奄國。五月，周成王自奄返回鎬京，各國諸侯都來朝見，周

〔註25〕〔清〕阮元校刻：《十三經注疏‧尚書正義》，中華書局影印，1980年10月，第223頁。

〔註26〕〔清〕孫星衍：《尚書今古文注疏》，中華書局，1986年12月，第446頁。

〔註27〕顧頡剛、劉起釪著：《尚書校釋譯論》，中華書局，2005年4月，第1600頁。

〔註28〕錢宗武、杜純梓著：《尚書新箋與上古文明》，北京大學出版社，2004年7月，第255頁。

〔註29〕〔清〕孫星衍：《尚書今古文注疏》，中華書局，1986年12月，第459頁。

〔註30〕王玉哲著：《中華遠古史》，上海人民出版社，2000年7月，第527頁。

公代替成王訓話。《書集傳》曰：「《多方》所誥，不止殷人，乃及四方之士，是紛紛焉不心服者，非獨殷人也。」〔註31〕《多方》就是周公代表成王告誡眾諸侯國君臣的誥辭。

　　《立政》，《史記·魯周公世家》記載：「成王在豐，天下已安，周之官政未次序，於是周公作《周官》，官別其宜，作《立政》，以便百姓。百姓說。」孫星衍疏曰：「『以便百姓』者，便猶辨也；百姓，百官也。」〔註32〕王引之《經義述聞》卷三說：「『政』與『正』同，正，長也。立政，謂建立官長也。篇內所言皆官人之道，故以立政名篇。」其時，周公和成王先後兩次東征，天下已日趨安定，周王朝的迫切任務就是健全官員制度，完善中央王朝和各個諸侯國的政治機構，以求長治久安。〔註33〕《立政》是周公晚年告誡成王建立官制的誥詞。篇中周公所講的內容主要是建立官長、組織政權機構、以及如何用人行政諸大端。〔註34〕

　　《顧命》，馬融、鄭玄、王肅各家的本子及孔傳《古文尚書》都將《顧命》分為《顧命》和《康王之誥》二篇。據《孔疏》記載，馬、鄭、王本以「惟四月哉生魄」至「張皇六師，無壞我高祖寡命」，為《顧命》；「王若曰」以下為《康王之誥》。而今傳本即孔傳《古文尚書》本，則以「王出，在應門之內」為《康王之誥》起始。〔註35〕《書序》曰：「成王將崩，命召人、畢公率諸侯相康王，作《顧命》。」「康王既尸天子，遂誥諸侯，作《康王之誥》。」分別說明析分為兩篇的《顧命》篇的內容。伏生本與今文三家本均不分篇。《史記·周本紀》記載：「成王將崩，懼太子釗之不任，乃命召公、畢公率諸侯以相太子而立之。成王既崩，二公率諸侯，以太子釗見於先王廟，申告以文王、武王之所以為王業之不易，務在節儉，毋多欲，以篤信臨之，作《顧命》。」〔註36〕《顧命》篇的內容即周成王病危時，召集召公、畢公等諸大臣，囑咐輔立太子釗嗣位所作的遺囑。及成王死，召、畢兩位大臣率

〔註31〕錢宗武、杜純梓著：《尚書新箋與上古文明》，北京大學出版社，2004年7月，第267頁。

〔註32〕孫星衍著：《尚書今古文注疏》，中華書局，1986年12月，第469頁。

〔註33〕錢宗武、杜純梓著：《尚書新箋與上古文明》，北京大學出版社，2004年7月，第279頁。

〔註34〕顧頡剛、劉起釪著：《尚書校釋譯論》，中華書局，2005年4月，第1661頁。

〔註35〕〔清〕阮元校刻：《十三經注疏·尚書正義》，中華書局影印，1980年10月，第243頁。

〔註36〕〔漢〕司馬遷撰：《史記》，中華書局，1959年9月，第134頁。

領諸侯迎太子釗入廟立之爲康王。康王以機關報嗣王身份受群臣諸侯朝見進陳戒詞，並對群臣戒詞作了答誥〔註37〕。

以上是第一組中各篇的基本內容。繼武王滅商建立西周王朝之後，周代初年先後發生了周公平叛、分封諸侯、營建洛邑、周公還政等一系列重大事件。下面分述如下。

（1）周武王執政時期

周武王克商，建立起西周王朝。表面看來，周已代商而有天下，但是由於商在當時是有著悠久歷史的大國，雖然商紂被殺掉，可是商王朝在東方的潛在勢力仍然存在，所以新生的西周政權並不鞏固。當時周武王已經感到「天下未集」危機四伏，他曾對周公說：「自洛汭延於伊汭，居易毋固，其有夏之居。我南望三途，北望嶽鄙，顧詹有河，粤詹雒、伊，毋遠天室。」以爲河南伊、洛之間是過去夏王朝活動的中心地帶，爲「天下之中」，似已考慮到周朝要鞏固政權，就必須經營此地以實現對東方的有效統御。克商後二年，武王曾「問箕子殷所以亡」，訪求存亡國的道理，武王與箕子的對話記錄於《周書·洪範》。由史料記載來看，由於周初統治形勢十分嚴峻，周武王在他短促的執政歲月裏，一直在努力謀求鞏固政權、治國安邦的良策。

（2）周公攝政時期

管蔡之亂　克商之後的第二年，周武王去世，這時他的很多治國構想還沒能來得及付諸實施。武王去世後，「太子誦代立，是爲成王。成王少，周初定天下，周公恐諸侯畔周，公乃攝行政當國。」一方面新生政權尚未得到鞏固，另一方面周公攝政又引起了管叔、蔡叔的懷疑，統治形勢愈發嚴峻。《史記·管蔡世家》和《衛康叔世家》都記載管叔、蔡叔以周公之爲不利於成王，「乃挾武庚以作亂」。這次叛亂的主謀是管、蔡二叔。周武王滅商之後，曾封其弟鮮于管，是爲管叔；封其弟度去蔡，是爲蔡叔；並將殷之餘民封與紂子祿父。《史記·衛康叔世家》說：「武王已克殷紂，復以殷餘民封紂子武庚祿父，比諸侯，以奉其先祀勿絕。爲武庚未集，恐其有賊心，武王乃令其弟管叔、蔡叔傅相武庚祿父，以和其民。」是武王滅商後，未絕殷祀，以商遺民封紂子武庚，並以管叔、蔡叔監輔之，管叔、蔡叔、武庚合稱「三監」。管叔之對周公踐天子們感到不滿，是由於管叔爲周公之兄，按照兄終弟及的繼統法，武王死後，繼承王位的應該是他而非周公，所以，他聯合東方的故商勢

〔註37〕顧頡剛、劉起釪著：《尚書校釋譯論》，中華書局，2005 年 4 月，第 1867 頁。

力，發動了反周叛亂。〔註 38〕兄弟鬩於牆，商朝殘餘勢力伺機蠢動，妄圖復辟稱亂，新生的西周政權內外交困，面臨巨大威脅。在這種情況下，周公決定東征以討平叛亂。《周書·大誥》是周公出兵前對周人進行的動員講話。

分封諸侯　「周公旦以成王命興師伐殷，殺武庚祿父、管叔，放蔡叔」〔註 39〕，東征取得勝利。為了維繫和鞏固新建王朝，周公採取了一系列新舉措。《左傳》僖公二十四年，富辰說：「昔周公弔二叔之不咸，故封建親戚以蕃屏周。」這是說周公痛感管叔、蔡叔與武庚的叛亂危及到周的統治，因而實行把親族子弟分封到各地以藩屏周朝的政策。周人這一政策本來在滅商之前已有萌芽，不過由於地方不大，影響和作用都很小。滅商之後，周的領地驟然擴大，為了鎮撫「頑殷」，監視武庚，於是又有了「三監」的分封。而大規模的分封，則在周公東征勝利之後。〔註 40〕其中，衛國是周公重要的封國之一。《漢書·地理志》記載：「河內，本殷之舊都。周既滅殷，分其畿內為三國：《詩·風》邶、庸、衛國是也。邶，以封紂子武庚；庸，管叔尹之；衛，蔡叔尹之。以監殷民，謂之三監。故《書序》曰：武王崩，三監畔，周公誅之，盡以其地封弟康叔，號曰孟侯。以夾輔周室。……故邶、庸、衛三國之詩相與同風。」衛康叔的封地，實即三監所居之邶、庸、衛三地，也就是原商畿內舊域。以姬周王族直轄商人，這是周公吸取了武庚率商遺民叛亂的教訓而採取的措施。〔註 41〕周公懼康叔齒少，作《康誥》、《酒誥》、《梓材》以申告之。〔註 42〕《康誥》三篇中集中體現了周公針對商遺民的所制定的鎮壓與安撫相結合的統治思想。

營建洛邑　三監叛周，天下大亂。周公東征三年，大亂才告平息。這使周公進一步認識到，原京都豐鎬遠在西土，對於鎮撫東方，實有鞭長莫及之感。於是他決定實現武王的遺願，在洛、澗、瀍之間，營建「新大邑」，因洛邑在鎬京之東，故又名東都。洛邑是一個大城，《逸周書·作雒解》記載：「城方千七百二十丈，郭方七十里，南繫於雒水，北因於郟山，以為天下之大湊。」城中建築有「五宮、太廟、宗宮、考宮、路寢、明堂」。這些樓臺殿閣具備「四阿、反坫、重亢、重郎、常累、復格、藻梲、設移、旅楹、春常、畫旅」，通

〔註 38〕王玉哲著：《中華遠古史》，上海人民出版社，2000 年 7 月，第 517 頁。

〔註 39〕〔漢〕司馬遷撰：《史記》，中華書局，1959 年 9 月，第 1589 頁。

〔註 40〕王玉哲著：《中華遠古史》，上海人民出版社，2000 年 7 月，第 530 頁。

〔註 41〕王玉哲著：《中華遠古史》，上海人民出版社，2000 年 7 月，第 532 頁。

〔註 42〕〔漢〕司馬遷撰：《史記》，中華書局，1959 年 9 月，第 1590 頁。

路有「內階、玄階、隄唐、山廥、應門、庫臺、玄闈」等等。洛邑如此龐大而複雜的建築群，其富麗堂皇雖未必實錄，但是工程浩大是肯定的。所以很可能開工於周公攝政五年，完成於周公攝政七年。《尚書大傳》說：「五年營成周」，記的是開工相宅的開始時間，《洛誥》說：「惟周公誕保文武受命，惟七年。」是正式完工的時間，建築整個洛邑則用了約兩年時間。〔註43〕洛邑建成，武王臨終前計議的一件大事有了著落，周朝對東方疆土實現了更強有力的統御，政權得到進一步鞏固。

（3）成王執政時期

周公攝政七年，還政成王。《洛誥》中記載了周公還政的儀式。政權交替，周以親自宣佈改元，百官皆來新邑，舉行歸政於成王的典禮，讓成王舉行第一次「殷禮」，把下一年稱爲成王「元祀」。周公在還政之後，接連參與施行了一系列重大舉措。一是將商朝遺民中的一些頑固貴族也遷徙到洛邑，就近監視，以期將他們完全治服。二是發動對商奄、淮夷、熊盈之族的征討，摧毀東方諸國的殘餘勢力，徹底解除它們對周王朝的潛在威脅。三是向周成王傳授治國經驗，融洽輔臣間的關係，強化周王朝的執政能力。《周書》中的《多士》、《多方》、《無逸》、《立政》和《君奭》就分別是產生於周王朝上述政治活動中的歷史文獻。周成王在位若干年，已無可考，《孔疏》謂《漢書·律曆志》以爲成王即位三十年而崩。成王將崩，囑立太子釗繼任。《顧命》篇記載了成王臨終前顧命、成王喪禮、周康王即位典禮等的具體情況。

綜上所述，《周書》前十五篇所記載的是從周武王滅商到周康王初即位期間周朝的歷史。其中，屬於周武王在位期間的《書》篇有：《牧誓》、《洪範》、《金縢》三篇。周公攝政期間的《書》篇主要有：平定管蔡之亂時期的《大誥》；分封諸侯時期的《康誥》、《酒誥》、《梓材》；營建洛邑時期的《召誥》、《洛誥》。周公還政，成王在位期間的《書》篇有：記載遷商遺於洛邑時事的《多士》；追討東方諸國時期的《多方》；周公傳授治國經驗時的《無逸》、《立政》和《君奭》及成王暮年的《顧命》。這些《書》篇的編次基本上是按照周初歷史演進的順序排列的。

第二組：

《費誓》，《史記·魯周公世家》記載：「伯禽即位之後，有管、蔡等反也，

〔註43〕王玉哲著：《中華遠古史》，上海人民出版社，2000年7月，第520～524頁。

淮夷、徐戎亦並興反。於是伯禽率師伐之於費，作《費誓》，……作此《費誓》，遂平徐戎，定魯。」《書序》曰：「魯侯伯禽宅曲阜，徐、夷並興，東郊不開，作《費誓》。」〔註44〕《史記》和《書序》都認爲《費誓》是周初伯禽作的。近現代以來，學者們多以爲本篇作於春秋前期的魯僖公時事。楊筠如《尚書覈詁》說西周諸侯當承王命征伐，可是《費誓》裏面卻沒有一句說到王命，當時東周以後，諸侯自專攻伐時代的作品，並且它的文詞與《秦誓》相去不遠，據《魯頌·閟宮》斷爲魯僖公十三、四年克服淮夷、徐戎時所作。蔣善國《尚書綜述》說：「淮夷、徐戎在周代屢反，周初反，春秋時仍反。伯禽在成王即政後，曾奉命伐淮夷、徐戎，但當時是成王親征，以周天子的誓命討伐，不應伯禽作誓。即使作誓，也應提到王命。今《費誓》未提到王命，開始就說『公曰』，所以就這一點看，以《費誓》是春秋諸侯自專征伐時，魯僖公伐徐在費地誓所作爲是。」〔註45〕顧頡剛、劉起釪《〈費誓〉校釋譯論》從考察《費誓》篇的作者入手，首先肯定此誓詞的作者是魯侯伯禽，既而使作成的時間問題也迎刃而解了。《費誓》篇的作時「不是春秋中葉偏前期魯僖公時，而是周初伯禽就封於魯以後不太長的時間裏。」「伯禽之封於魯，是在平定三監、淮夷等族叛亂之後的周公攝政之第四年。徐戎淮夷等之起而反叛他，使他作出此篇誓詞進而平定了徐戎淮夷，最快會在他就封於魯的當年，稍遲會在第二年，即周公攝政之四年或五年。」〔註46〕由於淮夷、徐戎在周代屢反，所以與鎮守東方的魯國之間交戰不斷。《魯頌·閟宮》有：「泰山岩岩，魯邦所詹。奄有龜蒙，遂荒大東。至於海邦，淮夷來同。莫不率從，魯侯之功。保有鳧繹，遂荒徐宅。至於海邦，淮夷蠻貊。及彼南夷，莫不率從。莫敢不諾，魯侯是若。」可見淮夷在春秋時仍然強大，時爲魯患。魯公伐徐，無論在西周還是春秋時代，都是魯國面臨的大事件。《費誓》的內容就是西周時魯侯伯禽率領軍隊征伐徐戎、淮夷之前，在費地對將士們發佈的誓師辭。

　　《呂刑》，《史記·周本紀》記載：「甫侯言於王，作脩刑辟。……命曰《甫刑》。」《呂刑》作《甫刑》者，孫星衍疏以爲，漢、魏以前俱以《呂

〔註44〕〔清〕阮元校刻：《十三經注疏·尚書正義》，中華書局影印，1980 年 10 月，第 254 頁。

〔註45〕蔣善國撰：《尚書綜述》，上海古籍出版社，1988 年 3 月， 第 250～251 頁。

〔註46〕顧頡剛、劉起釪著：《尚書校釋譯論》，中華書局，2005 年 4 月，第 2161～2166 頁。

刑》爲名，稱《甫刑》者，是後人以子孫名號名之所致。〔註47〕《書序》曰：「呂命，穆王訓示夏贖刑，作《呂刑》。」《孔疏》曰：「呂侯得穆王之命爲天子司寇之卿，穆王於是用呂侯之言，訓暢夏禹贖刑之法。呂侯稱王之命而布告天下。史錄其事，作《呂刑》。」〔註48〕《史記》和《書序》都以《呂刑》爲穆王時甫（呂）侯所作。近人對於《呂刑》的作時與作者提出了很多新見。如郭沫若說：「金文中天若皇天等字樣多見，均視爲至上神，與天爲配之地若后土字樣，則絕未有見。金文既無地字，亦無后土之稱，所見土字，義均質實……然用爲神祇之例絕未有見。是則地字當是後起之字，地與天爲配，視爲萬物之父與母然者，當時後起之事。《尚書·金縢》和《呂刑》二篇有地字。……按此二篇同屬可疑，即有地字之出現，已足知其非實錄矣。」郭沫若認爲《呂侯》爲春秋時呂國某王所造的刑書，並經過了後來儒者的潤色。王玉哲《中華遠古史》認爲，《呂刑》篇中稱五刑之屬三千，揆諸西周簡樸時代，其刑律似不可能若是之繁複，且其字句平順易讀，亦不似西周詰屈聲牙之文。但戰國初《墨子》對《呂刑》已徵引過，則此篇雖非西周原文，亦必爲戰國以前之古文獻。〔註49〕顧頡剛、劉起釪《〈呂刑〉校釋譯論》認爲，《呂刑》與周穆王並沒有必然的聯繫，而是呂王所作。「周諸《誥》所譴責的對象和引爲鑑戒的，總是殷商和商紂；而《呂刑》所譴責和鑑戒的，同是苗族和蚩尤，……這也看出《呂刑》與周誥諸篇的區別所在，而且區別得涇渭分明，由此也可看出《呂刑》不會成於周人手只會成於呂王手之必然性。」〔註50〕本書在這裡承襲舊說，認爲本篇記載的是周穆王的誥詞。

　　《文侯之命》，《史記·晉世家》記載：「（晉文公五年）五月丁未，獻楚俘於周，駟介百乘，徒兵千。天子使王子虎命晉侯爲伯，賜大輅，彤弓矢百，玈弓矢千，秬鬯一卣，珪瓚，虎賁三百人。晉侯三辭，然後稽首受之。周作《晉文侯命》。」《書序》曰：「平王錫晉文侯秬鬯圭瓚，作《文侯之命》。」《孔疏》曰：「申侯與犬戎既殺幽王，晉文侯與鄭武公迎宜臼立之，是爲平王，遷

〔註47〕孫星衍著：《尚書今古文注疏》，中華書局，1986年12月，第517頁。

〔註48〕〔清〕阮元校刻：《十三經注疏·尚書正義》，中華書局影印，1980年10月，第247頁。

〔註49〕王玉哲著：《中華遠古史》，上海人民出版社，2000年7月，第642頁。

〔註50〕顧頡剛、劉起釪著：《尚書校釋譯論》，中華書局，2005年4月，第2083～2092頁。

於東都。平王乃以文侯爲方伯，賜其秬鬯之酒，以圭瓚副焉，作策書命之。史錄其策書，作《文侯之命》。」〔註51〕關於篇中的晉文侯與周王爲何人，存有二說，一爲《史記‧晉世家》所主的周襄王命晉文公重耳，一爲《書序》所倡的周平王命晉文侯。二說各有支持者。蔣善國《尚書綜述》說，先秦時本有《文侯之命》與《文公之命》兩篇。前者是周平王命晉文侯仇與鄭夾輔周室，原因是由於文侯輔平王遷都成周；後者是周襄王因晉文公重耳納王殺大叔，以安王室和聯齊、秦，救宋，以敗楚，賜他田地和彤弓矢虎賁等。由於今傳《文侯之命》的內容，純是勉受命者繼承顯祖文、武的功業，以安王室，寧晉邦，卻沒有與鄭夾輔周室的意味。「毫無疑義，今傳《文侯之命》實是《文公之命》。」蔣善國認爲「今本《文侯之命》是周襄王命晉文公的命辭。」〔註52〕顧頡剛、劉起釪《〈文公之命〉校釋譯論》指出：「以《文侯之命》爲周平王命晉文侯，是根據原始的歷史記載所作出的正確說法，是可信的。」目前學者們多以周平王賜晉文侯之命合於事實。即《文侯之命》是周平王表彰晉文侯功績並且賞賜晉文侯的冊命。

　　《秦誓》，《史記‧秦本紀》記載：「三十六年，繆公復益厚孟明等，使將兵伐晉，渡河焚船，大敗晉人，取王官及鄗，以報殽之役。晉人皆城守不敢出。於是繆公乃自茅津渡河，封殽中屍，爲發喪，哭之三日。乃誓於軍。」《書序》曰：「秦穆公伐鄭，晉襄公帥師敗諸殽，還歸，作《秦誓》。」《孔疏》解題曰：「秦穆公使孟明視、西乞術、白乙丙三帥帥師伐鄭，未至鄭而還。晉襄公帥師敗之於殽山，囚其三帥。後晉舍三帥，得還歸於秦。秦穆公自悔己過，誓戒群臣。」〔註53〕秦晉殽之戰發生於公元前 627 年，是春秋時期一次著名戰役。秦穆公不顧老臣蹇叔和百里奚的竭力諫阻，勞師襲鄭，結果被晉襄公大敗於殽，致三帥被俘。《秦誓》是秦穆公對群臣所講的自我責備的誥辭。《史記》記作誓時間是秦穆公三十六年（公元前 624 年），爲殽之役三年後，秦報復晉國取得勝利，秦穆公親至殽地封屍發喪，並作《秦誓》。《書序》和《孔疏》則認爲是殽之役的當時，秦穆公作誓。只是《書序》說殽之役中秦國戰敗後即作此誓；《孔疏》則以爲是晉放還三帥後，穆公「素服郊次」而作此誓。

〔註51〕〔清〕阮元校刻：《十三經注疏‧尚書正義》，中華書局影印，1980 年 10 月，第 253 頁。

〔註52〕蔣善國撰：《尚書綜述》，上海古籍出版社，1988 年 3 月，第 261～263 頁。

〔註53〕〔清〕阮元校刻：《十三經注疏‧尚書正義》，中華書局影印，1980 年 10 月，第 256 頁。

然而這些分歧的存在並不影響本篇的文義，也不影響本篇是殽之戰以後秦穆公所作的自悔之辭。

在《周書》第二組的四篇中，《秦誓》的內容爲公元前 627 年（周襄王二十六年）秦晉殽之戰以後，時間明確。《文侯之命》作於周平王時，《呂刑》作於周穆王時，《費誓》的製作時間，歷來說法眾多，但無論是管蔡之亂時期說，還是周公攝政期間說，亦或周公還政元年說，《費誓》的作時於這些篇目中都是最早的。因此可以說《周書》第二組中各篇的次序，大體上也是按照內容所涉及的時間先後來排列的。

綜上所述，《今文尚書》二十八篇的篇目和編次在漢代以來的傳承過程中，保持了很強的穩定性，即便是在摻入了晚書且個別《書》篇被人爲析分的孔本中，伏生所傳二十八篇之間的相對位置也保持不變。通過考察《書》篇的內容可知，在這一穩定的篇目序列中，潛在著一條貫穿始終的編次原則，這就是以篇目中歷史內容的時間先後爲序。無論是《今文尚書》在整體上分成的《虞夏書》、《商書》、《周書》三大部分之間，還是各部分內部的具體《書》篇之間，都在總體上遵循了編年原則。因而可以說，《今文尚書》在整體結構上呈現出編年體的特徵。

第二節　《書》篇編年體式的特殊性

《今文尚書》的編年體式，具有其自身的獨特性。如前文所述，《今文尚書》並非成書於一人一時之手，在其生成過程中，不斷經過後人的整理和編輯，現在見存的《書》篇中雖然記錄了從堯舜時代到春秋中葉間不同時期的歷史，但是諸篇的寫定時間與篇中歷史內容的時間之間，並不完全一致。無論是《史記》還是《書序》，所著意探討的都是《書》篇的本事，側重於內容本身的原委與時間，《今文尚書》在結構形式上表現出來的編年體特徵，實質上也正是《書》篇的這一「內容序列」；而從《書》篇的寫成時間來看，《虞書》、《夏書》、《商書》、《周書》的篇目，並非是嚴格按照時代發展的順序相繼問世的，《書》篇寫定具有不同於其內容次序的特殊情況。

（一）《虞夏書》諸篇

對於《今文尚書》各篇寫定時間的探索過程中，以《虞夏書》諸篇的問題較多。舊說以爲《堯典》作於唐虞之時，《皋陶謨》作於虞舜之時，《禹貢》

作於夏禹之時。進入近現代以來，越來越多的學者發現《書》篇的寫定與其歷史內容的時間並不完全同步，因而開始從內容構成、思想內涵和語言文字等多個角度，對各篇的寫成時間進行探索。

（1）《堯典》

先秦時只有《夏書》，不見《虞書》，《堯典》依其時序當列於《夏書》，是先秦時人以爲《堯典》是夏代史臣所書。自漢代至唐有多種說法，或以《堯典》爲唐史臣所作，或以爲是虞史臣所作。宋代程頤始明確說《堯典》爲「史臣記前世之事」。林之奇《尚書全解》引之，謂「程氏云：『若稽古者，史官之體，發論之辭也。』」宋儒多持此論，自此始不以《堯典》爲唐虞當時的記載，而爲後世史官追記。

清代學者劉逢祿、魏源、王先謙等皆以爲《堯典》爲「周史臣之詞」。康有爲在《孔子改制考》中說：「若《虞書·堯典》之盛，爲孔子手作。」郭沫若繼承康有爲觀點，在《古代社會研究》中說：「《帝典》、《皋陶謨》、《禹貢》三篇是後世儒家僞託的，論理該是孔丘。」在《先秦天道觀之進展》一文中，郭氏又以爲是孔子之孫子思所作。〔註54〕近世其他學者如王國維《古史新證》以爲「必爲周初人所作」。梁啓超《先秦政治思想史》以爲「《虞夏書》是周人所追述的」。錢玄同《答顧頡剛先生書》以爲「堯典」、《皋陶謨》、《禹貢》、《甘誓》等篇，一定是晚周人僞造的」。是皆以爲周代人所作。

陳夢家《尚書通論》認爲《堯典》篇「非先秦之舊」，其編定成本當在秦並六國之後。〔註55〕顧頡剛以今日所見之《堯典》多襲秦漢之制，因而認爲其寫定於漢武帝時。〔註56〕蔣善國《尚書綜述》認爲，《堯典》的成篇，當在墨子（約卒於約死在公元前三九○到前三八三年）之後、孟子（生於公元前三七二年，卒於公元前二八九年）之前。即最初的《堯典》當在公元前三七二年到前二八九年間出現；而今本《堯典》是秦併天下到秦始皇末年這期間，經儒家和博士整編的〔註57〕。金景芳、呂紹綱《〈尚書·虞夏書〉新解》認爲，《堯典》的材料是當時傳下來的，而它的寫定成篇是在「周平王東遷以後」。

〔註54〕郭沫若：《先秦天道觀之演變》，見《郭沫若全集·歷史卷》（一），人民出版社，1982年9月，第367頁。

〔註55〕陳夢家著：《尚書通論》，中華書局，2005年6月，第138頁。

〔註56〕顧頡剛著：《古史辯》（一），中華書局，1982年3月，第203頁。

〔註57〕蔣善國撰：《尚書綜述》，上海古籍出版社，1988年3月，第168頁。

〔註58〕王玉哲《中華遠古史》認爲「《堯典》的著作時代不會早於春秋、戰國」〔註59〕。是皆以爲《堯典》寫定於東周東周訖秦漢年間。

　　《堯典》篇中所蘊涵的豐富內容，給確定其製作時間的研究工作帶來的很多困惑。一方面，從先秦古籍引《書》情況來看，《孟子》是最早引用《堯典》的先秦典籍，《孟子·滕文公上》和《萬章上》中五次引用《堯典》內容，說明至遲在《孟子》成書時，《堯典》已經出現。另一方面，《堯典》又包含了很多非堯舜時代所有的制度和內容，如很多學者都提到過的十有二州、同律度量衡、五載一巡狩等，似乎又可作爲《堯典》作於秦代以後的鐵證。上述兩方面看似不可調和，給《堯典》的成書時間蒙上了層層迷霧，然而，二者又並非是截然對立的。問題的關鍵是要認清《堯典》篇從最初出現到最終寫定實是一個歷時性的過程，也就是說，《堯典》的成篇，並非一蹴而就，而是經歷了一個相對漫長的過程，篇中既保存著原始資料，又有後人的附加、補充和修潤，所以形成了《堯典》篇中豐富的內容和多樣的時代色彩。

　　根據劉起釪的觀點，《堯典》的編定者是春秋時的孔子，它的內容中既吸納了遠古的素材，又融入了儒家的思想，孔子以《堯典》寄託其儒家理想，在當時作爲《詩》、《書》兩大課本之一教授門徒。到戰國時其門徒七十子後學承傳之，可能有所傳異增省，在流傳過程中又不能免受秦漢的影響。所以《堯典》篇的內容實包括三大部分，即遠古的素材、儒家的思想和秦漢的影響。劉起釪認爲，春秋時寫成的《堯典》，到漢代摻入些秦漢的東西，並不影響《堯典》原篇成於春秋孔子時，正像司馬遷身後事摻入《史記》中，並不影響《史記》成於司馬遷手一樣。〔註60〕由此可知，《虞夏書·堯典》既非作於唐虞之世，亦非爲作於秦漢之時，而是成於春秋，在流傳過程中遞有增益，直至漢代上昇爲國學，方始定型。據上文可知，無論是今文本，還是古文本，都是以《堯典》作爲全《書》之首，《堯典》篇的內容時代在《尚書》中是最古的，但是它的整編時代卻相對較晚，亦即《堯典》的寫定時間與其歷史內容的時間是不一致的。這也就是前文中所說的，從《書》篇歷史內容來看，今文二十八篇體現出較爲統一的編年體例；而《書》篇的寫成時間卻不與這

〔註58〕金景芳、呂紹綱著：《〈尚書·虞夏書〉新解》，遼寧古籍出版社，1996 年 6月，第 9 頁。

〔註59〕王玉哲著：《中華遠古史》，上海人民出版社，2000 年 7 月，第 137 頁。

〔註60〕顧頡剛、劉起釪著：《尚書校釋譯論》，中華書局，2005 年 4 月，第 363～391頁。

一順序相吻合，內容時代最古的，可能它的整編時代卻是最晚的。

（2）《皋陶謨》

顧頡剛以爲《皋陶謨》篇的著作時代，晚於《論語》、《孟子》的成書時間，或亦晚於《老子》，應作成於戰國時代。〔註61〕顧頡剛對於《堯典》、《皋陶謨》和《禹貢》製作時間的探討，對研究《尚書》起到了積極的促進作用，徐旭生在《中國古史的傳說時代》中說：「顧頡剛先生及他的朋友們……最大的功績就是把古史中最高的權威，《尚書》中的《堯典》、《皋陶謨》、《禹貢》三篇的寫定歸還在春秋和戰國的時候。」「掃除了兩千多年來以爲《堯典》是唐虞時之作，《皋陶謨》是虞舜時之作，《禹貢》是夏禹時之作這種錯誤說法，確建立了很大的功績。」〔註62〕劉起釪對顧頡剛的觀點進行了進一步修正，指出《皋陶謨》篇之句在春秋早期就已存在，只是並未完全定稿，後來又經過春秋時期儒家的整編加工。劉起釪認爲，「《堯典》基本成於春秋時創立儒家學派的孔子之手，《皋陶謨》的編寫大概亦相去不遠。」《堯典》、《皋陶謨》和《禹貢》三篇「最後由春秋時儒家編定收入與《詩》並行的這兩部主要教本的《書》中，應是無問題的」。〔註63〕金景芳、呂紹綱《〈尚書·虞夏書〉新解》認爲「《皋陶謨》寫定成篇於周室東遷以後不久」，篇中保留著舜時的史料，是研究原始氏族制社會晚期歷史的寶貴資料。〔註64〕蔣善國《尚書綜述》認爲「《皋陶謨》的原始材料，在春秋以前當早已與堯、舜傳說同時出現了，……漢代以來所傳的《皋陶謨》，是秦併天下，禁《詩》、《書》時儒家和博士所整理的，他們從《舜典》中把關於皋陶的言論剔出來，另彙集爲《皋陶謨》。」〔註65〕關於《皋陶謨》篇的作時，早則有作於春秋時說，晚則有作於秦代說，和《堯典》篇一樣，《皋陶謨》的寫定也經歷了一個過程，篇中既保留了一部分原始資料，又經過後世的整編和補充，本書取劉起釪觀點，認爲它的主體內容是在春秋時經儒家之手寫定的。

（3）《禹貢》

《書序》說：「禹別九州，隨山濬川，任土作貢。」只言別九州、治山川、

〔註61〕顧頡剛、劉起釪著：《尚書校釋譯論》，中華書局，2005 年 4 月，第 507～508 頁。

〔註62〕顧頡剛、劉起釪著：《尚書校釋譯論》，中華書局，2005 年 4 月，第 507 頁。

〔註63〕顧頡剛、劉起釪著：《尚書校釋譯論》，中華書局，2005 年 4 月，第 510～511 頁。

〔註64〕金景芳、呂紹綱著：《〈尚書·虞夏書〉新解》，遼寧古籍出版社，1996 年 6 月，第 282 頁。

〔註65〕蔣善國撰：《尚書綜述》，上海古籍出版社，1988 年 3 月，第 172 頁。

定貢賦諸事是禹做的，未明言《禹貢》爲禹所作。漢末鄭玄注云：「禹知所當治水，又知用徒之數，則書於策以告帝，征役而治之。」〔註66〕意謂關於九州之文是禹所書以告於帝。《孔疏》解《書序》云：「禹別九州之界，隨其所至之山，刊除其木，深大其川，使得注海。水害既除，地複本性，任其土地所有，定其貢賦之差，史錄其事，以爲《禹貢》之篇。」〔註67〕是說《禹貢》係史官記錄禹事而成篇，爲史官所作。此說遂成爲注疏家傳承下來的定論。宋代傅寅《說斷》引張氏之說，認爲只有首尾數句（即「禹敷土，隨山刊木，奠高山大川」和「禹錫玄圭，告厥成功」數句）是史官所加之辭，其原有全文爲史官所不能知而由禹自己具述治水本末上奏於帝舜之文。也就是說《禹貢》全文由大禹原作於虞時，夏代史官加頭尾編定於夏代。

近現代以來，學者多以爲《禹貢》不是虞代或夏代的作品，更不是大禹所作。王國維曾提出成於西周時期說。他在《古史新證》中說：「《虞夏書》中如《堯典》、《皋陶謨》、《禹貢》、《甘誓》，《商書》中如《湯誓》，文字稍平易簡潔，或係後世重編，然至少亦必爲周初人所作。」顧頡剛主張《禹貢》篇作於戰國時代，其說始見於他的《論今文尚書製作時代書》，並屢見於其著作和講義中，最後寫定於《中國古代地理名著選讀·禹貢（全文注釋）》中。陳夢家《尚書通論》也認爲《禹貢》「是戰國時代的著作」。蔣善國《尚書綜述》說：「《禹貢》是戰國末季的地理家借禹平水土事，擬定各地應納貢賦，記載他所知關於當時地理上山水土產的傳說，來發揮統一思想的。原是一篇計劃書，……不料結果竟被儒家拉入經典以內，誤認爲是夏時的史實。」〔註68〕金景芳、呂紹綱《〈尚書·虞夏書〉新解》認爲，寫成《禹貢》的人必是一位大學者且須具備兩個條件，一要有看到國家歷史檔案材料的機會，二要具有豐富的歷史與地理知識。他應當生活在周平王東遷不久，《禹貢》的寫成時間大約在東周初年。〔註69〕關於《禹貢》的製作時間，劉起釪認爲，《禹貢》不成於一時一手，其寫成所據資料不晚於春秋時期，亦有更早於此者，當然也有不免晚於此者。《禹貢》定稿的作者是更多熟悉中國西北地理的西周王朝史

〔註66〕〔清〕阮元校刻：《十三經注疏·尚書正義》，中華書局影印，1980 年 10 月，第 146 頁。

〔註67〕〔清〕阮元校刻：《十三經注疏·尚書正義》，中華書局影印，1980 年 10 月，第 146 頁。

〔註68〕蔣善國撰：《尚書綜述》，上海古籍出版社，1988 年 3 月，第 198～199 頁。

〔註69〕金景芳、呂紹綱著：《〈尚書·虞夏書〉新解》，遼寧古籍出版社，1996 年 6 月，第 438 頁。

官。《禹貢》篇在流傳的過程中遞有增益，篇中亦可見自戰國至漢代逐步裝點這篇文獻的痕迹。〔註70〕

（4）《甘誓》

《甘誓》記載夏代歷史，相傳是夏代史官所錄。近現代以來，學者對其著作時間進行了重新考察。梁啓超說：「但《虞夏書》是否爲虞、夏時書，則大有問題，恐是周初或春秋時人所依託。」王國維說：「《虞夏書》中如……《甘誓》；……文字稍平易簡潔，或係後世重編，然至少亦必爲周初人所作。」何定生《尙書的文法及其年代》從文法方面考定《甘誓》是春秋戰國初的作品。顧頡剛《五德終始下的政治和歷史》，認爲《甘誓》是與《墨子》同時代的作品，不在戰國末，就在西漢初。童書業《五行說起源的討論》認爲《甘誓》是春秋末或戰國初的作品。金兆梓說：「若夫虞、夏、殷三書，似皆漢人就先秦傳說之著於簡箚者輯訂而成。故即有眞者亦出周人之手筆。」楊向奎說：「《甘誓》絕不是夏代作品，但也不致於晚到西漢初，……應當是出於戰國。」張西堂的《尙書引論》以《甘誓》爲戰國初中葉的作品。陳夢家《尙書通論》說：「晉居夏虛，故多夏世之傳說。」〔註71〕「此篇當爲戰國時晉人所作。」〔註72〕蔣善國《尙書綜述》認爲：「（《甘誓》）一定是周初以後根據傳說編寫的，至早成於西周中季，至晚成於戰國初年。」同時又經過秦時的竄改。〔註73〕以上對於《甘誓》篇製作時間的看法中，早則有成於周初說，遲則有成於西漢初年說，共識在於均不以《甘誓》作夏時所作。有多位學者從《甘誓》篇的語言文字和文法入手，來考察《甘誓》的製作時間，本書認爲，《尙書》在立於國官上昇國家經典之前，尙處於文本的生成期。這時《尙書》的篇目、內容及篇次均未定型，在傳承過程中，無論是篇目的具體內容還是所運用的語言文字都可能隨著時代的變遷而發生轉變。因此，《書》篇中的語言與語法，可以體現出它的時代特色，但是卻未必能說明它的最初成篇時間。

和《虞夏書》的其它篇目一樣，《甘誓》篇的思想內容和語言形式之間也存在時代差異。就內容而言，劉起釪《〈甘誓〉校釋譯論》認爲，《甘誓》的

〔註70〕 顧頡剛、劉起釪著：《尚書校釋譯論》，中華書局，2005 年 4 月，第 527～843 頁。

〔註71〕 陳夢家著：《尚書通論》，中華書局，2005 年 6 月，第 184～185 頁。

〔註72〕 蔣善國撰：《尚書綜述》，上海古籍出版社，1988 年 3 月，第 200～201 頁。

〔註73〕 蔣善國撰：《尚書綜述》，上海古籍出版社，1988 年 3 月，第 202 頁。

內容只有兩點「（甲）假借天的意旨，純用神意而不用人意；（乙）赤裸裸地以賞罰爲號令，純用威力而不用德教，和殷代以上的奴隸主專政的思想意識完全符合。因爲德教是到西周統治者在『天命不常』的警惕下才提出來的，可知這篇誓詞一定的西周以前的東西。」從表達形式來看，把《甘誓》的成文時代列爲商代是可能的，「就結構來說，比《商書》的《盤庚》也要早。而造句修辭似乎比甲骨文晚了一些，這也是最後在周代寫定受到儒、墨粉飾的證據。」見於今傳本中的《甘誓》，其最後寫定，當在《湯誓》之後。〔註74〕

　　綜上所述，《今文尚書・虞夏書》包括《堯典》、《皋陶謨》、《禹貢》和《甘誓》四篇，主要記載了我國從堯舜時代到夏王朝建立期間的史事，是有關我國上古歷史發端時期的寶貴資料。古代學者多以爲《虞夏書》諸篇的作時與其歷史內容的時間相一致，即以《堯典》作堯時所作，《皋陶謨》爲舜時所作，《禹貢》爲禹時所作，《甘誓》爲夏史所作。近現代以來，經過學者們的不斷考察，發現《書》篇的寫成時間與其歷史內容的時間並不同步，《虞夏書》所記載的史事雖早，但它們的最終寫定時間卻已是西周春秋以後。如前文所述，《今文尚書》在整體上體現出編年體結構特徵，即篇目之間的先後順序基本上與各篇所記載的歷史內容的時間先後相一致。通過對《書》篇寫定時間的考察可知，《虞夏書》位列《今文尚書》之首以及《虞夏書》各篇之間的依時代序編次，都不是自然生成的，而是整編者有意爲之的結果。

（二）《商書》諸篇

（1）《湯誓》

　　關於《湯誓》篇的作時，學者們的觀點不盡相同。王國維說：「《商書》中如《湯誓》，文字稍平易簡潔，或係後世重編，然至少亦必爲周初人所作。」（《古史新證》）顧頡剛在答胡適《論今文尚書著作時代書》裏，肯定《湯誓》是東周間的作品。何定生《尚書的文法及其年代》亦以爲《湯誓》是東周的作品。陳夢家《尚書孔疏》認爲，《湯誓》大約孟子以前戰國時宋人擬作，今本則有秦人改削之迹。〔註75〕傅斯年《周頌說》裏說：「《湯誓》疑是戰國時爲弔民伐罪論做的。」李泰芬的《湯誓正僞》，斷定《湯誓》是戰國以後人所作。張西堂的《尚書引論》認爲《湯誓》的成書不能早於戰國。（《尚書引論》

〔註74〕顧頡剛、劉起釪著：《尚書校釋譯論》，中華書局，2005 年 4 月，第 875～876 頁。

〔註75〕陳夢家著：《尚書通論》，中華書局，2005 年 6 月，第 192 頁。

一八六頁）〔註76〕《湯誓》篇存在兩個問題，一是商代時是否有《湯誓》底本。二是如何解釋《湯誓》所包含的後世的語言現象。

《湯誓》是商湯伐夏桀時，以伊尹爲輔佐，率領部隊經陑地進戰於鳴條之野的誓師詞。據《史記·殷本紀》記載，經過這次戰鬥，「桀敗於有娀之虛，桀奔於鳴條，夏師敗績。……於是諸侯畢服，湯乃踐天子位，平定海內。」〔註77〕此一役是商朝開國史上的大事件，《湯誓》則是商王朝開國史上的一篇重要文獻。《史記》和《書序》都有商湯作《湯誓》以告令師的記載，《詩經·商頌》也有很多歌頌商湯武功的詩篇，如《長發》有：「武王載斾，有虔秉鉞。如火烈烈，則莫我敢曷。苞有三蘗，莫遂莫達。九有有截，韋顧既伐，昆吾夏桀。」商湯伐桀，是商王朝開國史上的重要史事，《史記》、《書序》和《商頌》所記基本一致，可知都具有史料的可靠性，而《湯誓》篇就史料內容而言也是基本可靠的。劉起釪《湯誓校釋譯論》說，(《湯誓》) 既是商王朝建國史上最重要的一篇「寶典」，必然爲商湯子孫所歷世相傳，作爲必誦必遵的祖訓加以珍視。商亡之後，周公在《多士》裏對殷人說：「惟爾知，惟殷先人有冊有典，殷革夏命。」指出殷人的祖先用典冊記載了當時殷革夏命的事實，那麼《湯誓》這篇重要祖訓一定就是記載在當時的典冊之中。〔註78〕蔣善國《尚書綜述》說：「武王伐紂，作《太誓》、《牧誓》，必援湯伐桀故事。」〔註79〕以爲早在周代以前已有《湯誓》舊本存在。而《湯誓》中有很多周代語言中的字詞和春秋以後文章中始運用的語法虛詞，應是它在流傳過程中，經周人用周代通用的文句重寫時造成的，也等於是其時的一篇「今譯」。到了春秋戰國時期，官府文獻散佈到士大夫手中，在傳抄中又受到了當時文字的影響。這說明「《湯誓》流傳本書字的最後寫定時間是頗晚的，顯然已到了東周。」〔註80〕由此可知，《湯誓》最初是商代的一篇重要典籍，流傳的過程中，其語言經過周代及春秋戰國時人的不斷加工，因而《湯誓》成篇雖早在商代，然其寫定已是春秋戰國之時。

（2）《盤庚》

自漢代以來，關於《盤庚》的製作時代，《書序》曰：「盤庚五遷，將治

〔註76〕蔣善國撰：《尚書綜述》，上海古籍出版社，1988年3月，第203頁。
〔註77〕〔漢〕司馬遷撰：《史記》，中華書局，1959年9月，第96頁。
〔註78〕顧頡剛、劉起釪著：《尚書校釋譯論》，中華書局，2005年4月，第888頁。
〔註79〕蔣善國撰：《尚書綜述》，上海古籍出版社，1988年3月，第203頁。
〔註80〕顧頡剛、劉起釪著：《尚書校釋譯論》，中華書局，2005年4月，第889頁。

於亳殷，民咨胥怨，作《盤庚》三篇。」是以爲《盤庚》作於盤庚之時。《史記·殷本紀》記載：「盤庚渡河南，復居成湯之故居，乃五遷，無定處。殷民咨胥皆怨，不欲徙。盤庚乃告諭諸侯大臣……乃遂涉河南，治亳，行湯之政，然後百姓由寧，殷道復興。諸侯來朝，以其遵成湯之德也。帝盤庚崩，弟小辛立，是爲帝小辛。帝小辛立，殷復衰。百姓思盤庚，乃作《盤庚》三篇。」是司馬遷以爲《盤庚》三篇作於小辛之時。李泰芬《盤庚正僞》根據《呂氏春秋·愼大覽》「武王乃恐懼太息流涕，命周公旦追殷之遺老，而問殷之亡故，又問眾之所說，民之所欲。殷之遺老對曰：『欲復盤庚之政。』武王於是復盤庚之政。」認爲《盤庚》之作意在追念盤庚的舊政。遂「知此篇作於周代宋之國民，亦即殷之遺老也。然初作當在西周，後屢潤飾始成今文。……意者其作於西周，而定於東周中爲潤飾時期也。……可知此篇雖非盤庚自出，亦非小辛時作。」蔣善國《尚書綜述》折衷了上述主張，提出「《盤庚》是盤庚遷殷後，史官所記，到了小辛時人民想到盤庚遷殷後行湯政，使他們得安居的快樂，一面見小辛不有繼盤庚的德業，遂對盤庚特別頌揚，使盤庚遷殷的故事，家傳戶曉，也就是把盤庚時史官所記遷殷的三篇文獻，重傳到民間，因此發生了小辛時人民思盤庚、作《盤庚》三篇以諷小辛的傳說。……《盤庚》三篇大體是遷殷後的實錄。……就全部的思想看，是盤庚當時說的話，不過有些文句經過小辛和周初史官兩次編修罷了。」〔註81〕是認爲《盤庚》原爲盤庚遷殷後的實錄，到小辛時人民懷盤庚之政，遂對原《盤庚》進行了編修，商亡之後，周人繼續承傳殷商典籍，並對其語言文字作了一定的修潤。張西堂《尚書引論》認爲，「《盤庚》舊來列於《商書》，但這一篇寫定之時應當是在周初。……《盤庚》大約本是殷史而經過西周初年改定的作品。」陳夢家在《尚書通論》中專門討論了《盤庚》上篇的製作時間，他認爲「此篇與《湯誓》皆有『天命』之語，商人稱『帝命』，無作天命者，天命乃周人之說法；……此篇有『王若曰』之語，此西周中葉史官代王宣命之制，商人不應有之；今文《盤庚》三篇共 1283 字，較之《周書》中之命書更長。晚殷命文，長者不過數十字，如何在盤庚之時有如此巨作？……此亦戰國宋人之擬作，猶《商頌》矣。」〔註82〕通過對《盤庚》上篇之語言、體式和篇幅等的考察，陳氏以爲是篇爲戰國時人所作。綜上可知，關於《盤庚》篇的作時，

〔註81〕蔣善國撰：《尚書綜述》，上海古籍出版社，1988 年 3 月，第 205～206 頁。
〔註82〕陳夢家著：《尚書通論》，中華書局，2005 年 6 月，第 207 頁。

主要有作於盤庚時說、作於小辛時說、作於西周說和作於戰國說四種。

以上諸說，有的是著眼於《盤庚》的思想內容，以爲本書的主要思想，如處處用上帝的旨意來威嚇人民，大力宣揚殺戮，絲毫不見周代盛稱的「禮」與「德」等等，實爲盤庚當時所具有，符合盤庚當時的歷史實際，因而認爲本篇確爲殷商時所作；有的是著眼於《盤庚》的語言文字，發現篇中在代詞、虛詞、名詞等的使用方面，不同於商代，而是附合周代以後的語言習慣，從而得出結論，認爲《盤庚》應作於西周或戰國時代。不同的研究視角，直接導致了結論的差異。其實，要考察《盤庚》三篇的作時，同樣需要以認清它從出現經流傳到寫定的動態過程爲前提。因而應該說，《盤庚》的原文確實是盤庚親自講的，但是現在見於今傳本的《盤庚》，已不完全是原文了，二者的差異主要在於文字方面，可知，《盤庚》是經過了周代的加工潤色寫定下來的。

（3）《高宗肜日》

顧頡剛《論〈今文尚書〉著作時代書》認爲《高宗肜日》是東周間的作品。〔註83〕張西堂的《尚書引論》以《高宗肜日》的詞句有「模仿周誥的地方，其文字又非常淺近，只可信其寫寫於東周。」郭沫若《先秦天道觀之進展》認爲《高宗肜日》不是殷代的原作，他說：「那種以民爲本的觀念，特別是『王司敬民，罔非天胤』的說法，在古代是不能有的。民在周人本是和奴隸相等的名詞，卜辭中沒有見到民字以及從民的字。《高宗肜日》的那一篇也是不能相信的。」又卜辭和殷器都沒有德字，德字到周初才出現，因而用「德」字的有無可作爲辨別商書和周書的標準。由於《高宗肜日》裏面有「德」字，所以郭沫若肯定該篇不是殷人的實錄。〔註84〕李泰芬的《高宗肜日正僞》以《高宗肜日》爲戰國初年的作品。蔣善國《尚書綜述》認爲，《高宗肜日》的傳說「應當流傳已久，到了春秋以後才寫定，大概在秦始皇併天下的時候，對於《高宗肜日》和《高宗之訓》的本事已不可詳考了。」〔註85〕劉起釪《〈高宗肜日〉校釋譯論》說：「關於本篇的寫作時期，應把祖己講這篇話的時期，同史臣記錄或追記這篇話及最後寫定這篇文辭的時期分別開來。」「就本篇文辭內容看，它確實是殷代的……因而也可推定，當祖己在武庚之世講這篇話時，可能有原始的記錄的。……而這一篇文辭之寫成定稿時，時間當已進入

〔註83〕顧頡剛編著：《古史辨》（一），中華書局，1982年3月，第201頁。

〔註84〕郭沫若：《先秦天道觀之進展》，見《郭沫若全集‧歷史卷》（一），人民出版社，1982年9月，第323頁。

〔註85〕蔣善國撰：《尚書綜述》，上海古籍出版社，1988年3月，第210頁。

了周代，執筆修飾寫定的人當是已接受周人語言影響的宋國史臣。」〔註 86〕
篇中帶有西周特色的語言，是考察它最終寫定的時間的依據。《高宗肜日》篇
初作時的情況還需從文本本身尋找答案。《高宗肜日》的主講者是祖己（即孝
己），他當祖庚肜祭父王武丁宗廟的時候，因鳴雉之異，對祖庚講了這篇話。
〔註 87〕王國維說：「經言祖己訓於王，如王斥高宗，則以子訓父，於辭為不順。
若釋為祖己誡祖庚，則如伊尹訓太甲，於事無嫌。蓋孝己既放，廢不得立，
祖庚之世，知其無罪而還之。孝己上不懟其親，下則友其弟，因雉雊之變而
陳正事之諫，殷人重之，編之於書。然不云兄己、父己，而云祖己，則其納
諫雖在祖庚之世，而其著竹帛必在武乙之後。」〔註 88〕可能當祖己說番話的
當時已有原始記載，而到了武乙以後又經史臣潤飾定稿載入史冊，其時已稱
孝己為祖己了。

《高宗肜日》本事確為商朝舊事，當時大概已見記載，商亡後傳入西周。
周人在傳述這段史事的時候，不僅在語言上要運用西周的語句和文法，同時
復述內容時也滲入了西周的思想。於是就出現了今傳本《高宗肜日》中兼有
商、周二代色彩的現象。

（4）《西伯戡黎》與《微子》

《西伯戡黎》記載的是周文王征伐黎時，商王朝的大臣祖伊感到恐慌，
前去面諫商王紂時，二人的對話。《微子》是商王朝行將覆亡之前，宗室貴族
微子向王朝的父師和少師請教如何應付時的對話。這兩篇內容所記載的都是
商紂時事，因而漢代《今文尚書》把它們列為《商書》末兩篇，漢代以來向
無人懷疑其著作年代。現代以來，才漸有人提出質疑。顧頡剛說《西伯戡黎》
和《微子》均是東周間的作品。李泰芬《微子正訛》說：「余以此篇（指《微
子》）亦西周中葉作品，非《商書》也。……是篇開首即云『微子若曰』，其
非微子自作可知也。……知是篇之作，當在西周。……窺諸情理，當是宋人
也。」以為《微子》作於西周中葉的宋人。張西堂《尚書引論》說：「這一篇
（《西伯戡黎》）說：『天子，天既訖我殷命。』用天子字樣，已可疑其晚出；
而云『天既訖我殷命』預知殷代之亡，也是出於追記。」他認為《西伯戡黎》
當寫成於東周間。關於《微子》篇，張西堂說，篇中所用「父師少師」官名，

〔註86〕顧頡剛、劉起釪著：《尚書校釋譯論》，中華書局，2005 年 4 月，第 P1032～
　　　　1033 頁。

〔註87〕顧頡剛、劉起釪著：《尚書校釋譯論》，中華書局，2005 年 4 月，第 P1031 頁。

〔註88〕王國維著：《觀堂集林》，中華書局，1959 年 6 月，第 29～30 頁。

未見於周代金文與《周書》，歷而商代「即有也不是重要的官名」；篇中說到「殷遂喪，越至於今」似說殷已亡了，「可見其時代之晚」；又「這一篇用『王子』字樣，在他篇也是不見的，這也可疑爲出於東周。」張西堂疑《微子》「與《高宗肜日》、《西伯戡黎》同出於春秋末，其作風頗相近，皆後世據傳說所追錄。」陳夢家的《尚書通論》說這兩篇都是戰國時代的著作。〔註89〕劉起釪《〈西伯戡黎〉校釋譯論》說：「根據當時形勢和祖伊的急迫之情，以及陶醉於天命的奴隸主頭子商紂看不清形勢，盲目相信自己有天命在身等等來看，這些顯然是符合當時歷史的。因此這篇對話在當時應是實有其事的，大概曾留下原始記錄材料。但是根據本篇的內容方面和文字方面來看，它顯然又是寫成於周代，不能就是本篇的原始文件。」〔註90〕關於《微子》篇，劉起釪說：「(《微子》)關於內容語氣方面也全是自怨自艾，只責怪商王朝自己，一點也不責怪大敵周人。把商的滅亡說成是罪有應得，不能不說這篇顯然是商亡以後到周代才寫成的。……同時確也反映了當時國亡在即，奴隸主統治者心慌意亂，力圖如何保全自己的心理狀態。」〔註91〕蔣善國《尚書綜述》說，《西伯戡黎》是周初人追記殷末時候的史實，因而就史實的發生時代說，是在殷末，可以算作《商書》；可是就著作的時代說，是在周初，也可以算作《周書》。《西伯戡黎》既有這種現象，記同時史實的《微子》，毫無疑問，也是周初追記的了。〔註92〕

　　《西伯戡黎》和《微子》篇的情況相對複雜，從文字來看，它們的寫定當然應是入周以後；從內容來看，它們則既保留了部分商代原始材料中語氣和心態，又在一定程度上接受了周人的思想和觀點。王國維提出：「《商書》之著竹帛，當在宋之初葉。」宋是商王朝覆亡後，被周人所封的臣服於周的商人後裔，也就是說，由商末留下了原始材料的《西伯戡黎》和《微子》兩篇，其最終寫定應是西周時候了。

　　綜上所述，《商書》五篇記載了商代不同時期的歷史，以往傳《尚書》者多以爲它們是商代舊作，經過近現代以來學者們的考察發現，見於今傳本中的今文《商書》，都在不同程度上經過了周人的整理和加工，在語言文字上體現出較強的周代特點，它們的最終寫定應是在入周以後。裘錫圭《談地下材

〔註89〕蔣善國撰：《尚書綜述》，上海古籍出版社，1988年3月，第211頁。
〔註90〕顧頡剛、劉起釪著：《尚書校釋譯論》，中華書局，2005年4月，第1068頁。
〔註91〕顧頡剛、劉起釪著：《尚書校釋譯論》，中華書局，2005年4月，第1090頁。
〔註92〕蔣善國撰：《尚書綜述》，上海古籍出版社，1988年3月，　第212頁。

料在古籍中的作用》中說：「《商書》用詞行文的習慣，往往與甲骨卜辭不合，如《盤庚》喜歡用『民』字，在卜辭中卻還沒有發現過同樣用法的『民』字，但《商書》各篇所反映的思想以至某些制度卻跟卜辭相合。看來，它們（《湯誓》也許要除外）大概確有商代的底本爲根據，然而已經經過了周代人比較大的修改。」《商書》諸篇原來都是爲殷商先人保存的典冊，商朝滅亡之後，它們逐由周人接管，周初周公旦「朝讀《書》百篇」，其中就應有大量的商代舊籍。從《周書》等史料記載可知，周初統治者非常注重從夏商興亡國的歷史中汲取經驗教訓，記錄了商朝歷史的典冊，自然就成爲他們要認眞研讀的寶貴資料。《今文尚書》中《商書》五篇的編年體式，很可能就是周人在接手這些歷史資料之後，爲了使用上的便利，對其在語言、內容和編排等多方面進行加工整理的結果。

（三）《周書》諸篇

陳夢家說：「宋人從今古文《尚書》中別出易讀者是後世所造之古文，但所謂今文亦自有難易之分。王國維說『於《書》所不能解者殆十之五』，應指《周書》中周初諸誥，其它各篇較通順易讀者，其時代應晚。」〔註93〕其實，在《周書》內部也存在與此相近似的情況，雖然《今文尚書・周書》大體都是可靠的眞實檔案文獻，各篇的寫成時間與其歷史內容也基本上是同步的，但還有一些篇目在不同程度上經過了東周時人的補充和潤飾，所以《周書》諸篇的文章風格也不盡相同。

總體來看，周初諸誥基本保存了西周時的原貌，它們都是典型的佶屈聲牙之文。其中，《大誥》是周公出兵征討管蔡武庚叛亂前的動員講話，由當時的史臣記錄下來，寫成了這篇重要的誥詞。《大誥》作於西周，自古以來無有質疑。顧頡剛認爲本篇「在思想上，在文字上，都可信爲眞。」陳夢家《尚書通論》說：「此篇欵式、文例、用字與西周金文相同，故定爲西周所作。〔註94〕劉起釪認爲，由於周公講的是岐周方言，所以就格外晦澀難懂，以至先秦文獻中一次也沒有引用過。〔註95〕《康誥》、《酒誥》和《梓材》在先秦時被稱爲《康誥》三篇。從先秦至唐代一直認爲其作於周成王時。宋代吳棫和胡宏始對此提出質疑，認爲《康誥》是武王封康叔所作。朱熹贊成吳、

〔註93〕陳夢家著：《尚書通論》，中華書局，2005 年 6 月，第 221～222 頁。
〔註94〕陳夢家著：《尚書通論》，中華書局，2005 年 6 月，第 221～222 頁。
〔註95〕顧頡剛、劉起釪著：《尚書校釋譯論》，中華書局，2005 年 4 月，第 1261 頁。

胡二人的觀點，他在《朱子語類》裏面說：「《康誥》、《酒誥》是武王命康叔之詞，非成王也。」蔣善國《尚書綜述》裏調和二說，認爲西周初年，康叔曾兩度受封。一次在周武王克商之後，分封諸侯，康叔被封於康地，《康誥》所記就是當時武王所作的誥辭。《酒誥》是武王巡視方岳，誥沬邑時所作，《梓材》的出現約於《酒誥》同時或稍後。武王死後，管叔、蔡叔挾武庚叛亂，因康叔於平亂中捍成王有功，遂以原管蔡和武庚所封地益封於康叔。但是益封時的命書沒有流傳下來。到東周時，衛立國日久，遂只說益封時事，並將初封時的《康誥》三篇附會爲成王時所作了。〔註96〕顧頡剛、劉起釪《〈尚書〉校釋譯論》認爲應相信《左傳》、《國語》、《逸周書》等早期史籍的記載，認定《康誥》三篇是周成王時期周公在攝政稱王的情況下對康叔的誥辭。其中，《康誥》作於周公攝政四年，周公相成王封康叔於衛之時。《酒誥》與《梓材》作於其後不久。營建洛邑是周初的一件大事。《召誥》與《洛誥》之作即於此事直接相關。營洛工程開始於周公攝政五年，亦即周成王即位五年，其時，成王命召公先到洛邑察看和籌劃命庶殷營建洛邑之事，接著周公到洛邑視察督促工程進行並發表講話，《召誥》即作於當時。建設洛邑用時二年，完成於周公攝政七年。當時周公請周成王到洛邑舉行祭祀典禮，主持國政，成王則於祀典之後返回宗周，而留周公居洛以鎮撫東土。《洛誥》篇所記載的，就是在這一歷史過程中周公與成王的往返問答之辭。關於《召誥》和《洛誥》爲周代文獻，向無爭議。《洛誥》結尾處有「王命周公後，作冊，逸誥。在十有二月，惟周公誕保文武受命，惟七年。」是《尚書》中唯一記載作者的一篇，又是記載年月日最完全的一篇。《多士》與《多方》二篇爲西周眞實文獻，自先秦以來無異說。因而，關於兩篇作時問題的討論，就自然與其所記載的歷史內容的時間相統一。自漢代以來，學者一直以《多士》篇作於洛邑初成之時。是周公於還政之後，以成王命對一部分遷徙到洛邑的商遺貴族的告誡之辭；周公還政之後第二年，商奄再叛，爲了徹底掃除東方諸國對周王朝的威脅而出兵撻伐，《多方》是周公征戰結束返回鎬京時，代表成王對前來朝見的各國諸侯發表的講話。顧頡剛、劉起釪《尚書校釋譯論》對《多士》、《多方》二篇的本事亦即作時問題提出異議。書中認爲，《多方》作於周公攝政三年，是周公在平定管蔡武庚及奄的叛亂之後，在這一年回到宗周，對有計劃遷來的曾參與叛亂的各族人員，以及原已遷來的殷貴族與殷士等所作的一篇誥

〔註96〕蔣善國撰：《尚書綜述》，上海古籍出版社，1988年3月，第241頁。

辭。〔註 97〕時間在《康誥》三篇之前。書中認爲《多士》作於周公攝政五年開始經營洛邑的時候，是周公平叛之後，對遷來洛邑的殷商王族發表的講話。與《多方》爲姊妹篇，時間在《召誥》之後，《洛誥》之前。其中，在《多士》篇的《討論》中有：「《多方》說『惟五月丁亥，王來自奄』，這一篇（指《多士》）說『惟三月，周公初於新邑洛用告商王士』，又說『昔朕來自奄』，都說由奄來，而一爲五月而方來，一爲三月而昔來，可見這兩篇決非一年內的事。」踐奄的時間，是其判斷《多士》與《多方》作時的主要依據之一。這裡所說的「由奄來」是指周公攝政三年踐奄一事。顧、劉二先生認爲周公只在攝政三年時征討了奄國一次，也就是《尙書大傳》中所說的「周公攝政，一年救亂，二年克殷，三年踐奄」事。所以，他們認爲《多方》與《多士》都是平亂踐奄後對殷商遺族的講話，兩篇時隔不久，一爲初命，一爲申命。從《周書》篇次上來看，《多士》應在《多方》後，今傳本《周書》中《多士》第十、《多方》第十三的順序，則是今文三家本的排列錯誤，並爲後世各傳本沿襲。〔註 98〕儘管對《書》篇本事和時間古今學者各有不同見解，但是和前此的《大誥》等篇一樣，《多士》與《多方》作爲西周眞實的檔案文件這一點是可以確定的。周初諸誥都作成於事件當時，基本上保持了製作時的原貌，它們在《周書》中的先後次序，也應該是與其內容所記載的史事先後相一致的。關於《多士》與《多方》的作時，本書採用漢代以來的傳統觀點，認爲二者都是周公還政之後所作。

除了上述周初八誥以外，《無逸》、《君奭》、《立政》和《顧命》四篇也歷來被視爲西周眞文獻。其中，《顧命》記載的是周成王的臨終前囑託重臣輔佐康王、成王葬儀和康王初即位事，在四篇中作成最遲。其他三篇，《無逸》與《立政》爲周公告教成王之辭，《君奭》是周公勖勉君奭共膺大任、戮力輔佐成王的一篇講話。《書》篇的製作重在記錄言語的內容，時間意識淡薄，所以這三篇的具體作時先後，由於文本內沒有記載，所以後人亦難知其詳，可以確定的是三篇都作於周公還政之後。從《無逸》、《立政》與《君奭》三篇中情辭的懇切與詳盡來看，它們的作成時間應是在周公還政之後不長時間。如前文所述，《周書·費誓》、《呂刑》、《文侯之命》三篇的本事和寫成時間存在爭議。大體來看，《費誓》和《呂刑》兩篇作於西周，《文侯之命》和《周書》

〔註 97〕顧頡剛、劉起釪著：《尚書校釋譯論》，中華書局，2005 年 4 月，第 1609 頁。

〔註 98〕顧頡剛、劉起釪著：《尚書校釋譯論》，中華書局，2005 年 4 月，第 1511～1529頁。

的最後一篇《秦誓》都作於東周。

此外，《周書》中還有一些篇目，雖然本事和初作時間是在西周，但是它們在流傳的過程中卻經過了後人的整理和修飾，其最終寫成應該到了東周時候了。《牧誓》、《洪範》和《金縢》三篇，就屬於這種情況。

《牧誓》篇向來被認為是周武王在牧野之戰前的誓師辭，近代始有人懷疑它的編著時代。顧頡剛說《牧誓》是東周間的作品。傅斯年認為《牧誓》「當和《湯誓》同出戰國，其時儒者為三代造三誓，以申其弔民伐罪之論。」張西堂《尚書引論》說「《牧誓》中的文字，不如周誥之古，這已告訴我們它的時代之晚。」他又舉四證，力辨《牧誓》篇「不出於西周，而實是在戰國之世寫的」。劉起釪《〈牧誓〉校釋譯論》肯定本篇是周武王時的講話記錄，只是由於流傳中受了東周的影響，在虛詞方面改用了一些春秋時習用的詞彙、語法以及較晚的句法，遂使文件琅琅可誦，成了一篇有著東周風格的文章。〔註99〕

《洪範》篇首有「維十有三年春，王訪於箕子，箕子乃言曰」，自古以來遂相傳本篇是箕子所作。至南宋趙汝談《南塘書說》，始言《鴻範》不是箕子作的。顧頡剛說《洪範》是東周間的作品。劉節《洪範疏證》說《洪範》是戰國末季到秦統一天下期間作成的。錢玄同說《重論經今古文學問題》說「《虞夏書》及《周書》之《洪範》等，當出於孔子以後。」汪震《尚書洪範考》認為《洪範》是漢初的作品」〔註100〕。郭沫若《先秦天道觀之演進》說《洪範》是子思所作，「出世的時期在《墨子》書之後和《呂氏春秋》之前」。李泰芬《洪範正偽》說，《洪範》之作，《荀子》、《左傳》皆曾引之，應在戰國以前。童書業在《五行說起源的討論》裏面，推定《洪範》是戰國初期的作品。張西堂的《尚書引論》說《洪範》出於戰國中世。陳夢家的《尚書通論》說《洪範》的編著時代不早於戰國。」〔註101〕蔣善國《尚書綜述》認為「《鴻範》編著時代在墨子卒年公元前三八三年前後相去不遠」。〔註102〕流傳過程中新內容的附益與新語言的轉寫，逐漸掩藏了這部「統治大法」的本來面目，它的作時問題也因此變得撲朔迷離。劉起釪《〈洪範〉校釋譯論》認為，本篇的唯心主義神學世界觀和源於上帝的神權政治論，強調按照神意建立最高的

〔註99〕顧頡剛、劉起釪著：《尚書校釋譯論》，中華書局，2005年4月，第1142頁。
〔註100〕汪震：《尚書洪範考》，文載《北京晨報》，1932年1月20日。
〔註101〕蔣善國撰：《尚書綜述》，上海古籍出版社，1988年3月，第228頁。
〔註102〕蔣善國撰：《尚書綜述》，上海古籍出版社，1988年3月，第232頁。

統治準則以及運用刑賞的統治術等，都是商代的思想。而篇中的用韻，又同於西周至春秋時候的用法；從內容構成來看，既有早於春秋時候的東西，又有春秋時代才出現的「八政」、「五行」等內容。由此可知，《洪範》篇原稿由商代傳至周，流行於西周、東周之際，在內容和語言形式上都經過了加工，到春秋前期已基本寫定成爲今日所見的本子。〔註 103〕

　　《金縢》篇的內容可分爲前後兩大部分。上半篇記載武王有疾，周公請以身代武王。後半篇記周公因避流言居東，有風雷示變，感悟成王，遂把周公迎接回來。疑《金縢》者中，有的以爲前段周公設壇禱告之事不足信。如清袁枚《金縢辨》說：「《金縢》雖今文，亦僞書也。孔子曰：『不知命，無以爲君子』。又曰：『丘之禱久矣』。三代聖人，夭壽不貳，武王不豫命也；豈大王王季之鬼神需其服事哉？以身代死，古無此法。」殊不知迷信鬼神，本是古史常例。有的以爲後段中的記敘實在離奇，爲此梁啓超《古書眞僞及其年代》說：「從前有人懷疑二十八篇中的《金縢》有那麼一段離奇話：『秋，大熟，未獲，天大雷以風，禾盡偃，大木斯拔。……王出郊，天乃雨，反風，木則盡起。』這種和情理相差大遠的紀事，似乎不是信史，其實不然。這只能怪漢時史官拿百史的事當史，不能嚴格的擇別，正和後來的《晉書》、《魏書》相類。《晉書》多采小說，《魏書》雜記瑣聞。我們只可說他擇別史料的標準不對，不能說那二部不是唐太宗、魏收作的。所以《金縢》無甚問題，可以當作神話看待，借來考察當時的社會心理。」顧頡剛在《論〈今文尚書〉著作時代書》將今文二十八篇分爲三組，其中《金縢》與《甘誓》、《湯誓》等篇屬第二組，顧頡剛認爲「這一組，有的是文體平順，不似古文，有的是人治觀念很重，不似那時的思想。這或者是後世的僞作，或者是史官的追記，或者是眞古文經過翻譯，均說不定。不過決是東周間的作品。」〔註 104〕就《金縢》而言，篇中的記敘部分，語言流暢，與《周書》諸誥在體例與語言風格上都有很大不同，同時篇中運用的第三人稱敘述口吻，也說明該篇應爲史官追記。蔣善國《尚書綜述》也說「就《金縢》經文看，全篇都是史官的口氣，顯非周公所作。……《金縢》是戰國時人所記周公的故事。」〔註 105〕張西堂《尚書引論》說《金縢》的成書時代，最早當在戰國中世。顧頡剛、劉起釪

〔註 103〕顧頡剛、劉起釪著：《尚書校釋譯論》，中華書局，2005 年 4 月，第 1218 頁。
〔註 104〕顧頡剛編著：《古史辨》（一），上海古籍出版社，1982 年 3 月，第 201 頁。
〔註 105〕蔣善國撰：《尚書綜述》，上海古籍出版社，1988 年 3 月，第 236 頁。

合著的《尚書校釋譯論》分別討論《金縢》篇的前後兩部分內容，認爲周公自以爲質，設壇祈禱的故事完全符合當時的歷史實際。篇中所記載的周公冊祝之文，「不論是它的思想內容，還是一些文句語彙，也都基本與西周初年相符合。」因此這一部分確是西周初年的成品，應該是肯定無疑的。除此以外，篇中的不少敘事之文風格平順，非常接近東周風格，很可能是東周史官所補充進去的。〔註106〕因此，今所見到的《金縢》篇的內容實際上作成於不同時期，既有周初武王病篤時的材料，也有東周時對相關事態的補記，其最終成篇自然應是東周時候了。

綜上所述，《周書》十九篇從其寫定時間來看，大致包括以下三種情況。一，《牧誓》、《洪範》、《金縢》三篇是在西周時代眞實史料的基礎上，融合東周時代的思想和內容寫成的。它們在不同程度上保留了原始底本的面貌，同時在文本所使用的記錄語言方面，又體現出較爲明顯的東周時代的風格特點；二，周初八誥和《無逸》、《君奭》、《立政》、《顧命》四篇，是較有代表性的西周原始文獻。它們集中體現了「君舉必書」的記史原則，《書》篇的寫成與歷史本事的發生在時間上基本一致。特別是周初八誥，可以說是《周書》乃至整部《尚書》的核心內容，無論是篇目的內容結構，還是語言風格，都保留了西周時代的原始風貌，是《尚書》文本結構特徵的典型代表；三，《費誓》、《呂刑》、《文侯之命》和《秦誓》四篇，也是眞實的文獻。其中，《費誓》、《呂刑》和《秦誓》三篇，爲諸侯所作，與《書》篇主要記錄君王和重臣之言的總體特質相異。《文侯之命》和《秦誓》是東周時的作品，在《尚書》中做成相對較遲。

小　結

　　《今文尚書》二十八篇雖然在整體形制上體現出編年體史書的特徵，即篇目之間的先後次序，與其所記錄的歷史內容的時間先後相一致，但是同時又具有潛在的特殊性。通過考察《書》篇的具體寫定情況可知，位列《尚書》之首、記載堯舜時代以及有夏王朝史事的《虞夏書》各篇，其寫定時間卻非常晚，大約都是在春秋戰國以後。這些篇目在內容上融合了原始資料和後世遞增的內容，在語言風格和篇章結構上也與周初諸誥迥異。《商書》五篇基本都初成於商代。入周之後，周人將這些商代底本用周人習用的語言加以改寫，

〔註106〕顧頡剛、劉起釪著：《尚書校釋譯論》，中華書局，2005 年 4 月，第 1253 頁。

同時文本中也滲透了周人的思想認識，從而使這些商代典籍具有了新的時代特徵。《周書》十九篇，無論在內容比重方面，還是在文本的眞實程度上，都堪稱《尚書》之最。其中，周初八誥是《尚書》中的重要歷史文獻。《周書》前三篇（《牧誓》、《洪範》、《金縢》）的情況與《商書》相類，西周時曾作有底本，後經春秋時人的遞補修改而最終寫定；後兩篇（《文侯之命》和《秦誓》）則直接就是東周時的作品。由此可知，《書》篇初製與寫定的實際過程與《尚書》所呈現出來的編年序列之間，存在著巨大差異。內容時代最早的《虞夏書》寫定時間較晚；《商書》底本出現雖早，卻到西周時方才寫定。《尚書》各部分基本上是以先《周書》（主要是周初諸誥）、再《商書》、再《虞夏書》的次序最終寫定的。《尚書》編年體結構特徵的背後，潛在一個層累的生成過程。這是《尚書》編年體結構的特殊性。

　　《尚書》整體結構的最後完成，應該在春秋戰國之際。編纂者以通史的宏觀構思，將《尚書》分爲虞夏書、商書、周書三大部分內容，爲不同時期的文獻資料在時間發展的縱軸上找到了一個對應的位置，將這些相對孤立的《書》篇納入了一個統一的時間體系之中。建構起《尚書》多層次的編年體式。一方面以《虞夏書》、《商書》、《周書》三大部分作爲主體骨架，一方面又分別在《虞夏書》、《商書》和《周書》的內部，細繹《書》篇的前後脈絡，從而形成了貫通全《書》的時間線索，使記言之《書》在一定程度上兼有了歷時性的史書色彩。由於記言性質對於文本結構的內在規定，《尚書》的編年體結構又表現出自身的特點。如它在時間性上相對模糊，不僅存在初製和寫定時間不明確的情況，而且有些《書》篇的本事也不甚清晰。同時，編年結構的構建，並不僅限於篇次結構的調整，還直接參與了《書》篇內容的製作，從而形成了《書》篇的編年序列與製作序列的相互背離。《尚書》的編年結構並不能反映虞夏以迄春秋時期，記言文體發展的眞實狀況，在《尚書》中，周初八誥才是其內容的核心、結構的典範。先天的記言性質與後天的編年體式相互作用，形成了《尚書》特殊的整體結構。《尚書》文體特點與結構規律的研究，必然以準確把握《尚書》的整體結構爲前提，《尚書》編年體式的特殊性決定了在進行文學研究時，必須要衝破編年體式的束縛，重新建構一個反映文本發展的嶄新序列。

　　此外，《尚書》中的《虞夏書》、《商書》、《周書》，就時代而言，是前後相繼的編年序列，就內容而言，是對虞夏、商、周不同王朝材料的彙編，所

以《尚書》又具有國別體史書的雛形。綜上所述，《尚書》既具有上古通史的總體架構，又呈現出國別史的內容佈局；既以記言論理爲要旨，又以潛在的時間線索串聯《書》篇，兼有哲學與歷史兩種屬性。《尚書》是我國最早的一部歷史文獻，也是一部具有母體意義的文化典籍。《書》篇編次的編年體特徵及其特殊性，也反映了它涵容並包、渾厚多元的文化特質。

第三章　《尚書》文本結構的兩種基本模式

　　東漢學者鄭玄（127－200）說：「《春秋》者，國史所記人君動作之事。左史所記爲《春秋》，右史所記爲《尚書》。」（《六藝論》）鄭玄此說的依據是漢代編集的禮文獻《禮記》，其中的《玉藻篇》有：「動則左史書之，言則右史書之」。這一記載的眞僞暫且不論，單從古代史官將君主的行動和言辭分開記載這一點來看，《尚書》則是徹頭徹尾的「記言」之書。

　　如前文所述，《尚書》在整體結構上具有編年體史書的特徵，同時又具有其自身的特殊性。記言是《尚書》的本質，這一點直接規定了《書》篇的製作生成和文本的基本形式。而《尚書》的整理和編排是進入周代以後才開始的，《商書》各篇中所滲透的周人思想與所運用的周代語彙都表明，周時對這些前代流傳下來的文獻進行過重新整編。而《尚書》中虞、夏、商、周各部分的齊備，以及《尚書》整體格局的初步形成，則是進入春秋時代以後的事了。我國古代一直有孔子編《書》的傳說，《史記》記載「《易》曰：『河出圖，洛出書，聖人則之。』故《書》之所起遠矣，至孔子纂焉，上斷於堯，下訖於秦，凡百篇，而爲之序，言其作意。」儘管關於《尚書》是否爲孔子所編成的問題目前尚存有爭議，但是《尚書》在春秋戰國之際經過某一位大學問家之手進行了一次統一的整編卻是可以肯定的。這次編修以長期以來《書》篇的大量累積和傳承爲前提，以《書》篇所涉史事的時間先後爲權輿，對史上流傳的《書》篇加以遴選、作出取捨，並對上古堯舜時代的部分，在傳世材料的基礎上進行了編纂和補充，從而將《書》篇在時間線索的統籌下，分

成《虞夏書》、《商書》、《周書》三大部分，並在各部分內部，以時間先後編次具體《書》篇。雖然當時經過整編之後的《尚書》具體篇數現在已經不能確知，但是《尚書》的整體結構佈局卻是在當時奠定的，並且得到了較爲完整的保存。由此不難看出，《書》篇的創制與《尚書》的編輯，實際上是兩個不同的過程。總體而言，《書》篇的創制在先，而整編則遠在《書》篇生成甚至流傳之後；《書》篇的製作旨在記錄王者之言，注重歷史當時的實錄，而《尚書》的整編則關注《書》篇之間的關係和眾多篇目所共同完成的歷史記錄的完整性；《書》篇爲不同王朝的史官們分別執筆著錄，而《尚書》的整編則是由某位具有儒家思想的學者增刪編纂而成。在記言宗旨下製作而成一篇一篇具體篇目和在時間統籌下編輯而成的整體編年體結構佈局，一爲《尚書》的內容，一爲《尚書》的形式，二者在製作者、生成時間以及製作宗旨等方面都存在著這樣那樣的差異，《尚書》文本在內容與形式上的相互錯位，也直接造就了其獨特的文本結構。

　　《尚書》文本結構包括宏觀和微觀兩個層面。宏觀結構是指《尚書》經春秋戰國時期的大學者所統一編輯整理而生成的《尚書》總體結構；微觀結構是指生成於不同歷史時代的具體《書》篇所固有的內部結構。前者服從於《尚書》整編者的整體構思，後者決定於《尚書》的記言性質。

第一節　具有編年體意味的外在結構形式

　　《今文尚書》二十八篇的先後編次，基本上是按照具體《書》篇內容所涉及的歷史內容的時代先後來編排的。同時，在《尚書》的整體佈局上，又包括《虞夏書》、《商書》和《周書》三大部分，由於虞夏商周是我國上古時代前後相繼的歷史王朝，所以《尚書》文本在整體結構上體現出編年體史書的某些特徵，同時也包含國別體史書的意味。但是《尚書》整體上的編年體式又有其自身的獨特性，這一方面表現在其較之《書》篇製作而言在生成時間上的「滯後性」，也表現在其與《書》篇原生序列之間的相互錯位（詳見第二章）。應該說，《尚書》的宏觀結構（亦即《尚書》整體上的編年體結構）是真實地反映了《尚書》整理者的「通史」構思。以時間線索來串聯不同歷史時期的眾多史料，將它們納於一個統一的結構系統之中，編年的確是一種行之有效的方法。就《尚書》而言，編年體賦予了它濃厚的歷時性色彩，也

強化了它的歷史意味。然而，《尚書》又非嚴格意義上的編年體史書，這一點在與我國第一部編年體史書《春秋》的比較中，表現得十分清楚。在不同史書記載中，關於左右史的具體職掌雖然有所不同，〔註1〕但是在我國上古時代通過史職的分工來分別記錄帝王言語和行事這一點上，卻是一致的。《尚書》記言，《春秋》記事，二者的內容分野不同，文本結構也存在明顯差異。就編年體結構而言，《春秋》以時間組織全書，貫徹了嚴整統一的編年體例。相比之下，《尚書》文本的時間意識則較爲淡薄。

　　和很多先秦典籍一樣，《春秋》也是在某一歷史時期從公室秘藏走向公開的眾多資料之一。周王朝的建國功臣、武王之弟周公旦的兒子伯禽獲封魯國，《春秋》原本是魯國的編年史書。它按照年份的先後順序，記錄了從魯隱公元年（公元前 722 年）到魯哀公十四年（公元前 481 年）魯國十二公、二百四十二年間發生的歷史。日本的經學研究專家野間文史先生將《春秋》記事的基本形式用圖式模擬如下（見表 3-1）。

表 3-1：《春秋》記事的基本形式模擬表 〔註2〕

年	時	月	日	記事
（○公）○○年	春	王　正月	甲子	○○○○○
		（王）二月	○○	○○○○○
		（王）三月	○○	○○○○○
	夏	四月	○○	○○○○○
		五月	○○	○○○○○
		六月	○○	○○○○○
	秋	七月	○○	○○○○○
		八月	○○	○○○○○
		九月	○○	○○○○○
	冬	十月	○○	○○○○○
		十有一月	○○	○○○○○
		十有二月	乙丑	○○○○○

〔註 1〕　《漢書・藝文志》記載：「左史記言，右史記事。言爲《尚書》，事爲《春秋》。」
　　　　　《禮記・玉藻》記載：「動則左史書之，言則右史書之。」
〔註 2〕　（日）野間文史著：《春秋學——公羊傳與穀梁傳》，研文出版，2001 年 10 月，第 12～13 頁。

　　其中，最前端的「年」是魯國十二公的在位之年。《春秋》以魯公的即位之年作爲元年，以其薨年的翌年作爲新公元年，這也就是所謂的「踰年改元」。其次記春夏秋冬四時。《春秋》中除了桓公四年和七年，分別未記「秋」、「冬」以外，均完整記錄了各年中的四時。即便某一「時」之中沒有記事，也一定標記以「春王正月」或「夏四月」、「秋七月」、「冬十月」等。與下文將要介紹的「王」、「月」、「日」的記載相比，《春秋》對「春夏秋冬」四時的完整記錄，可以說是它的一大特徵。其次，「春」的正月、二月和三月繫以「王」字，表明《春秋》是以周王室的曆法爲準據。通常情況下，「王」字總是最先出現在「王正月」這條記錄中，但是當正月中沒有記事的時候，就會從「王二月」或「王三月」開始。而在《春秋》中，也有一些年份沒有記錄「王」字。再次，關於記「月」。《春秋》並不一定把十二個月都記全。前面的模擬圖示雖然列全了十二個月，並作成十二條記事的樣式，但是《春秋》中既存在只有月份而沒有記事的情況，也存在不少同一個月中有數條記錄的情況。而且，有的記錄只有日期沒有月份，以致於該事件究竟發生在哪個月不得而知，這樣的例子也有若干。最後，關於日期。《春秋》以干支記日。正如並不是所有的記事都標記了月份一樣，也並不是所有的事件都附有日期。大致的規律是，朝聘、侵伐，不記日期；要盟、戰敗、卒和日食等內容，記載日期的居多。在二百四十二年間，唯有日期的有無沒有太大的偏差。總之，這些情況都說明了《春秋》是以時間的順序爲基礎來記載歷史的〔註3〕。

　　《春秋》記時具有較強的完整性和系統性。《春秋》記時包含四個基本要素，即「年（年份）‧時（季節）‧月（月份）‧日（日期）」，完整性指《春秋》記錄歷史事件時注重上述基本時間要素的相對齊備，當然「年份」是指某魯公的在位年。系統性是指「年‧時‧月‧日」四個時間要素並非並列關係，而是各自歸屬於不同層次，屬於依次統轄的關係。正如《左傳序》所云：「記事者，以事繫日，以日繫月，以月繫時，以時繫年，所以紀遠近、別同異也。」〔註4〕從《春秋》整體看來，魯公的在位順序構成全書結構的主幹，魯國十二公在位其間的紀事是〈春秋〉的基本內容單元，這些內容單元之間在時間線索中是並列關係；而從各個內容單元的內部來看，它們各自呈現出由「年‧

〔註3〕　（日）野間文史著：《春秋學──公羊傳與穀梁傳》，研文出版，2001 年 10 月，第 12～14 頁。

〔註4〕　〔清〕阮元校刻：《十三經注疏‧春秋左傳正義》，中華書局影印，1980 年 10月，第 1703 頁。

時・月・日」構建而成的金字塔形結構，由上至下依次爲：魯公在位紀年（第一級）、紀時（第二級）、紀月（第三級）、紀日（第四級）。《春秋》通過這種金字塔形的紀時系統，對蕪雜的歷史事件加以分流疏導，從而有條不紊地記載了春秋二百餘年間的歷史事件，成爲我國歷史上第一部編年體史書。

　　《春秋》完整而系統的記時體例，既是構建其編年體結構的有效手段，也是其文本結構特色的顯明標誌，而時間之於《春秋》，不僅是以編年體例完成歷史記述的重要手段，它的作用已經超出了文本的形式層面，而成爲《春秋》意蘊深厚的文本內容的一部分。例如，隱公四年，經云：「癸未，葬宋穆公。」《公羊傳》云：「葬者曷爲或日或不日？不及時而日，渴葬也。不及時而不日，慢葬也，過時而日，隱之也。過時而不日，謂之不能葬也。當時而不日，正也。當時而日，危不得葬也。」《公羊傳》在這裡集中解說了《春秋》在記載葬儀時，通過不同的記日方式所傳達出來的褒貶歷史的訊息。

　　由此可見，由「年・時・月・日」構成的時間體系，在《春秋》文本構建中具有重要意義。它既是記錄歷史事件的客觀標準，是《春秋》編年體式的結構框架，同時又是《春秋》「微言大義」的內容特徵的表現之一。《春秋》編者通過對時間要素的熟練駕馭，構建起了我國第一部編年體史書的整體格局。

　　較之《春秋》，《尚書》的篇目序列雖然也是遵循著一定的時間標準而生成的，在整體上體現出編年體史書的某些特徵，但是《尚書》文本的時間意識卻相對淡薄，作爲《尚書》的整理手段，編年過程特別強調時間記載的完整與明確，但由於《尚書》編年體式的生成是滯後於且外在於《書》篇而存在的，所以《尚書》中的時間記載具有其自身的鮮明特色。這主要表現在以下幾個方面。

（一）時間要素的存在方式

　　與《春秋》中由「年・時・月・日」四個基本要素構成的時間體系不同，《尚書》對時間的記載則顯得不夠完備。《尚書》中並不是每一篇都有時間記載的。相反，在《今文尚書》二十八篇之中，記錄了時間的只有 9 篇，僅占今文《書》篇總數的 32%。這 9 篇《書》篇均見於《周書》中，分別是《牧誓》、《洪範》、《金縢》、《康誥》、《召誥》、《洛誥》、《多方》、《多士》、《顧命》（詳情見表 3-2）。可見，時間並不是《書》篇中不可或缺的必要因素。

表 3-2：《書》篇中時間記錄匯總表

序號	篇名	具體內容	位置
1	《牧誓》	「時甲子昧爽，王朝至於商郊牧野，乃誓。」	篇首
2	《洪範》	「惟十有三祀，王訪於箕子。」	篇首
3	《金縢》	「既克商二年，王有疾，弗豫。」	篇首
4	《康誥》	「惟三月哉生魄，周公初基作新大邑於東國洛。四方民大和會。」	篇首
5	《召誥》	「惟二月既望，越六日乙未，王朝步自周，則至於豐。惟太保先周公相宅。越若來三月，惟丙午朏，越三日戊申，太保朝至於洛，卜宅；厥既得卜，則經營。越三日庚戌，太保乃以庶殷攻位於洛汭。越五日庚寅，位成。若翼日乙卯，周公朝至於洛，則達觀於新邑營。越三日丁巳，用牲于郊，牛二。越翼日戊午，乃社於新邑，牛一，羊一，豕一。越七日甲子，周公乃朝用書，命庶殷侯、甸、男邦伯。厥既命殷庶，庶殷丕作。」	篇首
6	《洛誥》	「戊辰，王在新邑，烝。祭歲，文王騂牛一，武王騂牛一。王命作冊，逸祝冊，惟告周公其後。王賓殺禋咸格，王入太室祼。王命周公後，作冊，逸誥。在十有二月，惟周公誕保文武受命，惟七年。」	篇尾
7	《多士》	「惟三月，周公初於新邑洛用告商王士。」	篇首
8	《多方》	「惟五月丁亥，王來自奄，至於宗周。」	篇首
9	《顧命》	「惟四月哉生魄，王不懌。甲子，王乃洮頮水，相被冕服，馮玉幾。……越翼日乙丑，王崩。……丁卯，命作冊度。越七日癸酉，伯相命士須材。」	篇首篇中

　　如果我們將 9 篇《書》篇中所記載的時間按照年、月、日進行分類統計（見表 3-3），不難發現，《尚書》中的時間，在年、月、日四方面的分佈並不均等。其中年份記載見於 3 篇共 3 處、月份記載見於 6 篇共 7 處，日期記載見於 6 篇共 19 處。在《尚書》為數不多的時間記載中，最多見的是記日，共 19 處（約占全部時間記載的 61.3%）。這種不均等反映在具體作品中，就是記錄時間的不完整。在《書》篇中，年、時、月、日單獨見諸記載的情況都有，此外也有「記月+記日」組合的情況。而「年、月、日」三者齊備的完整記錄，僅見於《周書·洛誥》一篇。《洛誥》篇末有：「戊辰，王在新邑，烝。祭歲，文王騂牛一，武王騂牛一。王命作冊，逸祝冊，惟告周公其後。王賓殺禋咸格，王入太室祼。王命周公後，作冊，逸誥，在十有二月，惟周公誕保文武

受命，惟七年。」這裡不僅完整記錄了日（戊辰）、月（十有二月）、年（惟七年），而且也記錄了作冊的史官。「逸」即史佚，又稱尹佚，是史官之長，告文武「周公其後」時他祝冊，「命周公後」時又是他作冊，「命周公後」時他又作冊，可見禮節的隆重。至記錄時間，則日在前，月次之，年在後，因為中間夾敘了一些事情，容易令人看不清楚，所以戰國秦漢間人就困於不明白古代記事方式，誤將「惟周公誕保文武受命，惟七年」理解為周公攝政七年的證據。近年來通過對金文的研究可知，古代有將大事寫於年歲上的習慣，而殷周間記事之體，是先日、次月、次年。由此可知，《洛誥》篇末是對文中烝祭和誥周公等大事的精確而完整的記時，即事在周成王在位七年十二月戊辰日這一天。《洛誥》是《尚書》中惟一記載作者的一篇，又是記載年月日最完全的一篇，而且它所採用的記時形式符合當時的記時規範。

表 3-3：《書》篇記時內容分類統計表

記　年	記　月	記　日
3 篇/3 處	6 篇/7 處	6 篇/19 處
		牧誓（1/0）
洪範（1）		
金縢（1）		
	康誥（1）	康誥（0/1）
	召誥（2）	召誥（8/2）
洛誥（1）	洛誥（1）	洛誥（1/0）
	多士（1）	
	多方（1）	多方（1/0）
	顧命（1）	顧命（4/1）

　　由此可以看出，在《尚書》中並不存在《春秋》那樣相對完整的時間要素和較為嚴密的時間系統，《今文尚書》二十八篇裡，只有少數的九篇記載了事件發生的時間，而且這九篇記載了時間的《書》篇，除《周書・洛誥》完整記錄了年月日以外，其他各篇或記日，或記年，或記月，都不夠完整，這與《春秋》中「以日繫月，以月繫時，以時繫年」〔註 5〕的時間系統存在

〔註 5〕〔清〕阮元校刻：《十三經注疏・春秋左傳正義》，中華書局影印，1980 年 10 月，第 1703 頁。

很大的區別。關於《尚書》中時間要素的缺失，孔穎達《尚書正義》疏云：「《春秋》主書動事，編次爲文，於法日月時年皆具，其有不具，史闕耳。《尚書》以記言語，直指設言之日。……《洛誥》『戊辰，王在新邑』，與此『甲子』（按指《牧誓》「時甲子昧爽」），皆言有日無月，史意不爲編次，故不具也。」〔註6〕這也就是說，《書》篇本爲記言而作，它的內容和結構形式都爲其「記言」本質所決定，時間並不是文本必不可少的成分，相反，言語才是《書》篇內容的核心。其中，「史意不爲編次」的「史」，是《漢志》等史籍所記載的跟隨於君王左右，執掌記言的史官，其職責所繫在於記言而非編次。所以無論是《尚書》的本質，還是史官的職能，都決定了《書》篇中時間要素的缺失是一種歷史的必然。而春秋戰國時學者所構建的《尚書》編年體式，也因之帶有時間上的模糊性和形式上的潛在性，迥異於《春秋》健備的編年體史書結構。

（二）記年方式的多樣性

《尚書》中的不同《書》篇在記錄時間時運用的具體方式，也是多種多樣的。以記年爲例，《尚書》中一共有三次記年，分別是：

表 3-4：《書》篇記年情況統計表

篇　目	篇　首	篇　末
《洪範》	「惟十有三祀，王訪於箕子。」	
《金縢》	「既克商二年，王有疾，弗豫。」	
《洛誥》		「戊辰，王在新邑，烝。祭歲，文王騂牛一，武王騂牛一。王命作冊，逸祝冊，惟告周公其後。王賓殺禋咸格，王入太室祼。王命周公後，作冊，逸誥。在十有二月，惟周公誕保文武受命，惟七年。」

《洪範》所說的「十有三祀」，指周文王受命的第十三年，亦即周武王克商後的第二年。祀者，《爾雅·釋天》云：「夏曰歲，商曰祀，周曰年，唐虞曰載。歲名。」《爾雅疏》云：「商曰祀，取四時一終。則以祀者嗣也，取其興來繼往之義。」是商時以祀記年。《洪範》篇既爲商人箕子答武王之問而作，

那麼，使用商代記年就很自然了。孔傳云：「商曰祀，箕子稱祀，不忘本。」顧頡剛、劉起釪《〈洪範〉校釋譯論》認爲，《洪範》的原稿由商代傳至周，經過了加工，到春秋前期基本寫定成爲今日所見的本子。那麼，《洪範》既原爲商人舊作，那麼今雖見於《周書》，但是它在語言習慣上保留一定的商代遺風就是很自然的事了。在今本《尚書》中，《商書》中的篇章大部分都經過了周人的加工，這其間既有用語習慣的改變，也有周人思想的滲透，但是與此同時存在一些沒有變化，如《洪範》開篇處的記年，就保留了商人的記年習慣。這也說明，無論是對《商書》內容進行再加工的周人，還是後來對《尚書》文本進行整體編輯的春秋戰國時的學者，《尚書》中的記年，都不是他們特別關注的內容。

《金縢》中的「既克商二年」，是一種復合式的記年方式。它以周初的大事——武王克商的時間作爲參照點，來表述事件發生的時間。

《洛誥》說「在十有二月。惟周公誕保文武受命，惟七年。」孔傳云：「言周公攝政盡此十二月，大安文武受命之事，惟七年，天下太平。」《經典釋文》云：「惟七年，周公攝政七年，天下太平，馬同。」《孔疏》云：「在十有二月，惟周公大安文武受命之事，於此時惟攝政七年矣。」〔註7〕是孔傳、馬融、陸德明等人均以「惟七年」爲周公攝政七年，將「惟七年」理解爲基數詞，意指周公攝政的年頭至於其時爲七年。但是，這樣的解釋並不符合當時的記年習慣。王國維《洛誥解》說：「『惟周公誕保文武受命，惟七年』者，上紀事，下紀年，猶《艅餘尊》云：『惟王來正人方，惟王廿有五祀』矣。『誕保文武受命』，即上成王所謂『誕保文武受民』，周公所謂『承保乃文祖受命民』，皆指留守新邑之事。周公留洛自是年始，故書以結之。書法先日次年者，乃殷周間記事之體，殷人卜文及《庚申父丁角》、《戊辰彝》皆然。周初之器或先月後日，然年皆在文末。知此爲殷周間文辭通例矣。是歲既作元祀，猶稱七年者，因元祀二字前已兩見（按：《洛誥》文中前此有「今王即命曰：『記功宗，以功作元祀。』」和「惇宗將禮，稱秩元祀，咸秩無文。」），不煩復舉，故變文云：『惟七年』，明今之元祀即前之七年也。自後人不知『誕保文武受命』指留洛邑監東土之事，又不知此經紀事紀年各爲一句，遂生周公攝政七年之說，蓋自先秦以來然

〔註7〕〔清〕阮元校刻：《十三經注疏·尚書正義》，中華書局影印，1980 年 10 月，第 217 頁。

也。」〔註8〕是《洛誥》中的「惟周公誕保文武受命，惟七年」，乃是殷周時「上紀事，下紀年」的行文規範的具體應用之一，所謂「惟七年」，不是基數詞，而是表示時間點的序數詞。意指周公攝政的第七年。

由此可見，《尚書》中的記年雖然只有三處，但是卻採用了三種不同的方式。並且從記年內容在《書》篇中的位置來看，《洪範》和《金縢》是在開篇處記錄年份，《洛誥》是在篇末記年，而從先秦時書面記錄的實際情況來看，《洛誥》的記時形式更符合當時的行文規範。這種情況說明，在《周書》生成的時代，已經存在較為通行的時間記錄範式，只是在《書》篇的製作和整編過程中，並沒有著意採用統一範式。時間要素的缺失和記時方式的多樣說明，時間在《尚書》文本中的內容意義遠遠大於它的形式意義，而《書》篇中是否記錄時間以及採用什麼樣的方式記錄時間，由《書》篇製作時的實際情況決定，所以帶有了較強的不確定性。

（三）記日方法的特異

《尚書》時間記載中，記日的情況最多（詳情見表3-5），《周書·牧誓》、《康誥》、《召誥》、《洛誥》、《多方》和《顧命》6篇中都有明確的日期記錄。其中除《洛誥》中記日與記月、記年構成完整時間記錄，出現在文末之外，其他五篇中記日都在開篇處記錄日期；在《召誥》和《顧命》兩篇中的敘述部分，也出現了連續的日期記載。《尚書》中主要有兩種記日方式，一是以干支記日，共有16次；二是以月相記日，共有4次，其中有一次以干支和月相復合記日，即《周書·召誥》中的「惟丙午朏」。以月相記日，分別見於《周書·康誥》、《召誥》和《顧命》篇中（詳見下引），分別為「哉生魄」（2見）、「既望」和「朏」。這種記日方法除《尚書》以外，亦常見於銅器銘文，但在後世典籍中卻少有應用，因而也可以說是《尚書》記日的一個特色。

表 3-5：《書》篇記日情況統計表

序號	篇目	篇　　　首	篇　　中	篇　　末
1	《牧誓》	時甲子昧爽＋○		
2	《康誥》	惟三月哉生魄＋○		

〔註8〕王國維著：《觀堂集林》，中華書局，1959年6月，第39~40頁。

3	《召誥》	惟二月既望，越六日乙未+○。越若來三月，惟丙午朏，越三日戊申+○越三日庚戌+○越五日庚寅+○若翼日乙卯+○越三日丁巳+○越翼日戊午+○越七日甲子+○。		
4	《洛誥》			戊辰+○
5	《多方》	惟五月丁亥+○		
6	《顧命》	惟四月哉生魄+○	甲子+○越翼日乙丑+○丁卯+○越七日癸酉+○。	

「哉生魄」，「魄」，西周金文皆作「霸」，如《勿日鼎》：「惟王四月既生霸」，《令*》〔註9〕：「惟九月既死霸」等。漢代仍然沿用，《說文·月部》「霸」字下引《康誥》云：「《周書》曰：哉生霸。」並云：「*，古文霸。」既然古文如此，則霸字當屬今文。但是漢代今文又以同音假借用「魄」字，如《禮記·鄉飲酒義》、《漢書·王莽傳》、《白虎通·日月篇》都用「魄」字。元周伯琦《六經正訛》云：「『霸』欲作必駕切，以爲霸王字，而月霸乃用『魄』字，非本義。王霸字本作『伯』，月魄字作『霸』，其義始正。然則此經當作『霸』也。」漢代古文也沿用「魄」字，只是字形稍異，如《釋文》云：『魄，字又作*，普白反。』馬（按馬融）云：『*，朏也。』謂月三日始生兆朏，名曰魄。」可知古文所用魄字又同於「朏」。霸、魄、朏三次，在漢代大抵因同音而相互通用。《說文》云：「霸，月始生霸然也。承大月二日，承小月三日。」又云：「朏，月未盛之明，從月、出。」這是對霸、魄、朏較早的解釋，意指始見新月。「哉」，《釋詁》云：「哉，始也。」「哉生魄」，也就是剛能見到新月的時候。王國維《生霸死霸考》始考定西周不是把一月分爲三旬，而是「分一月之日爲四分」，他說：「古之所以名日者，凡四。曰初吉，曰既生霸，曰既望，曰既死霸。因悟古者蓋分一月之日爲四分，一曰初吉，謂自一日至七八日也。二曰既生霸，謂自八九日以降至十四五日也。三曰既望，謂十五六日以後至二十二三日。四曰既死霸，謂自二十三日以後至於晦也。……亦即古代一月四分之術也。若更欲明定其日，於是有哉生魄、旁生魄、旁死魄諸名。」在一月四分的基礎上，王國維指出，所謂「哉生魄」、「旁生魄」、「旁死魄」等，是更精確地表述日期的時間名詞。其中，「哉生霸」之爲二日或三

〔註9〕顧頡剛、劉起釪著：《尚書校釋譯論》，中華書局，2005年4月，第1292頁。

日，自漢已有定說。「旁生霸」，「旁者，溥也，義進於既。……如既生霸爲八日，則旁生霸爲十日。」「既死霸爲二十三日，則旁死霸爲二十五日。」「凡初吉、既生霸、既望、既死霸，各有七日或八日。哉生霸、旁生霸、旁死霸，各有五日若六日，而第一日亦得專其名。」按照王氏的說法，上述時間名詞，既可用作專名，又可用作「公名」，例如「初吉」，既可用來指一日至七、八日這段時間，也可用來確指每月的第一日。王國維的一月四分法，是對《尚書》和銅器銘文中出現的這些時間名詞的更爲準確合理的解釋。

《尚書》中的「哉生魄」和「既望」在具體篇章中，既有作爲專名用以確指的情況，即王國維所謂「欲精紀其日，則先紀諸名之第一日，而又云粵幾日某某以定之」；也有作爲公名用以泛指的情況，即「但舉『初吉』、『既生霸』諸名，以使人得知是日在是月的第幾分」。後者如《顧命》：「惟四月哉生魄，王不懌。甲子，王乃洮頮水，相被冕服，馮玉幾。」王國維說：「哉生霸不日，至甲子乃日者，明甲子乃哉生魄中之一日。而王之不懌，固前乎甲子也。」在這裡，「哉生魄」用作公名，泛指月初哉生魄的五、六天；「甲子」是以干支精確記日，而且甲子日是哉生霸中的一天。這段記敘的是說，四月初，成王感到病體不適，甲子那天，成王沐髮洗手，由侍候的臣下給他戴上王冕、披上袞服，馮靠著玉幾。《顧命》中接著記錄道：「……越翼日乙丑，王崩。……丁卯，命作冊度。越七日癸酉，伯相命士須材。」這三處記日，都包含著用干支表示的精確日期。其中「甲子……越翼日乙丑」和「越七日癸酉」的用法，是《尚書》中另一種較爲特殊的時間表記方法。「越」，漢代今古文本又作「粵」，至薛季宣本始作「越」，《唐石經》及宋以來各刊本乃皆作「越」。王國維《毛公鼎銘考釋》云：「雩，古粵字。」楊樹達《積微居小學述林·夐銘與文字》云：「蓋古文有雩無粵，金文粵字之用與經傳粵同，知粵乃雩之變。」《爾雅·釋詁》曰：「粵、於、爰，曰也。」劉淇《且字辨略》：「此曰字在句首，發語辭也。」知越、粵、爰、曰等皆相同，都是語首助詞。〔註10〕「翼」，爲翌的同音假借字。「翼日」，即翌日，第二天。「甲子……越翼日乙丑」，是指甲子之後的第二天乙丑日；「丁卯……越七日癸酉」，是指丁卯日之後第七天即癸酉日。這兩例都是先以干支記日法確定一個日期，再以「時間間隔+干支記日」的格式明確記錄另一日期。除此以外，《尚書》中還有以「月相記日+時間間隔+干支記日」的用法，這也就是上文所說的月相作

〔註10〕顧頡剛、劉起釪著：《尚書校釋譯論》，中華書局，2005 年 4 月，第 997 頁。

專名以確指日期。《召誥》有「惟二月既望，越六日乙未，王朝步自周，則至於豐」。孫星衍《尚書今古文注疏》云：「望，假借字，《說文》作『朢』，云：『月滿與日相望，以朝君也。從月、從臣、從壬；壬，朝廷也。』《釋名》云：『望，月滿之名也。月大十六日，月小十五日，日在東，月在西，遙相望也。』……既望是十六日，逾六日，則二十一日也。」〔註11〕這裡的「既望」，與《顧命》中以「哉生霸」泛指月初五六日的用法顯然不同，它是作爲專名用來確指「二月既望」這一天。王國維說：「欲精紀其日，則先紀諸名之第一日，而又云粵幾日某某以定之。」既望，作公名時，指每月十五六日以後至二十二三日；作專名時，特指其第一天。《召誥》在這裡爲了準確記錄周成王的活動，以「既望」作爲專名確指第十六日，然後再附以時間間隔和干支記日，來表示成王「朝步自周，則至於豐」的具體日期。

　　《尚書》除記日方法上具有特殊性以外，還有一些其他方面的特點。如《周書・召誥》和《顧命》篇中都有連續記載多個日期的情況，特別是《召誥》中，一共記載了十個日期，通過採用「記日①＋記事①＋記日②＋記事②……」的形式，將周王室在營建洛邑的開始階段所進行的一系列重要活動，都按照日期的順序有條不紊地記錄了下來。再如，在其他幾篇中的記日，雖然簡短，卻具有極高的歷史價值。以《周書・牧誓》爲例，篇中記錄武王伐紂是在「甲子」這一天。1976 年陝西臨潼出土西周的銅器「利簋」，它是親自參加了牧野之戰的一名叫作「利」的貴族製作的，因爲「利」在戰事之後的第八天辛未受到周武王的賞賜，所以鑄了這件祭祖用的銅器作爲紀念。銘文前段有：「珷征商，唯甲子朝，歲貞，克聞夙有商。」〔註12〕這是三千多年前直接參加這一歷史活動的人物留下的原始記錄，它證明了《牧誓》中所記載的「甲子」日是確實可信的。此外，在《尚書》的時間記載中，除了《周書・洛誥》篇在篇尾完整記錄了年月日以外，分別有單獨記日一次（見於《牧誓》：「時甲子昧爽。」）和單獨記月一次（見於《多士》：「惟三月，周公初於新邑洛用告商王士。」），其餘則都是以月日連用的形式出現的。其中，如果篇中只記錄一個日期，那麼，採用先月後日的形式記錄，《尚書》中這種情況一共見於兩處，即《康誥》「惟三月哉生魄＋○」和《多方》「惟五月丁亥＋○」。如果篇中

〔註11〕　〔清〕孫星衍撰：《尚書今古文注疏》，中華書局，1986 年 12 月，第 390 頁。
〔註12〕　轉引自顧頡剛、劉起釪著：《尚書校釋譯論》，中華書局，2005 年 4 月，第 1123 頁。

記錄了多個日期，則以月份冠於當月第一個日期處，後文所涉同月其他日期則不再明示月份，而是只記錄當日日期。這種情況見於《顧命》：「惟四月哉生魄+○。甲子+○。越翼日乙丑+○。丁卯+○。越七日癸酉+○。」但是後續日期別屬於另一月份，則須要在新月第一個日期前明示月份。這種情況見於《召誥》：「惟二月既望，越六日乙未+○。越若來三月，惟丙午朏，越三日戊申+○。越三日庚戌+○。越五日庚寅+○。若翼日乙卯+○。越三日丁巳+○。越翼日戊午+○。越七日甲子+○。」由此可以看出，在《書》篇中為數不多的時間記載中，準確的日期記載佔有相對重要的地位，《書》篇以簡要的文字精準地記錄了重大活動的日程安排，而且在這些看似散碎的關於日期的記錄中，還是存在著一定的內在規律的。

（四）表述時間的其他形式

以上見於《周書》九篇之中的時間記載，雖然在基本時間單位的完整性和年份、日期等的記錄方式上存在著明顯的差別，但是有一點是共通的，那就是它們都是明確的時間記載。在《尚書》具體篇章的行文過程中，還存在一種模糊的表述時間的方法。如在《虞夏書·堯典》和《皋陶謨》兩篇中，都以「曰若稽古……」開篇。《虞夏書·堯典》說：「曰若稽古帝堯，曰放勳，欽、明、文、思安安，允恭克讓，光被四表，格於上下。」《皋陶謨》說：「曰若稽古，皋陶曰：『允迪厥德，謨明弼諧。』」「曰若稽古」，是一種模糊的表述時間的用法。「曰若」，為語首助詞。劉淇《助詞辨略》云：「曰，辭也；若，亦辭也。曰若，重言之也。」曰、粵、越三字古通用。《周書·召誥》「越若來三月」，《逸周書·世俘解》「越若來二月」，《漢書·律曆志》引佚《武成》「粵若來二月」，《漢書·王莽傳》「粵若翌辛丑」，《小盂鼎銘》「雩若翌乙亥」，其「越若」、「粵若」與「曰若」相同，都是發語辭，不為義。「稽」，查考之意。馬融訓「稽」為「考」，鄭玄訓為「同」。《孔傳》、《孔疏》、《蔡傳》均訓為「稽，考也」。稽古，亦即考古。「曰若稽古」，是史官追述古事的開頭用語，是寫成《堯典》和《皋陶謨》的人開篇交代其所敘述的是古代的人和事。《虞夏書》所記載的是堯舜禹時期的歷史事迹，也是《尚書》中最早的一段古史記載。現在一般認為，這些篇章基本上是春秋戰國時人在前代流傳下來的真實史料的基礎上，加工製作而成的。既為後世追記，確切的年代已不得而知，故而史家在開篇處即以「曰若稽古」明言時間的模糊性，但言《書》篇所記是很久以前的事。

　　再如，有些《書》篇中，雖然沒有明確的時間記載，但是卻通過副詞的運用或敘述事件之間相對的先後關係，來表述時間的先後。以《商書·盤庚》為例，《盤庚》三篇在西漢大、小夏侯氏兩家的《今文尚書》中合為一篇，歐陽氏今文本始分為上、中、下三篇。自漢代以來，很多注疏家都對《盤庚》作了很多解釋，但都未對《盤庚》三篇的次序提出質疑。至清代俞樾始提出：「以當時事實而言，《盤庚中》宜為上篇，《盤庚下》宜為中篇，《盤庚上》宜為下篇。曰『盤庚作，惟涉河以民遷』者，未遷時也。曰『盤庚既遷，奠厥攸居』者，始遷時也。曰『盤庚遷於殷，民不適有居』者，則又在後矣。」〔註13〕劉起釪等現代學者與俞樾見解相一致，認為原上、中、下三篇的排列次序，和盤庚講話的先後次序不一致，與遷前遷後講話的境地相違背。劉起釪認為，《盤庚》三篇中分別記載了盤庚在遷移之前和遷移以後所作的四篇講話〔註14〕。即第一篇（原中篇），是盤庚在將遷以前對人民所作的動員講話；第二篇（原下篇），是在剛遷移好之後，盤庚對百官族姓所作的告誡講話；第三篇（與下第四篇均屬原上篇），在遷移了一段時間以後，臣下鬧著住不慣，盤庚叫貴戚大臣對人民傳達他的撫慰性的講話；第四篇，是盤庚著重整飭紀律，特對包括煽動鬧事者在內的許多官員所作的嚴肅性的講話。《盤庚》中沒有像《周書》九篇中那樣明確的時間記載，所以出現了作時先後的異見。第二篇（即《盤庚下》）篇首部分的記敘有：「盤庚既遷，奠厥攸居，乃正厥位，綏爰有眾，曰：……」其中的「盤庚既遷」，交待了這篇講話的作時。「既」，已經。「既遷」，指新遷居到殷（今安陽）以後。在沒有確切時間記載的情況下，副詞的運用對於確定《書》篇作時和準確理解篇義起到了一定的作用。

　　再如《西伯戡黎》篇首云：「西伯既戡黎，祖伊恐，奔告於王曰：……」這段敘述中又出現了副詞「既」。史官在這段敘述中沒有記載祖伊對商王紂講這番話時的確切時間，但是卻交待了與這篇講話有直接關係的一個歷史事件，即西伯戡黎。通過副詞「既」的運用說明這篇講話的作時是在西伯戡黎之後不久。西伯，即周文王。關於周文王討伐黎國的史事，《史記·周本紀》和《殷本紀》中有相關的記載。《殷本紀》：「（商紂）以西伯昌、九侯、鄂侯為三公。九侯有好女，入之紂。九侯女不憙淫，紂怒，殺之，而醢九侯。鄂

〔註13〕 轉引自顧頡剛、劉起釪著：《尚書校釋譯論》，中華書局，2005 年 4 月，第 967 頁。

〔註14〕 顧頡剛、劉起釪著：《尚書校釋譯論》，中華書局，2005 年 4 月，第 968 頁。

侯爭之彊，辨之疾，並脯鄂侯。西伯昌聞之，竊歎。崇侯虎知之，以告紂，紂囚西伯羑里。西伯之臣閎夭之徒，求美女奇物善馬以獻紂，紂乃赦西伯。西伯出而獻洛西之地，以請除炮格之刑。紂乃許之，賜弓矢斧鉞，使得征伐，爲西伯。」由這些記載可知，西伯周文王，作爲紂的屬國諸侯，被紂囚禁過，後通過賄賂而獲釋。《周本紀》記載西伯被釋放之後，解決了虞、芮兩國的爭訟，「諸侯聞之曰：『西伯蓋受命之君。』明年，伐犬戎。明年，伐密須。明年，敗耆國。殷之祖伊聞之，懼，以告帝紂。紂曰：『不有天命乎？是何能爲！』明年，伐邘。明年，伐崇侯虎。而作豐邑，自岐下而徙都豐。明年，西伯崩。」這裡所敘的次序是：西伯被囚釋放後，元年受命稱王，平虞、芮，以下分別是：二年，伐犬戎；三年，密須；四年，伐耆；五年，伐邘；六年，伐崇，作豐邑；七年，文王崩。其中，「耆」，即黎。《書序》說：「殷始咎周，周人乘黎，祖伊恐，奔告於受，作《西伯戡黎》。」《史記‧殷本紀》說：「及西伯伐饑國（饑，亦黎也）滅之，紂之臣祖伊聞之而咎周，恐，奔告紂曰……」再結合《西伯戡黎》篇首的敘述可知，本篇是周的西伯征服了叫黎或饑的小國之後，商王朝的祖伊感到極度的恐慌，對紂說出了這一番話。文王在受命二年以降，連年征伐，引起祖伊惶恐的直接原因是西伯征伐黎國，《書》篇記以「奔」字，可見祖伊對緊迫形勢的認識。所以，這番講話應該是在伐黎後不久，亦即文王受命的第四年。

　　由此可以看出，《尚書》中明確記錄了歷史時間的篇章雖然爲數甚少，但是仍不缺乏對《書》篇初作時背景的關注。在對事件之間的聯繫進行簡要陳述的同時，《尚書》也間接說明了《書》篇的作時。

小　結

　　綜上所述，較之《春秋》嚴密的時間系統，《尚書》的編年體結構明顯不夠成熟。《今文尚書》中半數以上的《書》篇中都沒有關於時間的記載。在包含了時間記載的九篇《書》篇中，僅有《洛誥》一篇完整地記錄了年月日三個基本要素，其他則只包括其中的一個或兩個。時間要素的缺失，使後世很難確定《書》篇內容的具體時間，加之《尚書》結構中缺少嚴密統一的時間線索，使《尚書》的編年體結構也因之而蒙上了一層朦朧的面紗，變得不夠完整和嚴謹。相反，《春秋》記事十分注重春夏秋冬四時的完整記載，即便某一「時」中沒有記事，但也要標記以「春王正月」或「夏四月」、「秋七月」、

「冬十月」等。這是《春秋》編年體在結構形式上的特徵之一。同時,《春秋》也能夠嫻熟地寓褒貶於日月記載之中,委婉地實現干預歷史的功能。這些現象都說明,在《春秋》中,時間已經是作為一種獨立的元素在參與史書的建設了,無論是《春秋》的編年體結構形式,還是其微言大義的「春秋」筆法,都離不開時間的作用。而從《尚書》中的時間記載情況來看,雖然能夠從中發現一些帶有規律性的現象,比如除了《洛誥》在篇末記時以外,其他八篇都是開門見山地首先記錄時間,以時間總領敘述部分。但是總體而言,《書》篇中的時間是與記言內容相對的記敘內容的一個組成部分,是交待言語歷史背景的「內容」要素,而不是構建文本整體結構的「形式」要素,時間的著錄與缺失、標示時間的方式,都由《書》篇製作當時的具體情況決定。時間要素作為言語內容的補充,為《尚書》的記言功能服務,與《春秋》中完全成為構建文本編年體結構之有效手段的時間存在根本區別。從某種意義上來看,正是因為《尚書》中的時間具有這種非獨立性,所以才出現了《書》篇記年方式的多樣和記日方法的特異等現象。

　　《書》篇的基本形式,是由其記言本質內在決定的。作為《尚書》的最初執筆人,跟隨在君王身邊的史官們所關注的首要問題,就是即時、準確、完整地記錄下君王的發言。記言,是《尚書》的核心內容;包括時間在內的敘述部分,在絕大多數《書》篇中都是作為記言內容的補充而被採錄。所以時間在《尚書》中的地位與在《春秋》中是有著根本區別的。如前文所述,《尚書》編年體式的生成是在《書》篇業已生成之後,經由春秋戰國時期的編輯者根據各篇所記載的歷史內容的大體時間順序進行排列編次而成的,《尚書》中時間記載的基本狀況也為這一論斷提供了內證。《尚書》的編年體式是外在於《書》篇內容而存在的整體結構樣式,春秋戰國時人賦予《尚書》的這種外在形制,既與其記言本質沒有必然聯繫,也缺乏編年結構中帶有標誌意義的時間要素。所以,《書》篇的排列順序雖然基本上與其歷史內容的時間先後相一致,但是《尚書》卻不並是嚴格意義上的編年體作品,而只是一部帶有編年意味的記言體史書。

　　然而,這對《尚書》本身的價值並沒有太大的影響。春秋戰國時期對《書》篇的整理和編輯,相當於將眾多書籍按照一定的標準依次擺放於書架上。依次擺放是為了查檢的便捷,而對書籍的內容和價值則沒有影響。對於《尚書》而言,這個整理的標準就是《書》篇內容所關涉的歷史時間。可以說,《尚書》

編年體式的生成，是春秋戰國時期，在原有《書》篇既已產生並長期流傳的前提下，對《尚書》進行外在整編的產物；就文本的生成過程而言，《尚書》在這時被賦予了潛在的編年樣式，這是《書》篇整理者二度創作的結果。記言屬性對文本形態的內在規定性與時間線索對各個《書》篇的鉤聯，共同造就了《尚書》文本的基本形態。所以，從某種意義上來說，時間意識的淡薄正是記言而「主靜」的《尚書》在文本結構方面的特點之一，它的編年體式也必然具有潛在性。而把握住《尚書》的記言本質，才是解讀其文本結構的關鍵。

第二節　內化於《書》篇結構之中的記言本質

　　春秋戰國時期對《書》篇所進行的整理和編輯，奠定了《尚書》的整體結構樣式，今傳本《今文尚書》二十八篇按照內容的時代先後，分爲《虞夏書》、《商書》、《周書》三大部分。各部分所包含的《書》篇雖數量不等，然其先後編次亦大體與內容的歷史年代先後相一致。這樣就使《尚書》文本在篇目構成上帶有了編年體史書的意味。通過上文對《尚書》中時間要素的使用情況的考察不難看出，《尚書》並不注重歷史時間的記錄，在包含了時間部分的少數《書》篇中，沒有對時間要素的完整和記錄範式的統一進行刻意的要求。可以說，時間並不是《尚書》文本中不可或缺的組成部分，時間的缺失或保留對於《書》篇具體內容的完整性並沒有產生決定性的影響。而在編年體結構中，時間是建構整體結構的重要元素之一，《尚書》中時間記錄的上述特點顯然與其整體上的編年體式存在一定的矛盾。造成這一矛盾的根本原因就在於，《書》篇的製作與《尚書》的整編實際上是兩個完全不同的過程。

　　《尚書》諸篇作成於不同歷史時期，有些《書》篇之間存在著較大的時間跨度，並且在長期流傳的過程中不斷經過後人的加工和整理，但是《書》篇的基本製作原則是一致的，特別是《商書》和《周書》諸篇，最初都寫成於跟隨在君王身邊的史官之手，完整記錄王者之言是這些史官的職責所繫，《尚書》實際上就是製作於不同時代的記言史料的大彙集。「左史記言，右史記事。言爲《尚書》，事爲《春秋》。」左、右史職能的分工，決定了《尚書》與《春秋》在內容上的天然區別，而其用以表記內容的文本樣式，也必然具有迥然不同的風格與結構特徵。但是由於春秋戰國時人在面對前代累積下來

的大量《書》篇的時候，採用記事史書常用的編年手法統編全書，使《尚書》在整體結構上帶有了編年體史書的某些特徵，從而形成了《尚書》在整體結構與《書》篇內部結構在風格特徵上的不一致。相較於《尚書》在外部結構上的編年體式，內化於各具體《書》篇之中的記言體形式，更能代表《尚書》的典型結構特徵。

由「記言」這一根本屬性所決定，《尚書》中的時間，並不具有純粹的形式意義，而是《書》篇具體內容的一部分。《尚書》中共有九篇（均見於《周書》）明確記錄了與發言相關的歷史時間，無論是出現在篇首還是篇末，這些時間都是《書》篇中記敘的組成部分之一。從整部《尚書》來看，只有 32%的《書》篇中包含了明確的時間記載，而在今文二十八篇之中，卻沒有哪一《書》篇中沒有記敘的存在。由此不難看出，記敘是《尚書》文本中不可或缺的組成部分。從某種意義而言，《書》篇就是由記敘所統帥的閉合單元。

（一）何謂《尚書》中的記敘

《尚書》中的記敘，是指在具體《書》篇中，與記言內容相對而言的敘述內容。雖然《書》篇均由史官執筆寫成，但是記言部分是史官遵循實錄原則，對君王口頭語言「原封不動」地記載，這一點從《書》篇記言內容中保留著的豐富歎詞和生動語氣可以清楚地看到；而記敘部分則是真正的史官的語言。

劉起釪在討論《高宗肜日》的作者時說：「我國古代有記言、記事的史官，這是可以確信的。例如卜辭和金文中的作冊或作冊尹，就是掌管文書兼史官的。卜辭本身也可說是卜人兼史官所記錄的文書。因此，古代各種歷史文件，總是史官的紀錄。在這一前提下說本篇篇辭的作者，就是指所記『言』是誰講的（正像今天新聞記者紀錄某一人的談話一樣）。受話對象，當然是指對誰講的。講話時，或者當場有史官紀錄，或者事後有史官追記，而且最後寫定歸入典冊時，可能還要經過加工修飾的。」〔註 15〕本書認為，史官記錄的過程，也是將口頭語言轉換為書面語言的過程，這其間不可避免地有史官意識的參與。就《書》篇文本的結構而言，除《虞夏書·禹貢》之外，絕大多數《書》篇都是由記言與記敘兩部分組合而成，《尚書》中不存在只有記言沒有

〔註15〕顧頡剛、劉起釪著：《尚書校釋譯論》，中華書局，2005 年 4 月，第 1028－1029頁。

記敘的《書》篇。君王訴諸口頭的語言，經過史官的整理，以書面的形式保存下來，與史官語言（記敘）相互整合，共同構成獨立完整的《書》篇。從這個意義上來看，史官才是《書》篇的作者。發言內容的完整保存，得益於史官記錄過程中所運用的直接引語的表述形式。直接引語不僅最大限度地保存了口頭語言的原貌，而且也將君王的語言與史官的語言自然地分開，突顯了「記言」部分在《書》篇中的位置。記言與記敘是構成《書》篇文本的兩個基本單元，前者以第一人稱直接記言，後者以第三人稱完成敘述，二者相互依存、相互補充，共同構成《書》篇的完整結構。

除了與記言相輔相成，建構起《書》篇的基本結構以外，《尚書》中的記敘有時還具有獨立的記錄功能。在這種情況下，記敘不再僅僅是史官記言時的輔助性工具語言，而是成為《書》篇內容的重要組成部分，獨立承擔起對歷史信息的整合與保存。這一點在文本結構上的突出表現就是記敘在單獨《書》篇中所佔的內容比重明顯增大。從《今文尚書》二十八篇的總體情況來看，記言與記敘是構成《書》篇內容的兩個基本單元。就二者在具體《書》篇中所佔據的內容比重來看，絕大多數《書》篇都以記言為主體，只有在《虞夏書・堯典》、《禹貢》、《周書・金縢》、《顧命》中，記敘超過記言，成為《書》篇的主體內容。而這四篇作品正是記敘發揮獨立功能的典型篇章。因而，從《尚書》中記敘的主要功能而言，主要體現在兩個方面，其一是輔助記言，其二是獨立記錄。後者主要見於《虞夏書・堯典》、《禹貢》、《周書・金縢》和《顧命》等少數《書》篇；前者則普遍存在於多數《書》篇之中，既是記敘於《書》篇中的基本功能，也在建構《書》篇結構方面發揮著不可替代的重要作用。

（二）《尚書》中記敘的基本形態

這裡所要探討的《尚書》中記敘的基本形態，是指在《書》篇中發揮輔助記言功能的那部分記敘內容的存在形態。而如《虞夏書・堯典》、《禹貢》、《周書・金縢》和《顧命》等篇中的記敘，則留待下一節中集中討論。除上述四篇以外，《書》篇中的記敘都較為簡短。從記敘與記言在《書》篇中所佔的內容比重來看，記敘部分明顯小於記言，一般情況下，記敘只占全篇內容的25%以下。但誠如前文所述，《尚書》中又沒有哪一《書》篇中的記言是脫離於記敘而獨立存在的。因而可以說，《尚書》中的記敘雖然不是《書》篇內容的主體，卻又於構建文本結構的過程中發揮著不可或缺的重要作用。

第一,「某某曰」,是《尚書》中記敘的基本形態之一。

《尚書》是我國記言文之祖,記言是它的根本屬性,如前文所述,《尚書》中除了《虞夏書‧禹貢》單獨由記敘成篇以外,其他《書》篇都由記言和記敘兩部分構成,從《尚書》諸篇的總體情況來看,記言是《書》篇內容的主體。《尚書》記言遵循實錄原則,通過直接引語的形式將人物言語直接記錄下來。在《尚書》中,無論是商周時代的原始文獻,還是春秋戰國時人在原始史料基礎上附以後世內容整編而成的《虞夏書》等篇,其中的記言內容全部都是通過冠以「某某曰」的形式導引出來,如《周書‧大誥》:「王若曰:『猷!大誥爾多方,越爾御事。弗弔天降割於我家,不少延。洪惟我幼沖人,嗣無疆大曆服。弗造哲迪民康,矧曰其有能格知天命!』」「某某曰」是《尚書》中記敘的基本形態,在《書》篇中,「某某曰」都直接用於言語內容的前面,一方面用以標記說話人,一方面用來提示發言的具體內容。

《書》篇在使用「某某曰」來標示說話人的時候,主要採用以下兩種方式。

(1)泛稱人物身份

所謂「泛稱人物身份」,是指《書》篇中用於言語內容之前起先導作用的「某某曰」,並不明確記錄發言人具體是誰,而是通過泛稱其人在當時的地位或身份來加以著錄。

《尚書》中使用最多的就是「王曰」,共有 45 處,分別見於 14 篇中。「王」是臣下對君上的稱謂,所以不同《書》篇中,「王」所指的歷史人物亦有所不同。具體來看,「王曰」在《甘誓》中,是指於甘地討伐有扈氏的夏后啟;在《湯誓》中,指伐滅有夏的商朝開國之君商湯;在《西伯戡黎》中,指在國家行將傾覆之際,仍無視貴族警告的商王紂;在《牧誓》中,指與商紂大戰於牧野的周武王;在《大誥》、《康誥》、《酒誥》、《梓材》、《多士》、《多方》中,是指周公旦;在《洛誥》和《顧命》中,指周成王;在《呂刑》中,指周穆王;在《文侯之命》中指賜命晉文侯的周平王。總之,見於十四篇作品中的「王曰」,分別是指不同歷史時期的八個君王,即夏啟、商湯、商紂、周武王、周公、周成王、周平王和周穆王。

《尚書》中以「帝曰」引導記言的共有 38 處,分別見於《堯典》和《皋陶謨》二篇中。《堯典》篇前半部分中的「帝曰」,指帝堯曰;從「禹拜稽首,讓於稷契暨皋陶。帝曰:『俞!汝往哉!』」開始,以後的「帝曰」,指帝舜曰。

《皋陶謨》中的「帝曰」，均是指帝舜曰。

除了「王曰」和「帝曰」以外，《書》篇中還有稱「公曰」來引導記言的情況。「公曰」共 14 見，分別見於五篇中。其中《金縢》中的「二公」指太公望和召公奭、「公曰」指周公曰；《洛誥》和《君奭》篇中的「公曰」都是指周公說；《費誓》中的「公曰」指魯侯伯禽曰；《秦誓》中的「公曰」是指秦穆公曰。

以上是《尚書》在泛稱人物身份以引導記言的內容時常見的三種情況。

（2）具體指稱某人

所謂「具體指稱某人」，是指《書》篇在記言內容的前面，明確記錄講話人，而不是以其身份相稱。這種方式可以避免因泛稱身份而導致的同名異人現象。

《尚書》中以具體指稱講話人來引導記言的情況，主要有：見於《堯典》中的「放齊曰」、「驩兜曰」、「舜曰」和「夔曰」；見於《皋陶謨》中的「皋陶曰」、「禹曰」；見於《高宗肜日》中的「祖己曰」；見於《金縢》、《多方》、《洛誥》、《無逸》、《立政》等篇中的「周公曰」等（詳情見下）。

表 3-6：《書》篇以「某某曰」具體指稱某人的情況匯總

1	放齊曰：	「胤子朱啓明。」	（《堯典》）
2	驩兜曰：	「都！共工方鳩僝功。」	《堯典》
3	舜曰：	「咨四嶽，有能奮庸，熙帝之載，使宅百揆，亮採惠疇？」	《堯典》
4	夔曰：	「於！予擊石拊石，百獸率舞。」	《堯典》
5	皋陶曰：	「都！在知人，在安民。」	《皋陶謨》
6	禹曰：	「吁！咸若知時，惟帝其難之。知人則哲，能官人；安民則惠，黎民懷之。能哲而惠，何憂乎驩兜，何遷乎有苗，何畏乎巧言令色孔壬？」	《皋陶謨》
7	祖己曰：	「惟先格王，正厥事。」	《高宗肜日》
8	周公曰：	「未可以戚我先王。」	《金縢》
9	周公曰王若曰：	「猷告爾四國多方，惟爾殷侯尹民，我惟大降爾命，爾罔不知。。……」	《多方》
10	周公曰：	「王肇稱殷禮，祀於新邑，咸秩無文。……予惟以在周工往新邑，伻向即有僚，明作有功，惇大成裕，汝永有辭。」	《洛誥》

| 11 | 周公曰： | 「嗚呼！君子所其無逸。先知稼穡之艱難，乃逸，則知小人之依。相小人：厥父母勤勞稼穡，厥子乃不知稼穡之艱難，乃逸乃諺，既誕否則，侮厥父母，曰：『昔之人無聞知。』」 | 《無逸》 |
| 12 | 周公曰： | 「嗚呼！休茲知恤鮮哉！……嗚呼！繼自今後王立政，其惟克用常人。」 | 《立政》 |

（3）其他方式

「某某曰」是《尚書》中用以引導言語內容的基本記敘形態之一，它在具體《書》篇之中，主要有兩種表述方式，即泛稱人物身份和具體指稱某人。除此以外，《尚書》還存在一些其他的記敘方式。它們也用於記言內容的前面，具有標記說話人、引導記言的功能，並且在表達形式上與「某某曰」存在相似之處。

第一種，「某某……曰」。

《西伯戡黎》中有：「西伯既戡黎，祖伊恐，奔告於王，曰：『天子！天既訖我殷命，格人元龜，罔敢知吉。……大命不摯，今王其如臺？』」其中，「西伯既戡黎，祖伊恐，奔告於王，曰」，發言人祖伊，「天子！天既訖我殷命，格人元龜，罔敢知吉。……大命不摯，今王其如臺？」是祖伊對商紂的講話。如果同樣運用「某某曰」的形式進行表述，那麼原句可以轉換爲：「祖伊曰：『天子！天既訖我殷命，格人元龜，罔敢知吉。……大命不摯，今王其如臺？』」。而《西伯戡黎》中的表述，則相當於在「某某曰」這一基本形式的基礎上進行擴充，在「某某（祖伊）曰」之間增入了敘事的成分：「（祖伊）恐，奔告於王」，記述了祖伊因得知西伯征服了黎國的事，而意識到周文王勢力對商王朝統治地位的威脅，並爲此感到非常恐慌，於是跑去對紂王說了一番勸諫的話。這段敘事用十分簡明的語言，概括了《西伯戡黎》篇的主體內容——祖伊講話的時代背景，同時它也是祖伊講這番話的直接原因。這裡所運用的記敘形式，可以概括爲「某某+簡要敘事+曰」。類似的情況，還見於《盤庚》等篇中。如《盤庚》（下篇）有：「盤庚既遷，奠厥攸居，乃正厥位，綏爰有眾，曰：『無戲怠，懋建大命。……』」在「某某（盤庚）曰」之間，嵌入了「既遷，奠厥攸居，乃正厥位，綏爰有眾（曰）」，意即「（盤庚）已經遷移好了，安排好了所有臣民的邑里居處，然後按各人的地位進行整頓，告誡眾官員，（說）：」〔註16〕，這段記

〔註16〕顧頡剛、劉起釪著：《尚書校釋譯論》，中華書局，2005 年 4 月，第 951 頁。

敘是對下文記言的歷史背景的簡要說明，表明其是盤庚在遷移後召集臣下的講話。

像《西伯戡黎》中這樣對「某某曰」形式進行擴充的例子，還見於《洛誥》、《顧命》等篇中。如：

1. 「周公拜手稽首曰：『朕復子明辟：王如弗敢及，天基命定命。……伻來以圖及獻卜。』」（《洛誥》）

2. 「王拜手稽首曰：『公不敢不敬天之休，來相宅，其作周匹休。……拜手稽首誨言。』」（《洛誥》）

3. 「太保暨芮伯咸進相揖，皆再拜稽首，曰：『敢敬告天子，皇天改大邦殷之命，惟周文武誕受厥若，克恤西土，惟新陟王，畢協賞罰，戡定厥功，用敷遺後人休。今王敬之哉！張皇六師，無壞我高祖寡命』」。（《顧命》）

拜手稽首，《孔疏》云：「稽首為敬之極，故為『首至地』。稽首是拜內之別名。」《周禮・春官・大祝》：「辨九拜，一曰稽首，二曰頓首，三曰空首。」鄭注：「稽首拜，頭至地也。頓首拜，頭扣地也。空首拜，頭至手，所謂拜手也。」賈疏略云：「空首者先以兩手拱至地乃頭至手，以其頭不至地，故名空首。頓首者為空手之時引頭至地，首頓地即舉，故名頓首。稽首，稽是稽留之義，頭至地多時則為稽首，拜中最重，臣拜君之拜。」 拜手稽首，是前後連貫的兩個動作，自首至手為拜手，自首至地為稽首，拜手稽首是最重的拜禮，一般適用於臣拜君的情況。「太保暨芮伯咸進相揖，皆再拜稽首曰」，《孔疏》云：「相揖者，揖之使俱進也。太保揖群臣，群臣又能報揖太保，故言相揖。動足然後相揖，故『相揖』之文在『咸進』之下。」拜，《說文》引揚雄云：「拜從兩手下。」是首從兩手下至地為拜，首不離兩手以拜。「再拜」，首從手至地拜兩次。此句意為「太保帶著芮伯都進前相揖，領著所有群臣諸侯都對王再拜稽首，然後說」。又《顧命》篇有：「王再拜，興，答曰：『眇眇予末小子，其能而亂四方，以敬忌天威。』」「再拜」，首從手至地拜兩次。「興」，拜畢，起身，叫做興。古典禮中，司儀者叫「興」，拜者即站起來。〔註17〕「王再拜，興，答曰」，意即康王拜兩次，起身，回答說。

以上各例中的記敘與《西伯戡黎》中的同樣，也屬於「某某……曰」的形式，只不過《西伯戡黎》在「某某曰」的基本形式中加入了敘事成分，而

〔註17〕顧頡剛、劉起釪著：《尚書校釋譯論》，中華書局，2005 年 4 月，第 1823 頁。

此三例中則加入了對人物的動作行為的描述，屬於「某某＋動作行為＋曰」的形式。

第二種，「某某若曰」。

如《微子》篇中有「微子若曰：『父師、少師，殷其弗或亂正四方！……殷遂喪越至於今？』」「某某若曰」，是《尚書》中一種較為特殊用法，《尚書》而外，亦見於殷商甲骨文和周代金文中，而在後世文獻中卻罕有應用。在《尚書》中，除了「微子若曰」以外，還有「王若曰」、「父師若曰」、「周公若曰」等，具體情況如下。

1. 王若曰：「格汝眾，予告汝，訓汝猷，黜乃心，無傲從康。……罰及爾身，弗可悔。」（《盤庚》上篇）

2. 王若曰：「猷！大誥爾多方，越爾御事。弗弔天降割於我家，不少延。洪惟我幼沖人，嗣無疆大曆服。弗造哲迪民康，矧曰其有能格知天命！……已！予惟小子，不敢替上帝命。天休於寧王，興我小邦周，寧王惟卜用，克綏受茲命。今天其相民，矧亦惟卜用。嗚呼！天明畏，弼我丕丕基。」（《大誥》）

3. 王若曰：「孟侯，朕其弟，小子封！惟乃丕顯考文王，克明德慎罰，不敢侮鰥寡，庸庸，祗祗，威威，顯民。用肇造我區夏，越我一二邦，以修我西土。惟時怙冒，聞於上帝，帝休。天乃大命文王，殪戎殷，誕受天命，越厥邦厥民，惟時敘。乃寡兄勖，肆汝小子封，在茲東土。」（《康誥》）

4. 王若曰：「明大命於妹邦。乃穆考文王，肇國在西土。厥誥毖庶邦庶士，越少正、御事，朝夕曰：『祀茲酒。』惟天降命肇，我民惟元祀。……爾尚克羞饋祀，爾乃自介用逸，茲乃允惟王正事之臣，茲亦惟天若元德，永不忘在王家。」（《酒誥》）

5. 王若曰：「弗弔旻天，大降喪於殷。我有周祐命，將天明威，致王罰，敕殷命終於帝。……凡四方小大邦喪，罔非有辭於罰。」（《多士》）

6. 王若曰：「庶邦侯甸男衛，惟予一人釗報誥，……雖爾身在外，乃心罔不在王室，用奉恤厥若，無遺鞠子羞。」（《顧命》）

7. 王若曰：「父義和，丕顯文武，克慎明德，昭陟於上，敷聞在下。……汝多修，扞我於艱，若汝予嘉。」（《文侯之命》）

8. 父師若曰：「王子！天毒降災荒殷邦，方興沈酗於酒。……自靖，人自

獻於先王，我不顧行遯。」（《微子》）

9. 周公若曰：「君奭，弗弔天降喪于殷，殷既墜厥命，我有周既受。我不敢知曰厥基永孚于休，若天棐忱，我亦不敢知曰其終出于不祥。……弗克經歷嗣前人恭明德，在今予小子旦非克有正，迪惟前人光，施于我沖子。」（《君奭》）

10. 周公若曰：「拜手稽首，告嗣天子王矣！用咸戒于王曰王左右常伯、常任、準人、綴衣、虎賁。」（《立政》）

「若曰」，如此說、這樣說。與「某某曰」同樣，「某某若曰」也是史臣在記錄統治者講話時的用語，是《書》篇中用以標記講話人並引導記言的慣用方式。關於「王若曰」的用例，據殷代甲骨文和西周金文文例，凡史官或大臣代王宣佈命令，或王呼史官冊命臣屬，都在篇首先說「王若曰」，然後才轉述王的說話。由此可知，「某某若曰」在使用上有兩個基本原則，其一凡史官或大臣代宣王命時，始稱「某某若曰」；凡王直接命令臣屬，不稱「某某若曰」。其二「某某若曰」，一般用在記言的起始處。

《尚書》中的「某某若曰」形式見於《盤庚》、《大誥》等十篇中，共計十七處，分別有「王若曰」、「周公若曰」、「微子若曰」和「太史若曰」等具體用法。「王若曰」，即王如此說，王這樣說。《周書‧大誥》、《康誥》、《酒誥》和《多士》中的「王若曰」，指周公這樣說。注疏家一般解釋上述篇中的講話，以爲西周初年攝位執政的周公旦用年輕的周成王誦的名義所講，所以開端先聲稱「王這樣說」。如孔傳於《大誥》「王若曰：『猷大告爾多邦，越爾御事』」句云：「周公稱成王命，順大道以誥天下眾國，及於御治事者盡及之。」《孔疏》云：「周公雖攝王政，其號令大事則假成王爲辭。」這樣一來，上述諸篇中「王若曰」的「王」，其實是指「周成王」。據劉起釪先生考證，周公當年已經稱王。史臣在記錄周公的講話的時候，自然可以直接記以「王若曰」。那麼，篇中「王若曰」也就不必是周公假成王之命，而直接是「王這樣說」的意思，王，即周公本人。《顧命》中的「王若曰」，是指周康王這樣說。關於周初諸誥的實際講話人，顧頡剛、劉起釪合著的《〈尚書〉校釋譯論》一書有如下論斷：「按『周初八誥』都是周公親口講的誥辭，其中《大誥》、《康誥》、《酒誥》、《梓材》四誥中的『王若曰』、『王曰』的『王』就是周公。……其次《召誥》、《洛誥》兩誥都是周公和召公二人奉成王命活動，所以在篇中有召公、周公和王。其王就是成王，周公、召公則分別記明他兩人的話。（八誥

以外的《君奭》篇爲周公對召公的講話，《無逸》、《立政》兩篇爲周公對成王的講話）。所以《召》、《洛》兩誥和《君奭》、《無逸》、《立政》都記明『周公曰』。而八誥中的《多方》、《多士》兩誥都和前面《大誥》等四誥一樣記爲『王若曰』、『王曰』，是史臣當周公講話時當場的『記言』之辭。」〔註18〕「王若曰」以外，在《尚書》中也有「周公若曰」的用法，分別見於《君奭》和《立政》等篇。「周公若曰」，意即「周公這樣說」。《立政》篇「周公若曰：『拜手稽首，告嗣天子王矣！用咸戒於王曰王左右常伯、常任、準人、綴衣、虎賁。』」《蔡傳》云：「此篇周公所作，而記之者周史也，故稱『若曰』。」《君奭》「周公若曰：『君奭，弗弔天降喪于殷。……在今予小子旦非克有正，迪惟前人光，施于我沖子。』」是周公直接對君奭講話，是史臣記載周公對召公的這篇講話〔註19〕，所以起首處亦先言「周公若曰」。同爲周公的講話，在《尚書》中有時記以「王若曰」，有時則記以「周公若曰」，本書認爲，這一方面與周公攝政稱王的歷史有直接關係，一方面也受到不同《書》篇具體情況的影響。《君奭》、《立政》兩篇的作時已在周公還政成王之後。其時成王即位，周公退居臣位，不再攝政稱王，所以史臣記周公言語時，不再稱「王若曰」，而是記以「周公若曰」、「周公曰」。而《洛誥》篇所載的往返誥答，雖然發生於還政之前，但因爲是成王與周公之間的對話，不宜二人均以「王」標示，所以稱「周公曰」。

　　《尚書》中的「王若曰」與「王曰」，都是史官運用直接引語形式記錄人物言語的記敘手段之一，都具有標示說話人、引導言語內容的功能，但是二者在使用中也存在的一定的區別。「王若曰」是大臣代宣王命或史臣記載王命時的開頭用語，意爲王如此說，王這樣說；如果是王直接向臣屬講話或發佈命令時，一律不稱「王若曰」，只稱「王曰」。于省吾云：「金文中凡史官宣示王命臣某或王呼史官冊命臣某而稱『王若曰』者，多在一篇之首或一篇的前一段。以下如復述之，則均簡稱『王曰』，此乃蒙上文而少卻『若』字。」總體來看，《書》篇中的「某某若曰」一般用於某一人物首段發言的前面。如《微子》篇記載的是商朝貴族微子與父師之間的一輪對話，兩人的發言內容前面分別用「微子若曰」（微子這樣說道）和「父師若曰」（父師這樣說道）引導。在《大誥》、《酒誥》和《君奭》等篇中，則先以「某某若曰」

〔註18〕顧頡剛、劉起釪著：《尚書校釋譯論》，中華書局，2005 年 4 月，第 1655 頁。
〔註19〕顧頡剛、劉起釪著：《尚書校釋譯論》，中華書局，2005 年 4 月，第 1554 頁。

（「王若曰」或「周公若曰」）引導首段發言，再繼以省卻「若」字的「某某曰」（「王曰」、「公曰」或「又曰」等）領起其他的內容。如《君奭》，篇首云：「周公若曰：『君奭，弗弔天降喪于殷。……在今予小子旦，非克有正，迪惟前人光，施于我沖子。」繼以「又曰」和十個「公曰」引導記錄周公的其他講話內容。又，《康誥》篇首用「王若曰」，下面接著用十一個「王曰」，與《毛公鼎》、《盂鼎》等用例相同，與本書其他各篇亦有相同者，這是當時記錄王的誥辭的筆法通例〔註20〕。同時，各《書》篇在記言時的具體形式也存在與上述體例不盡相同的地方。如《盤庚》（上篇）云：「王若曰：『格汝眾，予告汝，訓汝猷，黜乃心，無傲從康。……凡爾眾，其惟致告：自今至於後日，各恭爾事，齊乃位，度乃口，罰及爾身，弗可悔。』」此處是盤庚直接開口教訓官員們要斥去私心、聽從王的話，而不是由大臣代宣王命，根據義例，此處宜用「王曰」的形式引導言語，而非「王若曰」。劉起釪先生認爲，《盤庚》篇此處用法不合當時通例，「因謂此篇寫於西周之說有一定道理。」〔註21〕又《康誥》以「王若曰」開頭，並繼以十一個「王曰」的體式本附合記言通例，但於篇尾處又有「王若曰：『往哉！封！勿替敬，典聽朕誥，汝乃以殷民世享』」一段，與金文通例相違，于省吾、劉起釪等都認爲此處之「若」字，當係衍文。〔註22〕

在這裡還要補充說明的是，《書》篇在以上述形式記言時，講話人絕大多數情況下都是一個人，但是也有例外，如《堯典》篇有：「帝曰：『咨！四嶽。湯湯洪水方割，蕩蕩懷山襄陵，浩浩滔天，下民其咨，有能俾乂？』僉曰：『於！鯀哉。』」僉，《說文》云：「皆也。」僉曰，《史記》作「皆曰」。《蔡傳》釋之云：「四嶽與……諸侯……同辭而對也。」〔註23〕在這裡，省略了「某某曰」形式中表示人物身份的部分，而以副詞（「僉」）和「曰」組合來引導言語內容，「僉」表示複數意義，說話人的人數亦不確定。又《堯典》篇有：「帝曰：『咨！四嶽。朕在位七十載，汝能庸命巽朕位。』嶽曰：『否德，忝帝位。』曰：『明明揚側陋。』師錫帝曰：『有鰥在下，曰虞舜。』」「師錫帝曰」，《史記》作「眾皆言於堯曰」。《爾雅·釋詁》云：「師，眾也。」「師錫帝曰」，意謂「大家對帝說」，說話人也是不確定的複數。又，上例在「明明揚側陋」之

〔註20〕顧頡剛、劉起釪著：《尚書校釋譯論》，中華書局，2005年4月，第1300頁。
〔註21〕顧頡剛、劉起釪著：《尚書校釋譯論》，中華書局，2005年4月，第935頁。
〔註22〕于省吾：「王若曰」釋義，載《中國語文》，1966年第2期。
〔註23〕顧頡剛、劉起釪著：《尚書校釋譯論》，中華書局，2005年4月，第81頁。

前，只言「曰」，承前省略了「帝」字。在這裡，因爲是連續記錄帝堯與群臣的多輪對話，所以雖省略「帝」字，仍然可以確定說話人就是帝堯；而在《金縢》篇中，也有說話人承前省略的用法，如「二公及王乃問諸史與百執事，對曰：『信。噫公命，我勿敢言。』」此處在「對曰」之前承前省略了說話人，只可知其爲「諸史與百執事」中的一位或幾位，但其具體身份和人數卻是模糊的，從而與其他《書》篇中明確指稱說話人身份的用法大不相同。

由此可以看出，在《書》篇中，「某某曰」、「某某若曰」以及「曰」的主要功能就是輔助記言，由它們引導的一段段言語記錄，構成了大多數《書》篇的主體。然而，《尚書》中的這種簡短的記言形式，又並非僅僅用於導引語錄式的發言內容，在有些《書》篇中亦生成了前後連貫的敘述結構。如在《皋陶謨》中有：「帝庸作歌曰：『勑天之命，惟時惟幾。』乃歌曰：『股肱喜哉，元首起哉，百工熙哉！』皋陶拜手稽首颺言曰：『念哉！率作興事，慎乃憲，欽哉！屢省乃成，欽哉！』乃賡載歌曰：『元首明哉！股肱良哉！庶事康哉！』又歌曰：『元首叢脞哉！股肱惰哉！萬事墮哉！』帝曰：『俞！往欽哉！』」孔傳云：「用庶尹允諧振之政，故作歌以戒，安不忘危。」《孔疏》云：「帝既得夔言，用此庶尹允諧之政，故乃作歌自戒。」這段記載的是帝舜有感於典樂官夔自述所掌樂政的盛況及其所宣揚的「百獸率舞，庶尹允諧」的祥和氣氛，因之作歌及其與皋陶相互唱和的內容。史官用「帝庸作歌曰……（帝）乃歌曰……皋陶拜手稽首颺言曰……（皋陶）乃賡載歌曰……（皋陶）又歌曰……帝曰……」六段簡要的記敘完成了對君臣唱和全過程的記錄。與《書》篇記言常用的「某某曰」形式相比，這段記敘增多了起接續作用的副詞的使用（如「乃」、「又」），亦較爲注重人稱承前省略的用法。

綜上所述，「某某曰」，是《尚書》中記敘的基本形態之一。「說話人＋曰」是《書》篇記言時所採用的通用形式。在記錄說話人的時候，既有以其身份和地位來標示的情況，如「帝曰」、「王曰」、「公曰」等，也有直言人物名姓的情況，如「夔曰」、「皋陶曰」、「微子曰」等。同時，《書》篇中亦有在「某某曰」這一基本形式的基礎上，附以簡要的背景介紹或人物行爲動作的描述等情況，即由「某某曰」擴展爲「某某……曰」的形式。此外，《書》篇中還有一種記敘形式──「某某若曰」，通常用於史臣代宣王命或史官記錄君王講話等場合，一般出現在《書》篇起首處，並常常與「某某曰」配合使用。無論是上述哪一種形式，都是史官在記言時所運用的工具性用語，其基本功能

就是標示說話人和引導記言。從某種意義而言，這是由《尚書》記言所採用的直接引語形式所決定的。

第二，簡要的背景敘事，是《尚書》中記敘的又一基本形態。

在《今文尚書》二十八篇中，除了《虞夏書·禹貢》通篇由記敘構成、全無記言以外，其他諸篇都包含有篇幅不等的記言內容。在這些記言《書》篇中，均以「某某曰」引導的直接引語為基本記言形式。相對於保存了說話人原生形態的言語內容而言，「某某曰」是史官在執筆著錄時所運用的工具語言，其於篇中的主要功能是標示說話人和提示記言。在《尚書》中，有十二篇是完全由「某某曰」引導的記言成篇的，它們分別是《虞夏書·皋陶謨》、《商書·湯誓》、《微子》、《周書·大誥》、《酒誥》、《梓材》、《無逸》、《君奭》、《立政》、《文侯之命》、《費誓》和《秦誓》。在其他《書》篇中，則除了記言以外，還包括一定的敘事內容。如前文所述，這裡仍集中討論以記言為主體內容的諸篇，分別是：《虞夏書·甘誓》、《商書·盤庚》（三篇）、《高宗肜日》、《西伯戡黎》、《周書·牧誓》、《洪範》、《康誥》、《召誥》、《洛誥》、《多士》、《多方》和《呂刑》，計十二篇。這十二篇中的記敘部分的具體情況詳見表 3-7，從中不難發現《書》篇中記敘內容的共通之處。

表 3-7：《書》篇敘事內容匯總

篇　名		記敘的內容	字數	後續內容
甘誓		大戰於甘，乃召六卿。	8	王曰：
盤庚	盤庚上	盤庚遷於殷，民不適有居。率籲眾慼出矢言。	17	曰：
	盤庚中	盤庚作，惟涉河以民遷。乃話民之弗率，誕告用亶，其有眾咸造。勿褻在王庭，盤庚乃登進厥民。	35	曰：
	盤庚下	盤庚既遷，奠厥攸居，乃正厥位，綏爰有眾，	16	曰：
高宗肜日		高宗肜日，越有雊雉。祖己曰：「惟先格王，正厥事。」乃訓於王。	22	曰：
西伯戡黎		西伯既戡黎，祖伊恐，奔告於王	12	曰：
牧誓		時甲子昧爽，王朝至於商郊牧野，乃誓。王左杖黃鉞，右秉白旄，以麾。	26	曰：

洪範	惟十有三祀，王訪於箕子。	10	王乃言曰：…… 箕子乃言曰：……
多方	惟五月丁亥，王來自奄，至於宗周。	13	周公曰：
康誥	惟三月哉生魄，周公初基作新大邑於東國洛。四方民大和會。侯甸男邦採衛，百工播，民和，見士於周。周公咸勤，乃洪大誥治。	48	王若曰：
召誥	惟二月既望，越六日乙未，王朝步自周，則至於豐。 惟太保先周公相宅。 越若來三月，惟丙午朏，越三日戊申，太保朝至於洛，卜宅；厥既得卜，則經營。 越三日庚戌，太保乃以庶殷攻位於洛汭。 越五日庚寅，位成。 若翼日乙卯，周公朝至於洛，則達觀於新邑營。 越三日丁巳，用牲於郊，牛二。越翼日戊午，乃社於新邑，牛一，羊一，豕一。 越七日甲子，周公乃朝用書，命庶殷侯、甸、男邦伯。 厥既命殷庶，庶殷丕作。太保乃以庶邦冢君出取幣，乃復入錫周公。	170	〔周公〕曰：
多士	惟三月，周公初於新邑洛用告商王士。	15	王若曰：
呂刑	惟呂命王：享國百年，耄荒，度作刑，以詰四方。	17	王曰：
洛誥*	王命周公後，作冊，逸誥。在十有二月，惟周公誕保文武受命，惟七年。	26	─

（*《洛誥》中敘事部分出現於篇末，其他諸篇中則用於篇首。）

（1）背景介紹，是記敘的主要內容

這些《書》篇中的記敘，以與記言相關的背景敘事爲主要內容，並不十分注重時間要素的齊整。在記錄了事件或言語發生之時間的七篇作品中，年月日三者齊備者，僅見於《洛誥》結尾處的記敘中（「在十有二月。惟周公誕保文武受命，惟七年。」）；其他六篇則或單獨記日（見於《牧誓》篇首：「時甲子昧爽，王朝至於商郊牧野，乃誓」）；或單獨記月（見於《多士》篇首：「惟三月，周公初於新邑洛用告商王士」）；或單獨記年（見於《洪範》篇首：「惟

十有三祀，王訪於箕子」）；亦或合記月日（分別見於《康誥》篇首：「惟三月哉生魄，周公初基作新大邑於東國洛」、《召誥》篇首：「惟二月既望，越六日乙未，王朝步自周，則至於豐……」、《多方》篇首：「惟五月丁亥，王來自奄，至於宗周」）。相比之下，對於與記言相關的歷史事件與人物活動的記敘，顯得更加重要。在沒有明確時間要素的情況下，《書》篇通過對事件本身的交待，來說明發言的時空環境。

　　如《甘誓》開篇有：「大戰於甘，乃召六卿。」孔傳云：「天子六軍，其將皆命卿。」《孔疏》云：「史官自先敘其事，啓與有扈大戰於甘之野，將欲交戰，乃召六卿，令與眾士俱集。」史官在具體記言之前，對與之相關的歷史背景進行了簡要的交待，其中沒有出現命令的發出者，但在接下來的記言內容前，以「王曰」導引，補充了講話人的身份——夏王（啓）。由《尚書》生成的過程可知，《書》篇原初分別爲上古諸王朝的檔案資料，所以夏史官在記言時，只稱「王曰」，而不言王的具體名字。《史記·夏本紀》作「啓」，是司馬遷撰寫通史時，將其作爲歷史進行敘述，故而改用其名。《甘誓》記載的主要內容是夏王啓在與有扈氏大戰於甘地之前，所進行的一次誓師演講。篇首的八字敘述，概括了戰役的地點（「甘」）及參戰的人員亦即聽話的人員（「六卿」），並且暗示了講話的戰前動員性質。再如，《高宗肜日》開篇有：「高宗肜日，越有雊雉。祖己曰：『惟先格王，正厥事。』乃訓於王。」《孔疏》云：「高宗既祭成湯，肜祭之日，於是有雊鳴之雉在於鼎耳，此乃怪異之事。賢臣祖己……既作此言，乃進言訓王。史錄其事，以爲訓王之端也。」在《高宗肜日》篇首的這段記敘裏，包含著一句記言，即祖己所說的「惟先格王，正厥事。」鄭玄云：「謂其黨。」以爲這句話是祖己對他的同僚說的；王肅云：「言於王。」以爲這句話是祖己對王說的。《史記》收此語云「王勿憂，先修政事」，亦以此句爲祖己對王所說。〔註 24〕《孔疏》云：「此經直云『祖己曰』，不知與誰語……下句始言乃訓於王，此句未是告王之辭。」又云：「祖己見其事而私自言。」《蔡傳》云：「祖己自言。」儘管這番話究竟是祖己對誰所說難以確定，但有一點是清晰的，即「祖己在對王說下面那一篇話前，先有此語爲史官所記錄」〔註 25〕。在史官看來，祖己先講的這句話與後文中記錄的言語內容之間，存在一定的時空間隔，故將其作爲背景敘事的一部分，

〔註 24〕〔清〕阮元校刻：《十三經注疏·尚書正義》，中華書局影印，1980 年 10 月，第 176 頁。

〔註 25〕顧頡剛、劉起釪著：《尚書校釋譯論》，中華書局，2005 年 4 月，第 1001 頁。

「以爲訓王之端也」。在這裡，「惟先格王，正厥事」可視爲後面記言內容的集中概括，是祖伊發言的總綱；而引發這番言語的原因就是篇首的八個字「高宗肜日，越有雊雉」。從漢代以來，一直對「高宗肜日」有著不同的理解，先後出現了「武丁祭成湯」、「武丁祭小乙」、「祖庚祭武丁」等多種見解，至王國維撰寫《高宗肜日》說，根據卜辭研究成果論定，「高宗肜日」是殷王祖庚對其父殷高宗武丁的宗廟的肜日之祭。其中，導致漢代以來出現歧解原因之一就是對《尚書》言祭祀文例的誤讀，即「肜日」前的人名皆係所祭之人而非主祭之人。「越有雊雉」，孔傳云：「於肜日有雉異。」意即在舉行高宗武丁的肜日之祭時，有野雞鳴叫。雉在殷代被認爲是神鳥，，顧頡剛、劉起釪認爲，《高宗肜日》篇所記載的是「殷代奴隸制王朝統治者的一次宗教迷信紀錄」。由於殷代統治者爲了統治的需要把宗教迷信推崇到很高的地位，所以在他們的思想意識中，「這種非人間形式的宗教迷信也起了支配作用，因而他們在虔誠地祭祀先王的時候，遇到這一與他們的祖先圖騰崇拜傳統意識有關的異事，便自然而然地感到誠惶誠恐。」〔註26〕因而，才有了下文中祖己對「嚇壞了的祖庚」所講的一番話。《高宗肜日》記載的主要內容是祖己的講話，開篇的敘事部分則概括說明了引發祖己發言的具體事件。

（2）篇幅短小，且多用於篇首

《書》篇中的這些敘事，以與記言直接相關的歷史背景的記錄爲主要內容，篇幅都比較短小。如《甘誓》篇首的敘事就只有「大戰於甘，乃召六卿」八個字；又《洪範》開篇云：「惟十有三祀，王訪於箕子」，以短短十個字交待了這篇大法的製作由來與歷史時間。在包含有背景敘事的十二篇作品中，《周書·召誥》篇首的敘事是最長的，共 170 字，較爲詳細地記載了在營建洛邑的進程中，周成王的活動及太保召公和周公所承擔的各項工作。其他各篇中敘事內容的平均長度約在 20 字左右，所佔比重不超過全篇內容的 20%。從敘事部分在《書》篇中的位置來看，除《周書·洛誥》用於篇末以外，其他諸篇中的記敘都出現在篇首，後繼以「（某某）曰」引導的記言內容。

一般而言，《書》篇中的記敘都包括對講話人的相關活動的記載，因而後文在記言時有承前省略講話人的情況，如《盤庚》中篇篇首敘事中說：「盤庚作，惟涉河以遷，乃話民之弗率，誕告用亶。其有眾咸造，勿褻在王庭。盤庚乃登進厥民。」孔疏云：「盤庚於時見都河北，欲遷向河南，作惟南渡河之

〔註26〕顧頡剛、劉起釪著：《尚書校釋譯論》，中華書局，2005 年 4 月，第 1045 頁。

法，欲用民徙，乃出善言以告曉民之不循教者，大爲教告，用誠心於其所有之眾人。於時眾人皆至，無有褻慢之人，盡在於王庭。盤庚乃陞進其民，延之使前而教告之。史敘其事，以爲盤庚發誥之目。」〔註27〕《盤庚》中篇的主要內容是盤庚在遷都之前，召集不願遷的人，給他們所作的動員講話。開篇敘事部分是史臣對盤庚此番講話的宗旨及當時具體場景的記載。在這裡，盤庚既是召集人，也是講話人。所以史官在接下來的記言部分中，承前省略了講話人身份，而直接以「曰」引導言語內容。如果篇首敘事的內容，不足以明確講話人的身份，那麼，後文記言時則不再採用省略形式，而是以「某某曰」完整標示說話人。以《周書・多方》爲例，孔疏云：「成王歸自伐奄，在於宗周鎬京，諸侯以王征還，皆來朝集，周公稱王命，以禍福咸告天下諸侯國。史敘其事，作《多方》。」篇中所記載的是周公代成王告誡眾諸侯國君臣的誥辭。但是從《多方》篇首的敘事卻不能看出周公代宣王命這一點。因爲《多方》開篇云：「惟五月丁亥，王來自奄，至於宗周。」其中只記載了周成王征奄歸來的時間和地點。講話人的具體身份是通過後繼記言部分中的「周公曰」來明確表述的。由此亦可以看出，《書》篇記敘的兩種基本形式：「某某曰」和背景敘事之間，是互爲補充，相輔相成的。

（三）《尚書》記敘文本的基本結構

如前文所述，《尚書》是左史記言之書，經由史官之手著錄成文。《尚書》的內容可分爲兩大部分，一是記敘，一是記言。《書》篇在記言時採用了直接引語的方式，在相當大的程度上保留了歷史上君王發言的原貌，因此，也有學者認爲記言內容的作者應該是講話人。本書認爲，《尚書》中的記敘和記言，是構建《書》篇文本結構的兩個不可分割的組成部分，其中，記言是《尚書》內容的主體，是《尚書》思想內涵與歷史價值的主要載體；記敘，是記言的補充，也是構建《尚書》文本結構的主要手段。這裡需要指出的是，我們應該將歷史上實際發生的言語與《書》篇中所記錄的言語區分開來。因爲無論記錄怎樣忠實，怎樣準確，它和實際發生的言語總存在一定距離。記錄過程基本上是一個選擇的過程，甚至最恪守實錄原則、最忠於史實的記錄者都不能指望將言語中的細枝末節都記錄下來。而且，言語的內容是可以濃縮和轉

〔註27〕〔清〕阮元校刻：《十三經注疏・尚書正義》，中華書局影印，1980 年 10 月，第 170 頁。

借的，它可以通過不同的途徑記錄、分佈和流傳，書面語言只是其中之一。而口頭言語一旦要訴諸於文字的時候，就不可避免地受到執筆人的主觀思維的影響。所以，現在見存於《尚書》中的記言部分，只能說是已經筆錄的言語，而並非實際發生的言語。從這個意義上來說，《尚書》中的記言與記敘的作者是一致的，即承擔記言職責的史官。他們不僅創制了《書》篇的內容，而且也選擇了文本的結構形式。

第一，《尚書》文本的基本結構單元

《尚書》記載的主要是我國上古時代不同歷史時期、不同王朝的君王們的講話，其內容千差萬別。如果要考察《尚書》的結構形式，我們的目光就必須從《書》篇中這些具體而多樣的內容中抽離出來，透過具象來尋找其中蘊含著的在構成要素和文本形式等方面的結構規律。記言，是《尚書》本質；言語部分，是絕大多數《書》篇的核心內容。《尚書》的作者——史官在記錄君王訴諸口頭的言語內容時，均採用了直接引語的形式。因而，從某種意義上說，《尚書》記言的形式特徵就代表了《尚書》文本的整體結構特徵。如果借助圖形來表示《尚書》記言的基本形式，其情況大致如下：

A 曰：B

A 代表一個（組）講話人，這是《書》篇作者對講話人身份的說明。如前文所述，在不同的場合下，講話人的情況也不一而足。既可以是君王，也可以是大臣；既可以是君王親言，也可以是史臣代宣；既可以是某人單獨發言，也可能是眾人雜言。一般情況下，「曰」前的內容以說明講話人的身份為第一要旨，在有些《書》篇中兼有對人物動作行為、外貌形容或歷史場景的簡要記載。有時根據上下文語境，還會出現省略講話人身份的情況，而以「曰」字單獨提示人物講話的內容。A 部分的內容，是史官的記錄用語，無論是對講話人的稱謂，還是對講話人或歷史背景的表述，都是從史官自身的身份與地位為出發點的第三人稱敘述。B 代表記言的具體內容。是由史官按照實錄原則記錄下來的君王或重臣的講話內容。由於史官記言採用了直接引語的形式，所以這部分內容全部保留了第一人稱「我」的表述形式。言語內容的立場、觀點與情感也是與講話人的身份相互對應的。之所以說「A 曰：B」是《尚書》文本結構的基本單元，是因為《尚書》中除了《虞夏書·禹貢》由記敘單獨成篇以外，其他各篇中都包含記言的內容，而且有超過五分之四的《書》篇

都是以記言部分為內容主體的，記言在單篇中所佔內容比重亦均在 76%以上。而《尚書》的作者在記錄言語時，無論是隻言片語，還是長篇宏論，全部都採用了直接引語的形式（也就是「A 曰：B」的形式）。這一形式，即「一個（組）講話人+曰+講話內容」，概括的是《尚書》記言的最小結構樣式，這裡所說的最小結構，是就其構成要素而言的。即它的完整態（上下文中省略講話人的情況除外）要包括三個要素，即講話人、「曰」和講話內容。《書》篇中的記言部分亦或有些《書》篇本身，就是由多個這樣的最小結構復合而成的，所以本書稱其為《尚書》文本結構的基本單元。

《尚書》記言的這一基本結構單元，在具體《書》篇中表現形式是多種多樣的。它既可以是人物間對話時的隻言片語，也可以是邏輯嚴謹、入情入理的論說與誥教。例如，在《虞夏書·堯典》中有帝堯就整頓政治和選用人材問題，與眾臣間進行對話的記載，其文如下：

「帝曰：『疇咨若時登庸？』放齊曰：『胤子朱啓明。』帝曰：『吁！囂訟可乎？』帝曰：『疇咨若予採？』驩兜曰：『都！共工方鳩僝功。』帝曰：『吁！靜言庸違，象恭滔天。』」

在這裡，與《周書》諸篇多以記載單個人講話為主的情況不同，出現了多個講話人，人物間相互問答，對話簡短直接。這段記載由六個記言小單元構成（見表 3-8），雖然其講話人和講話內容各不相同，但是它們內在的結構模式卻是完全一致的，即都由 A（講話人）、曰和 B（講話內容）三要素組合而成。在《堯典》中更有簡短如「帝曰：『欽哉！』」、「僉曰：『於！鯀哉』」等僅以幾個字構成記言內容的例子，其中《堯典》篇中的「帝曰：『俞！』」是《尚書》中最簡短的記言單元。

表 3-8：《堯典》中的記言單元舉例

		講話人	曰	講話內容
第一組	①	帝（堯）		「疇咨若時登庸？」
	②	放齊		「胤子朱啓明。」
	③	帝（堯）	曰：	「吁！囂訟可乎？」
第二組	④	帝（堯）		「疇咨若予採？」
	⑤	驩兜		「都！共工方鳩僝功。」
	⑥	帝（堯）		「吁！靜言庸違，象恭滔天。」

此外，在具體《書》篇中，記言的基本結構單元（即「A 講話人+曰+B 講話內容」）又不乏被用以記載長篇講話的情況。例如《周書·洪範》中有箕子向周武王傳授洪範九疇的記載。其文如下：

「箕子乃言曰：

『我聞在昔，鯀陻洪水，汩陳其五行，帝乃震怒，不畀洪範九疇，彝倫攸斁。鯀則殛死，禹乃嗣興，天乃錫禹洪範九疇，彝倫攸敘。初一，曰五行。次二，曰敬用五事。次三，曰農用八政。次四，曰協用五紀。次五，曰建用皇極。次六，曰乂用三德。次七，曰明用稽疑。次八，曰念用庶徵。次九，曰嚮用五福，威用六極。一，五行：一曰水，二曰火，三曰木，四曰金，五曰土。水曰潤下，火曰炎上，木曰曲直，金曰從革，土爰稼穡。潤下作鹹，炎上作苦，曲直作酸，從革作辛，稼穡作甘。二，五事：一曰貌，二曰言，三曰視，四曰聽，五曰思。貌曰恭，言曰從，視曰明，聽曰聰，思曰睿。恭作肅，從作乂，明作哲，聰作謀，睿作聖。三，八政：一曰食，二曰貨，三曰祀，四曰司空，五曰司徒，六曰司寇，七曰賓，八曰師。四，五紀：一曰歲，二曰月，三曰日，四曰星辰，五曰曆數。五，皇極：皇建其有極。斂時五福，用敷錫厥庶民；惟時厥庶民于汝極，錫汝保極。凡厥庶民，無有淫朋，人無有比德，惟皇作極。凡厥庶民，凡獻有爲有守，汝則念之。不協于極，不罹于咎，皇則受之，而康而色。曰『予攸好德』，汝則錫之福。時人斯其惟皇之極。無虐煢獨，而畏高明。人之有能有爲，使羞其行，而邦其昌。凡厥正人，既富方穀；汝弗能使有好于而家，時人斯其辜。于其無好，汝雖錫之福，其作汝用咎。無偏無陂，遵王之義。無有作好，遵王之道。無有作惡，遵王之路。無偏無黨，王道蕩蕩。無黨無偏，王道平平。無反無側，王道正直。會其有極，歸其有極。曰皇極之敷言，是彝是訓，于帝其訓。凡厥庶民極之敷言，是訓是行，以近天子之光。曰天子作民父母，以爲天下王。六，三德：一曰正直，二曰剛克，三曰柔克。平康，正直；彊弗友，剛克；燮友，柔克。沉潛剛高明柔克。惟辟作福，惟辟作威，惟辟玉食。臣無有作福、作威、玉食。臣之有作福、作威、玉食，其害于而家，凶于而國。人用側頗僻，民用僭忒。七，稽疑：擇建立卜筮人，乃命卜筮。曰雨，曰霽，曰蒙，曰驛，曰克，曰貞，曰悔，凡七。卜五，占用二，衍忒。立時人作卜筮，三人占，則從二人之言。汝則有大疑，謀及乃心，謀及卿士，謀及庶人，謀及卜筮。汝則從，龜從，

筮從，卿士從，庶民從，是之謂大同。身其康彊，子孫其逢吉。汝則從，龜從，筮從，卿士逆，庶民逆，吉。卿士從，龜從，筮從，汝則逆，庶民逆，吉。庶民從，龜從，筮從，汝則逆，卿士逆，吉。汝則從，龜從，筮從，卿士逆，庶民逆，作內，吉；作外，凶。龜筮共違于人，用靜，吉；用作，凶。八，庶徵：曰雨，曰暘，曰燠，曰寒，曰風，曰時，五者來備，各以其敘，庶草蕃廡。一極備，凶；一極無，凶。曰休徵：曰肅，時雨若；曰乂，時暘若；曰晢，時燠若；曰謀，時寒若；曰聖，時風若。曰咎徵：曰狂，恒雨若；曰僭，恒暘若；曰豫，恒燠若；曰急，恒寒若；曰蒙，恒風若。曰：王省惟歲，卿士惟月，師尹惟日。歲月日時無易，百穀用成，乂用明，俊民用章，家用平康。日月歲時既易，百穀用不成，乂用昏不明，俊民用微，家用不寧。庶民惟星：星有好風，星有好雨。日月之行，則有冬有夏；月之從星，則以風雨。九，五福：一曰壽，二曰富，三曰康寧，四曰攸好德，王曰考終命。六極：一曰凶短折，二曰疾，三曰憂，四曰貧，五曰惡，六曰弱。』」

關於《洪範》中這段內容的原初作者，《史記·周本紀》、《宋世家》及《尚書大傳》都以爲是殷商舊臣箕子，漢代出現的《書序》說：「武王勝殷，殺受，立武庚，以箕子歸，作《洪範》。」似以此篇爲周武王所作。但是自漢代以來，有很多人都在維護本篇爲箕子所作之說。從《洪範》文本自身的記載來看，從「我聞在昔，鯀陻洪水」至「五曰惡，六曰弱」，都是箕子在應答周武王關於統治大法的疑問時（《洪範》篇載：「周武王乃言曰：『嗚呼！箕子。惟天陰騭下民，相協厥居，我不知其彝倫攸敘。』）所講的一番話。在這裡，箕子首先講述了一個有關「洪範」來由的神話，說這篇大法是上帝傳授給禹的，現在再由他（箕子）傳授給周武王。然後，概括地提出洪範九疇的條目，再按照「五行」、「五事」、「八政」、「五紀」、「皇極」、「三德」、「稽疑」、「庶徵」、「五福六極」的順序依次加以闡述。箕子的這一大段答語合計 977 字，雖然篇幅宏巨，但是從其記言結構來看，也和《堯典》中的「帝曰：『欽哉！』」同樣，屬於一個結構單元。箕子講話的前面，由「箕子乃言曰」導引，「箕子」，講話人；「乃言曰」，是基本型「曰」的變體；後文自「我聞在昔，鯀陻洪水」至「五曰惡，六曰弱」，是講話的內容，與「A 講話人＋曰＋B 講話內容」的結構模式完全吻合。《洪範》中所記載的這段講話，也是《尚書》中篇幅最長的一個記言單元。

綜上所述，本書所提出的《尚書》記言的基本結構單元（亦即「A 講話人＋曰＋B 講話內容」的結構形式），是在對《書》篇中內容與形式各異的記言部分進行考察的基礎上，對其中所具有的共同要素和基本模式加以抽象和總結的結果。「A 曰＋B」結構是《尚書》在記言時所採用的基本形式，其中，「A曰」是《書》篇的作者（史官）在秉筆著錄時所使用的工具性質的語言，意在交待講話人並提示記言內容；「B」，是經由史官記錄下來的講話內容。如前文所述，在「A 曰」部分，除了最基本的「某某曰」形式以外，在具體《書》篇中還存在其他一些在其基礎上進行擴充與省簡的用例，本書稱之爲「A 曰」形式的變體。而「B」，亦即講話內容的篇幅亦不一而足，既可以是一個字或幾個字構成的極簡發言，也存在由數句或數段構成的長篇講話。而不管具體內容如何多樣，貫穿其中的基本結構樣式卻是完全統一的。本書認爲，對《尚書》記言基本結構單元的把握，是研究《尚書》文本結構形式的基礎和前提，因而具有十分重要的意義。

第二，《尚書》文本的結構範式

記言，是《尚書》的本質屬性。《尚書》文本的內容和結構與其記言屬性之間存在極爲密切的關係。如前文所述，《書》篇的內容構成主要包括兩大部分，即記敘與記言。在《今文尚書》二十八篇中，以記言作爲內容主體的《書》篇佔了絕大多數，具體而言，《今文尚書》中除了《虞夏書・堯典》、《禹貢》、《周書・金縢》和《顧命》四篇以外，其他二十四篇中的記言比重，均占到全篇內容的 76% 以上。雖然這些《書》篇的具體內容是多種多樣的，但是在複雜多變的《書》篇內容背後，卻潛在著某種相對統一的結構範式。這種範式是各《書》篇在形式層面的共性所在，它與《尚書》的記言本質相契合，並在《尚書》記言本質的要求和統攝下，通過在一個相當長的歷史階段中，對不同王朝的不同人物在不同情勢下發表的言語內容，採用相對統一的結構形式進行著錄和整理而漸次生成。並伴隨著《書》篇的累積和結集，而最終成爲《尚書》文本具有標誌性的結構特徵。

如前文中所一再強調的那樣，記言既是《書》篇生成的動機，也是《尚書》文本內容的主體。據《漢書・藝文志》記載：「古之王者世有史官。君舉必書，所以愼言行，昭法式也。左史記言，右史記事，事爲《春秋》，言爲《尚書》，帝王靡不同之。」就《尚書》文本的構成而言，所謂「愼言行，昭法式」之功能的主要承擔者，是其中的記言部分，以往的《尚書》研究也多以記言

部分所承載的歷史與哲學內蘊作爲關注的焦點。本書認爲，見存於各《書》篇中的史官記敘，也具有非常重要的價值和意義。從《書》篇的內容層面來看，它是記言的輔助和補充；從形式層面來看，則是構建《尚書》文本結構的主要手段，在建構文本結構方面起著重要作用。《尚書》文本的結構範式就是在其基本結構單元的基礎上，通過記敘部分與基本結構單元的相互作用而生成的。總體上可以分爲兩類，現分別述之。

　　第一類，由一個或多個基本結構單元相互整合而成。

　　《今文尚書》中有十二篇作品具有這樣的結構特徵，分別是：《湯誓》、《微子》、《大誥》、《酒誥》、《梓材》、《無逸》、《君奭》、《立政》、《費誓》和《秦誓》。在這些《書》篇中，分別包括一個或者多個基本結構單元（亦即 A 曰+B 的形式），它們的結構可概括爲：A_n曰+B_n。其中，A 代表講話人，B 代表講話內容，n 分別用以辨識講話人的變換和基本結構單元的出現頻次。

　　在這一類型中，通篇由一個基本結構單元構成的《書》篇，共有四篇，分別是《湯誓》、《梓材》、《費誓》和《秦誓》。《湯誓》是商湯伐夏桀，戰於鳴條之野的誓師詞。孔傳《梓材》解題說：「告康叔以爲政之道，亦如梓人治材。」《梓材》在先秦時代與《康誥》和《酒誥》合稱爲《康誥》三篇，是周公因憂慮康叔年輕缺乏政治經驗，而對他進行反覆誥教時所講的話。《費誓》是西周時魯侯伯禽率領軍隊征伐徐戎、淮夷之前，在費地對將士們發佈的誓師辭。《秦誓》是殽之戰以後，秦穆公所作的自悔之辭。這四篇作品的歷史背景、製作年代及記言內容都存在極大的差別，但是它們卻在結構樣式上，卻具有明顯的相通之處，如表 3-9 所示，《湯誓》等四篇均是由一個講話人附以一段講話內容構成的。這裡所說的一段講話內容，並非就記言的內容而進行的邏輯劃分，而是指文本形式層面的、隸屬於同一個第三方（史官）記錄語言（「曰」）所統率的內容單元。這一形式也就是前文中所說的《尚書》文本的基本結構單元。由此可見，所謂基本結構單元（亦即 A 曰+B 形式），不僅是組建《書》篇的起碼要素，而且也可以獨立構成《書》篇。所以如果要概括《湯誓》等四篇的文本結構樣式，那麼完全可以用《尚書》基本結構單元的構成來表示，即爲「A_1曰+B_1」。

表 3-9：A_n 曰+B_n 範式的最簡形式

	A_1 曰：	B_1
湯誓	王曰：	「格爾眾庶，悉聽朕言。非台小子敢行稱亂，有夏多罪，天命殛之。今爾有眾，汝曰：『我后不恤我眾，舍我穡事而割正夏。』予惟聞汝眾言，夏氏有罪。予畏上帝，不敢不正。今汝其曰：『夏罪，其如台？』夏王率遏眾力，率割夏邑。有眾率怠弗協。曰：『時日曷喪？予及汝皆亡！』夏德若茲，今朕必往。爾尚輔予一人致天之罰。予其大賚汝。爾無不信，朕不食言。爾不從誓言，予則孥戮汝，罔有攸赦。」
梓材	王曰：	「封！以厥庶民暨厥臣達大家，以厥臣達王惟邦君。汝若恒越曰我有師師、司徒、司馬、司空、尹、旅，曰：『予罔厲殺人，亦厥君先敬勞。』肆徂，厥敬勞。肆往，姦宄、殺人、歷人宥。肆亦見厥君事，戕敗人宥。王啓監，厥亂爲民。曰：無胥戕，無胥虐。至于敬寡，至于屬婦，合由以容。王其效邦君越御事，厥命曷以？引養引恬。自古王若茲監，罔攸辟。惟曰：若稽田，既勤敷菑，惟其陳修爲厥疆畎。若作室家，既勤垣墉，惟其塗墍茨。若作梓材，既勤樸斲，惟其塗丹雘。今王惟曰：先王既勤用明德，懷爲夾，庶邦享作，兄弟方來，亦既用明德。后式典集，庶邦丕享。皇天既付中國民，越厥疆土于先王，肆王惟德用和懌先後迷民，用懌先王受命。已！若茲監。惟曰：欲至于萬年，惟王子子孫孫永保民。」
費誓	公曰：	「嗟，人無譁！聽命徂茲！淮夷、徐戎並興，善敹乃甲冑，敿乃干，無敢不弔。備乃弓矢，鍛乃戈矛，礪乃鋒刃，無敢不善。今惟淫舍牿牛馬，杜乃擭，敜乃穽，無敢傷牿。牿之傷，汝則有常刑。馬牛其風，臣妾逋逃，勿敢越逐，祗復之，我商賚爾。乃越逐，不復，汝則有常刑。無敢寇攘，踰垣牆，竊馬牛，誘臣妾，汝則有常刑。甲戌，我惟征徐戎。峙乃糗糧，無敢不逮，汝則有大刑。魯人三郊、三遂，峙乃楨幹。甲戌，我惟築，無敢不供。汝則有無餘刑，非殺。魯人三郊、三遂，峙乃芻茭，無敢不多，汝則有大刑。」
秦誓	公曰：	「嗟！我士，聽無譁。予誓告汝群言之首。古人有言曰：『民訖自若是多盤，責人斯無難，惟受責俾如流，是惟艱哉！』我心之憂，日月逾邁，若弗云來。惟古之謀人，則曰示就予忌；惟今之謀人，姑將以爲親。雖則云然，尚猷詢茲黃髮，則罔所愆。番番良士，旅力既愆，我尚有之。仡仡勇夫，射御不違，我尚不欲。惟截截善諞言，俾君子易辭，我皇多有之。昧昧我思之，如有一介臣，斷斷猗，無他伎，其心休休焉，其如有容。人之有技，若己有之，人之彥聖，其心好之，不啻若自其口出，是能容之，以保我子孫黎民，亦職有利哉！人之有技，冒疾以惡之。人之彥聖而違之，俾不達，是不能容，以不能保我子孫黎民，亦曰殆哉！邦之杌隉，曰由一人，邦之榮懷，亦尚一人之慶。」

　　除此以外，這一類型中的其他《書》篇，則分別包括多個基本結構單元。它們分別是：《文侯之命》、《微子》、《立政》、《大誥》、《酒誥》、《無逸》、《君

奭》和《皋陶謨》，共八篇。與前文中提到的《湯誓》等四篇的構成情況不同，這些《書》篇都是通過多個《尚書》基本結構單元（即 A 曰+B 形式）的連綴而形成的，且《書》篇不同，其具體數量也不一而足。如表 3-10 所示，《文侯之命》由 2 個記言單元構成，而《皋陶謨》中則包含了 36 個基本結構單元，在這些《書》篇中，《尚書》基本結構單元（即 A 曰+B 形式）對文本的建設作用得到了充分的發揮。較之前文中的《湯誓》等篇，這裡的八篇作品要麼在記言篇幅上長於前者，要麼在講話的人數上多於前者，總之在內容構成方面出現了更為複雜的情況，因而必然要求文本形式上的新變以適應不同內容的需求。本書認為，《書》篇中結構單元的數量變化屬於文本形式層面的問題，形式服務於內容，並與文本的本質屬性之間具有內在同一性，因而可以說，這裡的《微子》等八篇作品的結構形式是與篇中記言內容的特點直接相關的，是為了適應記言內容對表達形式的要求、更好地完成《尚書》記言功能而出現的。

表 3-10：A_n+B_n 範式中由多個基本結構單元構成的《書》篇匯總

		A_n 曰：	B_n
文侯之命	1	王若曰：	「父義和，丕顯文武，克慎明德，……汝多修，扞我於艱，若汝，予嘉。」
	2	王曰：	「父義和，其歸視爾師，寧爾邦。……簡恤爾都，用成爾顯德。」
微子	1	微子若曰：	「父師、少師，殷其弗或亂正四方。……殷遂喪，越至於今。」
	2	曰：	「父師、少師，我其發出狂？吾家耄遜於荒？今爾無指告予，顛隮，若之何其？」
	3	父師若曰：	「王子，天毒降災荒殷邦，方興沈酗於酒，……人自獻於先王，我不顧行遁。」
立政	1	周公若曰：	「拜手稽首，……嗚呼！休茲，知恤鮮哉！」
	2	周公曰：	「古之人迪惟有夏，乃有室大競，籲俊，尊上帝，迪知忱恂於九德之行。……嗚呼！繼自今，後王立政，其惟克用常人。」
	3	周公若曰：	「太史！司寇蘇公式，敬爾由獄，以長我王國，茲式有慎，以列用中罰。」
大誥	1	王若曰：	「猷！大誥爾多方，越爾御事。……嗚呼！天明畏，弼我丕丕基。」

	2	王曰：	「爾惟舊人，爾丕克遠省，爾知文王若勤哉！。……予害敢不於前寧人攸受休畢？」
	3	王曰：	「若昔，朕其逝，朕言艱，日思……若兄考乃有伐厥子，民養其觀弗救？」
	4	王曰：	「嗚呼！肆哉爾庶邦君，越爾御事。……天命不僭，卜陳惟若茲。」
酒誥	1	王若曰：	「明大命於妹邦。…………茲亦惟天若元德，永不忘在王家。」
	2	王曰：	「封！我西土棐，徂邦君御事，……故我至於今，克受殷之命。」
	3	王曰：	「封！我聞惟曰：在昔殷先哲王迪畏天顯小民，……天非虐，惟民自速辜。」
	4	王曰：	「封！予不惟若茲多誥。……乃不用我教，辭惟我一人弗恤，弗蠲乃事，時同於殺。」
	5	王曰：	「封！汝典聽朕毖。勿辯乃司民湎於酒。」
無逸	1	周公曰：	「嗚呼！君子所其無逸。……『昔之人無聞知。』」
	2	周公曰：	「嗚呼！我聞曰：昔在殷王中宗，嚴恭寅畏，……或四三年。」
	3	周公曰：	「嗚呼！厥亦惟我周。太王、王季，克自抑畏。……厥享國五十年。」
	4	周公曰：	「嗚呼！繼自今嗣王，……酗於酒德哉！」
	5	周公曰：	「嗚呼！我聞曰：古之人猶胥訓告，……否則厥口詛祝。」
	6	周公曰：	「嗚呼！自殷王中宗，及高宗，及祖甲，及我周文王，……是叢於厥身。」
	7	周公曰：	「嗚呼！嗣王其監於茲！」
君奭	1	周公若曰：	「君奭，弗弔天降喪于殷。……天不庸釋于文王受命。」
	2	又曰：	「君奭，我聞在昔成湯既受命，……故一人有事於四方，若卜筮，罔不是孚。」
	3	公曰：	「君奭，天壽平格，保乂有殷。……厥亂明我新造邦。」
	4	公曰：	「君奭，在昔上帝，割申勸寧王之德，……有若南宮括。」
	5	又曰：	「無能往來，茲迪彝教，文王蔑德降於國人。……耇造德不降，我則鳴鳥不聞，矧曰其有能格？」
	6	公曰：	「嗚呼！君肆其監於茲。我受命無疆，惟休，亦大惟艱。告君乃猷裕，我不以後人迷。」
	7	公曰：	「前人敷乃心乃悉，命汝作汝民極。曰：『汝明勖偶王，在亶。乘茲大命，惟文王德丕承，無疆之恤。』」

	8	公曰：	「君！告汝，朕允。……我咸成文王功於不怠，丕冒，海隅出日，罔不率俾。」
	9	公曰：	「君！予不惠，若茲多誥。予惟用閔於天越民。」
	10	公曰：	「嗚呼！君惟乃知民德，亦罔不能厥初，惟其終？祗若茲。往，敬用治！」
皋陶謨	1	曰若稽古皋陶曰：	「允迪厥德，謨明弼諧。」
	2	禹曰：	「俞，如何？」
	3	皋陶曰：	「都，慎厥身，修思永，惇敘九族，庶明勵翼，邇可遠在茲。」
	4	禹拜昌言曰：	「俞。」
	5	皋陶曰：	「都，在知人，在安民。」
	6	禹曰：	「吁，咸若知時，惟帝其難之。……何畏乎巧言令色孔壬？」
	7	皋陶曰：	「都，亦行有九德，亦言其人有德。」
	8	（皋陶）乃言曰：	「載采采。」
	9	禹曰：	「何？」
	10	皋陶曰：	「寬而栗，柔而立，愿而恭，……達於上下，敬哉有土。」
	11	皋陶曰：	「朕言惠，可底行？」
	12	禹曰：	「俞，乃言底可績。」
	13	皋陶曰：	「予未有知，思曰贊贊襄哉。」
	14	帝曰：	「來，禹，汝亦昌言。」
	15	禹拜曰：	「都，帝，予何言！予思日孜孜。」
	16	皋陶曰：	「吁，如何？」
	17	禹曰：	「洪水滔天，浩浩懷山襄陵，下民昏墊。……烝民乃粒，萬邦作乂。」
	18	皋陶曰：	「俞！師汝昌言。」
	19	禹曰：	「都，帝，慎乃在位。」
	20	帝曰：	「俞。」
	21	禹曰：	「安汝止。惟幾惟康，其弼直，惟動丕應。……天其申命用休。」
	22	帝曰：	「臣哉，鄰哉。鄰哉，臣哉。」
	23	禹曰：	「俞。」

24	帝曰：	「臣作朕股肱耳目。……時而颺之，格則承之庸之，否則威之。」
25	禹曰：	「俞哉，帝光天之下，至於海隅蒼生，……帝不時敷，同日奏，罔功。」
26	帝曰：	「無若丹朱傲，惟慢遊是好，……用殄厥世。予創若時。」
27	禹曰：	「予娶塗山，辛、壬、癸、甲，啓呱呱而泣，……苗頑弗即工，帝其念哉。」
28	帝曰：	「迪朕德，時乃功惟敘。」
29	夔曰：	「戛擊鳴球搏拊琴瑟以詠。……簫韶九成，鳳凰來儀。」
30	夔曰：	「於！予擊石拊石，百獸率舞，庶尹允諧。」
31	帝庸作歌曰：	「敕天之命，惟時惟幾。」
32	（帝）乃歌曰：	「股肱喜哉，元首起哉，百工熙哉！」
33	皋陶拜手稽首颺言曰：	「念哉，率作興事，慎乃憲，屢省乃成，欽哉！」
34	（皋陶）乃賡載歌曰：	「元首明哉，股肱良哉，庶事康哉！」
35	（皋陶）又歌曰：	「元首叢脞哉，股肱惰哉，萬事墮哉！」
36	帝曰：	「俞，往欽哉！」

從講話人的數量來看，這些《書》篇又可以再分爲兩組。第一組，包括《立政》、《大誥》、《酒誥》、《無逸》、《君奭》、《文侯之命》等六篇，專門記錄一個人的講話內容。第二組，包括《微子》和《皋陶謨》兩篇，是對雙人或多人對話的記載。

第一組。《立政》篇記載的是周公晚年告誡成王的有關建立官制問題的誥辭，講話人是周公。全篇由「周公若曰」和「周公曰」所領起的三個結構單元連綴構成。《大誥》記載的是周公爲了平定成王繼位不久發生的管蔡武庚叛亂，而動員周人出兵征討的一番講話。講話人是周公。全篇由「王若曰」和三個「王曰」所領起的四個結構單元連綴構成。《酒誥》記載的是周公鑒於殷人因酗酒亡國的歷史教訓，而告誡康叔勿蹈覆轍的誥詞。講話人是周公。全篇由「王若曰」和四個「王曰」所領起的五個結構單元連綴構成。《無逸》篇記載的是周公教誨成王不要貪圖逸樂而應知稼穡之艱難及小民疾苦的一番語摯情殷的告誡之辭。講話人是周公。全篇由「周公曰」分別領起的七個結構單元連綴構成。《君奭》篇記載的是周公爲了搞好和同時執政輔國的召公奭的團結，而對召公奭講的這番話，周公在講話中闡述了大臣對國家的重要性和

輔臣之間的和衷共濟對治理國家的重要意義。講話人是周公。全篇由「周公若曰」、「又曰」和八個「公曰」領起的十個結構單元連綴而成。《文侯之命》篇記載的是周平王表彰晉文侯功績並且賞賜晉文侯的冊命。講話人是周平王。全篇由「王若曰」和「王曰」領起的兩個結構單元連綴而成。上述六篇的內容均爲專記一人發言，就各篇內部結構單元之間的關係來看，雖然結構單元數量不等，但是講話人始終保持不變；伴隨著結構單元數量的遞增，講話的內容漸次展開，由此可以看出，這一組的六篇作品具有一個共同的特點，即各篇裏的講話人（A）是一個常量，講話的內容（B）是一個變量。從《書》篇的構成情況來看，每一段記言均呈現出「A 曰+B」的基本樣式（詳見上表），就單獨的結構單元而言，符合《尙書》記言的形式特徵，與前文中《湯誓》等四篇的情況亦完全相同。而且，通篇所記錄的內容均屬同一人物的發言，也是與《湯誓》等篇的共通之處；就整個《書》篇的構成而言，《湯誓》等四篇都是以一個基本結構單元構成全篇，而這裡的《立政》諸篇則通過少則三個、多則十個基本結構單元的連綴，共同完成記言內容的著錄與《書》篇形式的建構。由此也可以看出，如《湯誓》等以一個基本結構單元構成全篇的情況，實爲《書》篇結構的最簡形式之一。這一組中《立政》等六篇的結構可概括爲「A 曰+B_1……A 曰+B_n」，其具體情況，如表 3-11 所示。其中，A 代表各篇中的唯一講話人，B_1、B_2 、B_n 分別代表篇中所記載的多組記言內容。

表 3-11：A_n 曰+B_n 範式中 A 為常量的情況

	《文侯之命》	《立政》	《大誥》	《酒誥》	《無逸》	《君奭》
A 曰+B_1	A 曰+B_1	A 曰+ B_1	A 曰+B_1	A 曰+B_1	A 曰+B_1	A 曰+B_1
A 曰+B_2	……	A 曰+ B_2	A 曰+B_2	A 曰+B_2	A 曰+B_2	A 曰+B_2
……		……	……	……	……	……
A 曰+B_n	A 曰+B_2	A 曰+B_3	A 曰+B_4	A 曰+B_5	A 曰+B_7	A 曰+B_{10}

　　第二組。包括《微子》和《皋陶謨》兩篇。與第一組中的六篇作品不同，《微子》和《皋陶謨》篇中不再是專記一個人的講話，而是對二人或多人間對話內容的記錄。《微子》篇記載的是商代貴族微子因見商代末年，紂爲淫亂不止，商朝大勢已去的歷史局面，乃與父師、少師謀，請教出處之道的對話。對話雙方分別是微子和父師。全篇由「微子若曰」、「（微子）曰」和「父師若曰」所領起的三個結構單元構成。《皋陶謨》篇記載的是皋陶和禹在帝舜朝廷

上的問答之語，是皋陶、禹和帝舜三人討論政務的記錄。講話人分別爲皋陶、禹、舜、夔四人。篇中包括由「皋陶曰」、「禹曰」、「帝（即舜）曰」、「夔曰」等領起的共三十六個基本結構單元連綴而成。從《書》篇的構成情況來看，《微子》和《皋陶謨》兩篇與第一組中的《立政》諸篇同樣，由多個記言單元組成，這是二者的共性。二者的區別在於《微子》和《皋陶謨》兩篇中的講話人不再是唯一的，也就是說，在第一組諸《書》篇中，「A 曰+B₁……A 曰+Bₙ」結構中的 A 是不變的常量，而在《微子》和《皋陶謨》二篇中 A 變成了不定的變量。以《微子》爲例（內容主體如表 3-12 所示），篇中共包括三個基本結構單元，其中前兩個是由「微子若曰」和「（微子）曰」引導的微子對父師、少師所講的一番話，如果將講話人微子用 A1 表示的話，那麼第三個由「父師若曰」引導的父師對微子問話的答語，其講話人（父師）應記以 A2。與此相類，《皋陶謨》中記載了四個不同人物的言語，在概括其文本結構的時候，講話人項需要分別記以 A1、A2、A3、A4。

表 3-12：A_n 曰+B_n 範式中 A 為變量的情況

		A_n 曰		B_n
微子	一 A_1	微子若曰：	B_1	「父師、少師，殷其弗或亂正四方。……殷遂喪越至於今？」
		（微子）曰：	B_2	「父師、少師，我其發出狂？吾家耄遜於荒？今爾無指告予，顛隮，若之何其？」
	二 A_2	父師若曰：	B_3	「王子，天毒降災荒殷邦，方興沈酗於酒，……人自獻於先王，我不顧行遁。」

　　《書》篇中講話人的增多，也使文本結構變得更加複雜。在這裡仍以《微子》爲例，通過解析其文本構造，來尋找這一組《書》篇在結構方面的共同規律。由《微子》篇上下文可知，所謂「曰：『父師、少師，我其發出狂，吾家耄遜於荒，今爾無指告予？顛隮若之何其？』」是微子在向父師和少師提出了商王朝當時的危急狀況以後，緊接著以出走還是殉死二事就商於二人。「曰」字之前承上文省略了講話人（「微子」）。所以，從講話人的角度，可以將《微子》篇劃分爲前後兩部分：一、由「微子若曰」和「（微子）曰」引導的微子（A1）講話內容；二、由「父師若曰」引導的父師（A2）講話內容。在第一部分中，講話人是唯一的，即 A 是一個常量；由於是「微子若曰」和「（微子）曰」分別領起的兩節言語內容，所以講話內容 B 是一個變量。其結構可以概

括爲：「A 曰+B$_1$、A 曰+B$_2$」，這就與《立政》諸篇具有相通的結構規律。第二部分，「父師若曰：『王子！天毒降災荒殷邦，方興沈酗於酒。……人自獻於先王，我不顧行遯。』」講話人 A 和講話內容 B 都是唯一的，完全由一個基本結構單元構成，與《湯誓》等篇的結構相同，都屬於《書》篇結構中的最簡形式。由此可知，構成《微子》篇的這兩大部分，從言語內容來看，是不同人物間的對話，屬於問對關係；從文本結構上來看，是兩種不同結構形式的復合，即由第一組中結構形式「A 曰+B$_1$……A 曰+B$_n$」與《書》篇結構的最簡形式（「A$_1$ 曰+B$_1$」）的疊加而成。《皋陶謨》篇因爲記載了多人之間的對話，發言內容相互交錯，講話人 A 和講話內容 B 的變體較之《微子》篇中數量更多，但是它的結構形式與《微子》篇是相通的。總之，這一組《書》篇在結構上的突出特點是，講話人 A 和講話內容 B 都是變量，其結構可概括爲：A$_1$ 曰+B$_1$……A$_n$ 曰+B$_n$。

綜上所述，「A$_n$ 曰+B$_n$」是《尚書》文本的基本結構範式之一。在《今文尚書》中，共有《湯誓》、《微子》、《大誥》、《酒誥》、《梓材》、《無逸》、《君奭》、《立政》、《費誓》、《文侯之命》和《秦誓》等十二篇體現出這樣的結構特徵。如前文所述，記言是《尚書》的本質屬性，也是《尚書》的主體內容。上述各篇，就構成其內容主體的記言部分而言，在作成年代與歷史內容等方面均存在巨大差異（詳見第二章）；就其記言形式與文本結構而言，又具有明顯的共性，即這十二篇作品均是由《尚書》的基本結構單元（即 A 曰+B 形式）直接組合連綴而成篇的。其中，《湯誓》、《梓材》、《費誓》和《秦誓》四篇分別由一個《尚書》基本結構單元單獨構成，其基本結構可以概括爲：「A$_1$ 曰+B$_1$」，A$_1$ 代表諸篇中的唯一講話人，B1 代表篇中的唯一一組講話內容。「A$_1$ 曰+B$_1$」形式也是《書》篇結構的最簡形式之一。除上述四篇以外，其它各《書》篇則是由多個《尚書》基本結構單元相互連綴而成，其結構可概括爲：A$_1$ 曰+B$_1$ ……A$_n$ 曰+B$_n$。其中，《立政》、《大誥》、《酒誥》、《無逸》、《君奭》和《文侯之命》等六篇中，講話人 A 是一個不變的常量，即《書》篇中所記載的多組講話內容係出於同一人物之口，篇中包含的多個基本結構單元（亦即 A 曰+B 形式）中的講話人 A 是唯一的，而只有講話的內容 B 是多變的。所以《立政》等五篇的格式也可以概括爲「A$_1$ 曰+B$_1$……A$_1$ 曰+B$_n$」。而《微子》和《皋陶謨》的情況則相對複雜，因爲這兩篇裏的講話人 A 和講話內容 B 都是變量，從《書》篇的具體內容來看，問對雙方的言語相互交錯，特別是《皋陶謨》

由於講話人數的增多和問對頻率的加大，使得該篇的記言結構也變得更爲複雜。但是其文本結構規律卻完全符合「A_1曰+B_1……A_n曰+B_n」形式。

第二類，由史官記敘與基本結構單元相互嵌套而成。

《今文尙書》中共有十二篇作品具有這樣的結構特徵，它們分別是：《甘誓》、《盤庚》、《高宗肜日》、《西伯戡黎》、《牧誓》、《洪範》、《多方》、《康誥》、《召誥》、《多士》、《洛誥》和《呂刑》。這些《書》篇除了由一個或者多個基本結構單元（亦即 A 曰+B 的形式）構成之外，還包含一段以簡要背景敘事爲主要內容的史官記敘。它們的結構可以概括爲：N：An 曰+Bn。其中，A 代表講話人，B 代表講話內容，n 用以標示講話人的變換或基本結構單元的出現頻次，N 代表篇中的史官記敘。與前文中的第一類結構範式相比，《甘誓》等十二篇作品的突出特徵是在《尙書》基本記言結構，即「A 曰+B」形式之前（除《周書·洛誥》篇以外），增多了有關記言背景的敘事部分（N）。

這一類型的《書》篇，其結構亦可分爲簡式和繁式兩種。簡式結構見於《甘誓》、《高宗肜日》和《盤庚》三篇。《甘誓》記載的是夏啓在甘地討伐有扈氏之前所作的誓師辭。篇中包括史官對相關背景的簡要記述（「大戰於甘，乃召六卿。」）和由「王曰」領起的誓辭內容。《高宗肜日》記載的是商王祖庚對其父高宗武丁的宗廟進行肜日之祭時，出現了鳴雉之異，貴族祖己因之而對商王進行開導時所講的一番話。篇中包括史官敘事內容（「高宗肜日，越有雊雉。祖己曰：『惟先格王，正厥事。』乃訓於王」）和由「（祖己）曰」領起的言語內容。《盤庚》三篇，是盤庚在遷都時對臣民的講話，在先秦時原來一篇，自歐陽氏今文本始分爲上、中、下三篇。近現代以來有學者對《盤庚》三篇的先後次序和篇中內容進行了重新探討。俞樾始提出：「以當時事實而言，《盤庚中》宜爲上篇，《盤庚下》宜爲中篇，《盤庚上》宜爲下篇。曰『盤庚作，惟涉河以民遷』者，未遷時也。曰『盤庚既遷，奠厥攸居』者，始遷時也。曰『盤庚遷於殷，民不適有居』者，則又在後矣。」〔註28〕又，俞樾提出，原《盤庚》上篇中實包含著兩篇講話，他說：「《盤庚上篇》既曰『盤庚遷於殷』，又曰『盤庚斅於民由乃在位』。一篇兩用發端之語，先儒未有得其義者。今按《說文·頁部》『吁，呼也。』……盤庚因遷殷之後，民不適有居，用是呼眾戚近臣使之出而矢言於民也。……古彝器銘詞每用呼字。……

〔註28〕俞樾：《群經平議》卷四。轉引自劉起釪：《尚書校釋譯論》，中華書局，2005年4月，第968頁。

『王呼史戊冊命吳』，此類甚多。然則籲眾戚者，呼眾戚也，正古人記載之體。自『我王來既爰宅於茲』至『底綏四方』凡九十四字，皆盤庚使人依己意爲此言。……下乃盤庚進其臣而親話之，與上文不相蒙，故各以『盤庚』發端焉。」〔註 29〕顧頡剛、劉起釪同意俞樾的見解，認爲《盤庚》全文中包含四篇講話，即第一篇（原中篇），爲盤庚在將遷以前對人民所作的動員講話；第二篇（原下篇），爲剛遷好後，盤庚對百官族姓所作的告誡講話；第三篇（原上篇自「盤庚遷於殷，民不適有居」至「紹復先王之大業，底綏四方」），爲遷移了一段時間以後，臣下鬧著住不慣，盤庚叫貴戚大臣對人民傳達他的撫慰性的講話；第四篇（原上篇自「盤庚斅於民由乃在位」至「罰及爾身，弗可悔」），是盤庚著重整飭紀律，特對包括煽動鬧事者在內的許多官員所作的嚴肅性的講話。〔註 30〕結合以上對《盤庚》三篇作時與內容的討論，本書以篇中所包含的講話篇數爲標準對《盤庚》結構加以劃分，則《盤庚》中篇，由史官敘事——「盤庚作，惟涉河以遷，乃話民之弗率，誕告用亶。其有眾咸造，勿褻在王庭。盤庚乃登進厥民」——和「（盤庚）曰」領起的盤庚的第一段講話構成；《盤庚》下篇，由史官敘事——「盤庚既遷，奠厥攸居，乃正厥位，綏爰有眾」——和「（盤庚）曰」領起的第二段講話構成；《盤庚》上篇中包含兩篇講話，前者由史官敘事——「盤庚遷於殷，民不適有居。率籲眾戚出矢言」——和「（盤庚）曰」領起的講話內容構成；後者由史官敘事——「盤庚斅於民由乃在位，以常舊服正法度。曰：『無或敢伏小人之攸箴。』王命眾悉至於庭。」——「王若曰」領起的講話內容構成。由表 3-13 可以看出，無論是《甘誓》對夏啓誓師辭的記載、《高宗肜日》對祖己誡王之辭的記載，還是《盤庚》三篇對盤庚所作的四次講話的記載，都具有相同的組成要素和相通的結構樣式，即都包括史官就相關背景的簡要記敘（N）、標示說話人並引導記言的「某某曰」（A 曰）和言語的具體內容（B）三個基本組成部分。其中背景敘事和「某某曰」是《尚書》中記敘部分的兩種基本形態，而言語內容則是以「記言」爲根本屬性的《尚書》文本的核心內容。從《書》篇記言的結構規律來看，「某某曰+言語內容」（亦即 A 曰+B 形式）是《尚書》的基本結構單元，前文所述之《尚書》文本的第一類結構範式，就是由一個

〔註 29〕俞樾：《群經平議》卷四。轉引自劉起釪：《尚書校釋譯論》，中華書局，2005年 4 月，第 967 頁。

〔註 30〕顧頡剛、劉起釪著：《尚書校釋譯論》，中華書局，2005 年 4 月，第 968 頁。

或多個「A曰+B式」的結構單元生成的。而這裡所說的多用於《書》篇開篇處的背景敘事N，則是前者所未有的。從這個意義而言，史官敘事不僅在具體內容上對記言內容輔以有益的補充，而且也是《尚書》新一結構範式的顯明特徵。《甘誓》、《高宗肜日》與《盤庚》的結構可以概括為：$N：A_1$曰$+B_1$。由於諸篇均以一個基本結構單元記錄言語內容，所以亦可視為這一類結構範式的最簡形式。

這裡需要特別指出有兩點。第一是《盤庚上》的內容構成問題。本書採用俞樾等學者的說法，認為《盤庚上》兼記兩篇相互獨立的講話內容，一為盤庚叫貴戚大臣出來，向群眾傳達他的話；一為盤庚召集那些煽動群眾不安於新居的官員們親口對他們進行訓誡。《書》篇對於這兩篇講話內容的記載，分別採用了「記敘：某某曰+言語內容」的形式，所以就《盤庚上》篇的結構而言，實際上是由兩個最簡形式（即N：A曰+B形式）連綴而成。像這樣在同一《書》篇中，兼含多次講話內容的情況，僅見於《盤庚上》篇中。第二，在《盤庚上》和《高宗肜日》篇中的史官記敘部分，均含有一句記言內容。關於《高宗肜日》篇中這句記言的討論已見於前文，《盤庚上》篇的情況與其基本相同。所謂「無或敢伏小人之攸箴」，是盤庚教訓朝臣不得隱匿其規誡小民的話；自「王若曰」以後，是盤庚此番告誡朝臣的詳細內容。和《高》篇情況相近，盤庚先講的這句話與後文記言之間，存在一定的時空間隔，故被史官作為背景敘事的一部分。從講話內容來看，「無或敢伏小人之攸箴」可視為後面記言內容的集中概括，是盤庚發言的總綱。劉起釪解此句時亦以之為史臣的記敘之詞。在敘事中兼記言語內容，是僅見於《高宗肜日》和《盤庚上》篇的特殊情況。

表 3-13：$N：A_n$曰$+ B_n$範式中的最簡形式

	N：	A_1曰+	B_1
甘誓	大戰於甘，乃召六卿。	王曰：	「嗟！六事之人，予誓告汝。⋯⋯予則孥戮汝。」
盤庚中	盤庚作，惟涉河以民遷。乃話民之弗率，誕告用亶，其有眾咸造。勿褻在王廷，盤庚乃登進厥民。	（盤庚）曰：	「明聽朕言，無荒失朕命！⋯⋯今予將試以汝遷，永建乃家。」
盤庚下	盤庚既遷，奠厥攸居，乃正厥位，綏爰有眾，	（盤庚）曰：	「無戲怠，懋建大命！⋯⋯式敷民德，永肩一心。」

盤庚上	盤庚遷於殷，民不適有居。率籲眾感出矢言。	（盤庚）曰：	「我王來，既爰宅於茲，重我民，無盡劉。……底綏四方。」
盤庚上	盤庚斅斆於民，由乃在位，以常舊服，正法度。曰：「毋或敢伏小人之攸箴。」王命眾，悉至於廷。	王若曰：	「格汝眾，予告汝，訓汝猷，黜乃心，無傲從康。……罰及爾身，弗可悔。」
高宗肜日	高宗肜日，越有雊雉。祖己曰：「惟先格王，正厥事。」乃訓於王。	〔祖己〕曰：	「惟天監下民，典厥義。降年有永有不永，……典祀無豐於昵。」

「N：A_1曰+B_1」所以被稱為最簡式，一方面是因為它具備這一文本範式的所有構成要素，即史官敘事（N）和基本結構單元（A曰+B）；另一方面是因為在最簡式中，只包括一個記言結構單元。在具備第二類結構範式的《書》篇中，只有《甘誓》、《盤庚》和《高宗肜日》呈現出這樣結構特徵。此外的九篇作品，除在篇首（《洛誥》中敘述部分出現在篇末）冠以簡要背景敘事而外，還包括少則三個、多則十餘個相互連綴的基本結構單元（即A曰+B形式）。相對於《甘誓》等篇的最簡形式，本書稱這九篇作品的結構為「繁式」。它們的基本情況如下。

表 3-14：N：A_n+B_n 範式中由多個基本結構單元構成的《書》篇匯總

	N		A_n曰	B_n
洪範	惟十有三祀，王訪於箕子。	1	王乃言曰：	「嗚呼！箕子。惟天陰騭下民，相協厥居，我不知其彝倫攸敘。」
		2	箕子乃言曰：	「我聞在昔，鯀陻洪水……五曰惡，六曰弱。」
召誥	惟二月既望，越六日乙未，王朝步自周，則至於豐。惟太保先周公相宅。……太保乃以庶邦冢君出取幣，乃復入錫周公。	1	（周公）曰：	「拜手稽首，旅王若公，……欲王以小民受天永命！』
		2	（召公）拜手稽首曰：	「予小臣敢以王之*民、百君子越友民保受王威命明德！王末有成命，王亦顯。我非敢勤，惟恭奉幣，用供王能祈天永命！」
西伯戡黎	西伯既戡黎，祖伊恐，（祖伊）奔告於王。	1	（祖伊）曰：	「天子！……今王其如臺？」
		2	王曰：	「嗚呼！我生不有命在天？」
		3	祖伊反，曰：	「嗚呼！乃罪多以參在上，……不無戮於爾邦？」

牧誓	時甲子昧爽，王朝至於商郊牧野，乃誓。王左杖黃鉞，右秉白旄，以麾。	1	（王）曰：	「逖矣，西土之人」
		2	王曰：	「嗟！我有邦冢君，御事：……稱爾戈，比爾干，立爾矛，予其誓。」
		3	王曰：	「古人有言曰……爾所弗勖，其於爾躬有戮！」
多方	惟五月丁亥，王來自奄，至於宗周。	1	周公曰王若曰：	「猷告爾四國多方惟爾殷侯尹民，……弗克以爾多方享天之命。嗚呼。」
		2	王若曰：	「誥告爾多方，非天庸釋有夏，……乃惟爾自速辜。」
		3	王曰：	「嗚呼！猷告爾有方多士，暨殷多士……尚爾事，有服在大僚。」
		4	王曰：	「嗚呼！多士，爾不克勸忱我命，……我則致天之罰，離逖爾土。」
		5	王曰：	「我不惟多誥，我惟祗告爾命。」
		6	又曰：	「時惟爾初不克敬於和，則無我怨。」
多士	惟三月，周公初於新邑洛用告商王士。	1	王若曰：	「爾殷遺多士！弗弔旻天，大降喪于殷。……罔非有辭于罰。」
		2	王若曰：	「爾殷多士！……予亦念天即於殷大戾，肆不正。」
		3	王曰：	「猷！告爾多士：……非予罰，時惟天命。」
		4	王曰：	「多士！昔朕來自奄，……比事臣我宗，多遜。」
		5	王曰：	「告爾殷多士！……爾小子乃興，從爾遷。」
		6	王曰，又曰：	「時予乃或言，爾攸居！」
呂刑	惟呂命王：享國百年，耄荒，度作刑，以詰四方。	1	王曰：	「若古有訓：蚩尤惟始作亂，……配享在下。」
		2	王曰：	「嗟！四方司政典獄，非爾惟作天牧？……乃絕厥世。」
		3	王曰：	「嗚呼！念之哉！……其寧惟永。」
		4	王曰：	「吁！來，有邦有土，告爾祥刑。……有並兩刑。」

		5	王曰：	「嗚呼！敬之哉！……庶民罔有令政在於天下。」
		6	王曰：	「嗚呼！嗣孫。……受王嘉師，監於茲祥刑。」
洛誥	*戊辰，王在新邑，……在十有二月，惟周公誕保文武受命，惟七年。	1	周公拜手稽首曰：	「朕復子明辟……伻來以圖及獻卜。」
		2	王拜手稽首曰：	「公不敢不敬天之休，……拜手稽首誨言。」
		3	周公曰：	「王肇稱殷禮，祀於新邑，咸秩無文。……汝永有辭。」
		4	公曰：	「已，汝惟沖子，惟終。……彼裕我民，無遠用戾。」
		5	王若曰：	「公，明保予沖子。……予沖子夙夜毖祀。」
		6	王曰：	「公功棐迪篤，罔不若時。……亂爲四輔。」
		7	王曰：	「公定，予往已公功肅將祗歡，……四言其世享。」
		8	周公拜手稽首曰：	「王命予來，承保乃文祖受命民，……萬年其永觀朕子懷德。」
康誥	惟三月哉生魄，周公初基作新大邑於東國洛。四方民大和會。侯甸男邦採衛，百工播，民和，見士於周。周公咸勤，乃洪大誥治。	1	王若曰：	「孟侯，朕其弟，小子封！……肆汝小子封，在茲東土。」
		2	王曰	「嗚呼！封，汝念哉！今民將在祗遹乃文考……裕乃身，不廢在王命。」
		3	王曰：	「嗚呼！小子封，恫瘝乃身。……作新民。」
		4	王曰：	「嗚呼！封，敬明乃罰。……時乃不可殺。」
		5	王曰：	「嗚呼！封，有敘時，乃大明服，惟民其勑懋和，若有疾。……無或劓刵人。」
		6	王曰：	「外事，汝陳時臬，司師，茲殷罰有倫」
		7	又曰：	「要囚，服念五六日，至於旬時，丕蔽要囚。」

8	王曰：	「汝陳時臬，事罰蔽殷彝，用其義刑義殺，……瞽不畏死，罔弗憝。」
9	王曰：	「封，元惡大憝，矧惟不孝不友，……則予一人以懌。」
10	王曰：	「封，爽惟民迪吉康。……不迪則罔政在厥邦。」
11	王曰：	「封，予惟不可不監，……矧曰其尚顯聞於天？」
12	王曰：	「嗚呼！封，敬哉！……不汝瑕殄。」
13	王曰：	「嗚呼！肆汝小子封，……用康乂民。」
14	王曰：	「往哉，封！勿替敬，典聽朕誥，汝乃以殷民世享。」

與第一類結構範式中的情況相似，上述九篇也可以講話人的數量作爲標準，分爲兩組。第一組，包括《牧誓》、《多方》、《多士》、《康誥》和《呂刑》五篇，分別專記一個人的講話內容。第二組，包括《西伯戡黎》、《洪範》、《召誥》和《洛誥》四篇，均是對雙人對話內容的記載。

第一組。《牧誓》篇記載的是周武王牧野之戰前的誓師辭。講話人是周武王。全篇史官記敘「時甲子昧爽，王朝至於商郊牧野，乃誓。王左杖黃鉞，右秉白旄，以麾」和由「（武王）曰」和「王曰」分別領起的三個記言結構單元連綴構成。《多士》記載的是周公還政成王之後，以成王命對一部分遷徙到洛邑的商遺貴族所講的告誡之辭。講話人是周公。全篇由史官記敘「惟三月，周公初於新邑洛用告商王士」和「五若曰」和「王曰」所分別領起的六個基本單元連綴而成。《多方》記載的是周公代表成王告誡眾諸侯國君臣的誥辭。講話人是周公。全篇由史官記敘「惟五月丁亥，王來自奄，至於宗周」和「周公曰」、「王曰」和「又曰」所分別領起的六個基本結構單元連綴構成。《康誥》是周王朝冊封周文王的兒子康叔於衛國時的誥辭，也是周公因憂慮康叔年輕缺乏政治經驗而對他發表的誥教之辭。講話人是周公。全篇由由史官記敘「惟三月哉生魄，周公初基作新大邑於東國洛，四方民大和會，侯、甸、男、邦、採、衛、百工、播民，和見士於周。周公咸勤，乃洪大誥治。」「王若曰」和「王曰」領起的十三個基本結構單元連綴而成。《呂刑》爲我國較早的一篇具有完整體系以及實施原則與規定的刑制專文，是西周時期所作的專爲清除虐刑之害的一

篇「祥刑」。講話人是周穆王。全篇由史官記敘「惟呂命王：享國百年，耄荒，度作刑，以詰四方」和「王曰」引導的六個基本結構單元連綴而成。

　　上述五篇，分別專記一個人物的發言，就各篇所包含的基本結構單元而言，雖然數量多少不一，但是講話人始終保持不變，這也是這一組五篇作品的共性所在，各篇中的講話人（A）是一個常量；講話的內容則隨著結構單元的遞增而逐漸展開，因而講話內容（B）是一個變量。從《書》篇的構成角度來看，其間的每一段記言均呈「A 曰+B」形式，符合《尚書》記言的形式特徵；同時又在篇首處冠以有關記言背景的史官敘述（N）。所以這五篇的結構可以概括為「N：A 曰+B$_1$……A 曰+B$_n$」，而各篇結構的具體情況，如表 3-15 所示。與前文中同樣，以 A 代表各篇中的唯一講話人，B$_1$、B$_2$、B$_n$ 分別代表篇中所記載的多組記言內容，N 代表史官的記敘部分。

表 3-15：N：An+Bn 範式中 A 為常量的情況

	《牧誓》	《多方》	《多士》	《康誥》	《呂刑》
N：A 曰+B$_1$	N：A 曰+B$_1$	N：A 曰+B$_1$	N：A 曰+B$_1$	N：A 曰+B$_1$	N：A 曰+B$_1$
……	A 曰+B$_2$	A 曰+ B$_2$	A 曰+B$_2$	A 曰+B$_2$	A 曰+B$_2$
		……	……	……	……
A 曰+B$_n$	A 曰+B$_3$	A 曰+B$_6$	A 曰+B$_6$	A 曰+B$_{14}$	A 曰+B$_6$

　　第二組。包括《西伯戡黎》、《洪範》、《召誥》和《洛誥》等四篇。與第一組中的五篇作品不同，《西伯戡黎》等篇不再是專記一個人的講話，而是以對雙人間的對話記載為主體內容。具體而言，《西伯戡黎》記載的是周文王征伐黎時，商王朝的大臣祖伊感到恐慌，前去面諫商王紂時，與商紂進行的對話。講話的雙方是祖伊和商王紂。《書》篇以史官敘事（即「西伯既戡黎，祖伊恐，奔告於王」）開篇，由「（祖伊）曰」、「王曰」和「祖伊返，曰」所引導的三個記言單元構成。《洪範》的內容主要是商遺箕子應周武王之訪問，向他講述統治大法。講話的雙方是周武王和箕子。《書》篇以史官敘事（即「惟十有三祀，王訪於箕子。」）開篇，由「王乃言曰」和「箕子乃言曰」引導的兩個基本結構單元構成。《召誥》記載的主要是周公和周成王及召公商量利用殷遺民作為營建洛邑的勞動力，由成王叫召公先到洛邑察看和籌劃命庶殷營建洛邑之事，接著周公到洛邑視察督促工程進行，此間周公發表的講話。對話的雙方是周公和召公。《書》篇以史官記事（即「惟二月既望，越六日乙未，王朝步自周，

則至於豐。惟太保先周公相宅。越若來三月，惟丙午朏，越三月戊申，太保朝至於洛，卜宅；厥既得卜，則經營。越三日庚戌，太保乃以庶殷攻位於洛汭。越五日庚寅，位成。若翼日乙卯，周公朝至於洛，則達觀於新邑營。越三日丁巳，用牲於郊，牛二。越翼日戊午，乃社於新邑，牛一，羊一，豕一。越七日甲子，周公乃朝用書，命庶殷侯、甸、男邦伯。厥既命殷庶，庶殷丕作。太保乃以庶邦冢君出取幣，乃復入錫周公。」）開篇，由「周公）曰」和「（召公）拜手稽首曰」領起的兩個基本結構單元構成。《洛誥》的主要內容是營建洛邑的主要工程完成之後，周公請周成王到洛邑舉行祀典，主持國政；成王則在祀後返回宗周，留周公居洛以鎮撫東土。在這一歷史過程中，周公與成王的相關往返告答之詞。講話的雙方即周公和周成王。《書》篇由「周公拜手稽首曰」、「王拜手稽首曰」、「周公曰」、「公曰」、「王若曰」、「王曰」等領起的八個基本結構單元和附於篇末的史官記事（即「戊辰，王在新邑，烝。祭歲，文王騂牛一，武王騂牛一。王命作冊，逸祝冊，惟告周公其後。王賓殺禋咸格，王入太室祼。王命周公後，作冊，逸誥。在十有二月，惟周公誕保文武受命，惟七年。」）構成。在以記言爲主體內容且含有史官記敘的所有《書》篇中，《洛誥》是以敘事部分附於篇末的唯一一篇。從《書》篇的構成情況來看，《西伯戡黎》等四篇與第一組諸篇同樣，都包括一段簡短的以相關背景敘事爲主的史官記敘內容和多個用以記錄言語內容的基本結構單元，這是兩組《書》篇共通之處。區別在於這一組的《西伯戡黎》等篇中，講話人不再是單一的，而是變成了一個變量。以《西伯戡黎》爲例，篇中共包括三個基本結構單元，分別以「（祖伊）曰」和「王曰」等引導祖伊與商王紂間的對話。在概括《西》篇的結構形式時，就用要 A1 和 A2 分別表示講話的雙方（詳見表 3-16）。總之，這一組《書》篇在結構上的突出特點是，講話人 A 和講話內容 B 都是變量，其結構可概括爲：$N：A_1 曰 + B_1 \cdots\cdots A_n 曰 + B_n$。

表 3-16：$N：A_n+B_n$ 範式中 A 為變量的情況

西伯戡黎	N：	A_n 曰		B_n
	西伯既戡黎，祖伊恐，（祖伊）奔告於王。	A_1	（祖伊）曰：	B_1「天子！……今王其如臺？」
		A_2	王曰：	B_2「嗚呼！我生不有命在天？」
		A_1	祖伊反，曰：	B_3「嗚呼！乃罪多以參在上，……不無戮於爾邦？」

綜上所述，「N：An+Bn」是《尚書》文本結構的又一基本結構範式。在《今文尚書》中，共有《西伯戡黎》等十二篇具有這樣的結構特徵。《尚書》是我國記言文之祖，記言是《尚書》的根本屬性，也是《書》篇的主體內容，這些珍貴的記言內容都是經由歷代史官之手而生成的；冠於記言內容之前（《周書‧洛誥》中史官記敘出現於篇末）的簡要敘事則是難得的史官直接創作。劉起釪《〈多方〉校釋譯論》認為，這些記事之辭是史臣在完成言語內容的著錄之後，將《書》篇彙集起來時加寫在前面的（《洛誥》則加在篇末）。如前文所述，《書》篇中的這部分記敘，以記載與記言相關涉的客觀歷史背景為主要內容，較之《春秋》等「記事」史書，《尚書》作者參與歷史的權限和可能性都是相當有限的。而這與《尚書》記言採用直接引語形式，在最大限度上保存言語內容的原初形態的做法，實具有異曲同工之處。

小 結

前文中一再強調，《尚書》的根本屬性是記言，《尚書》的主體內容也是記言。本節在分析《尚書》文本的基本結構特徵時，所選擇的也是以記言為主體的二十四篇作品，至於由記敘作為主體內容、亦或以記敘單獨成篇的《堯典》、《禹貢》、《金縢》和《顧命》四篇則留待下一節分析。通過以上分析可以看出，《尚書》文本具有兩種基本結構範式，其一是 An 曰+Bn 形式，亦即「某某曰+記言內容」的形式；其二是 N：An 曰+Bn 形式，亦即「史官記敘：某某曰+記言內容」的形式。在這二十四篇作品中，呈現出上述兩種結構範式的分別有十二篇（詳見下方《尚書》基本結構範式圖）。其中 A 曰+B（某某曰+記言內容），既是《尚書》記言的基本形式，也是構成《尚書》文本的基本結構單元。當《書》篇中只包含一個「A 曰+B（某某曰+記言內容）形式」時，又分別生成了上述兩種基本結構範式中的最簡形式。「An 曰+Bn」形式（某某曰+記言內容）為構成《尚書》文本的這兩種結構範式所共有，是《書》篇中不可或缺的重要內容。而這正體現出《尚書》記言的根本屬性對其文本結構形式的內在規定性。

從《尚書》結構範式的構成不難看出，史官記敘在構建文本結構方面所起到的重要作用。如前文所述，《尚書》是儒家五經之首，是歷代統治者所必讀必修的經國大典，其宏富的歷史內涵與深邃的政治思想都典藏於各《書》

篇所記載的言語內容當中。記言部分是《尚書》內容的核心，《尚書》各篇的記言內容不一而足，然而《尚書》在著錄這些豐富多樣的言語內容時，又表現出驚人的齊整和統一。這種貫穿於《尚書》諸篇之中、出離於《書》篇具體內容以外的共性，屬於文本形式層面的問題，它初成於歷代史官之手，是由《尚書》記言屬性所決定的文本結構的內在統一性。《尚書》中除了記言內容以外，史官的記敘也是一個必不可少的組成部分。《尚書》中記敘具有兩種基本形態，即「某某曰」和簡要背景敘事，而這兩種形態正是《尚書》兩大基本結構範式的關鍵組成部分。由此可見，《尚書》真正的作者是那些秉筆直書的史官，因為他們既是古代君王與賢臣之言語的直接記錄者，也是《尚書》文本之基本結構範式的奠基人。

「古之王者，世有史官，君舉必書，所以慎言行，昭法式也。左史記言，右史記事，言為《尚書》，事為《春秋》。」《尚書》與《春秋》是我國歷史上兩部不同屬性的經典，這決定了它們在文本結構上的天然區別。《尚書》文本的生成是一個漫長的歷史性過程，春秋戰國時代學者對《書》篇編次進行的一次重要整理和編輯，確立了《尚書》文本的整體規模和編年體式，並隨著《尚書》經典地位的提升而成為不刊之論；然而這種編年體形式卻偏離了《尚書》記言本質及其對文本結構的內在規定性。通過將《尚書》編年體形式與《春秋》進行對比，可以清楚的看出，《尚書》文本缺乏編年體所必需的時間要素，從嚴格意義上說，《尚書》只能說是具有編年體意味的典籍。同時，這種時間要素的缺失或不完備，卻絲毫不影響《書》篇蘊涵的意義與價值。因而可以說，所謂《尚書》的編年體式，實際上是一種外在於《書》篇本質和內容而存在的宏觀結構。而內化於《書》篇之中的記言本質，才是決定《尚書》文本結構樣式的根本因素。《尚書》的兩種結構範式，是其文本結構特色的典型代表。總之，《尚書》的文本結構包括宏觀和微觀兩個方面，從宏觀角度來看，《尚書》在整體上表現出編年體結構特徵；從微觀角度來看，《尚書》文本則統一於兩種基本結構範式。

An 曰
　├─ A1 曰+B1（最簡式）…………《湯誓》、《梓材》、《費誓》、《秦誓》
　├─ A1 曰+B1…A1 曰+Bn………《文侯之命》、《立政》、《大浩》、《酒浩》、
　│　　　　　　　　　　　　　　　　《無逸》、《君奭》
　└─ A1 曰+B1…An 曰+Bn………《微子》、《皋陶漠》

N：An 曰+Bn
　├─ N：A1 曰+B1（最簡式）………《甘誓》、《盤庚》、《高宗肜日》
　├─ N：A1 曰+B1…A1 曰+Bn……《牧誓》、《多方》、《多士》、
　│　　　　　　　　　　　　　　　　《康浩》、《呂刑》
　└─ N：A1 曰+B1…An 曰 Bn ……《西伯戡黎》、《洪範》、
　　　　　　　　　　　　　　　　　　《召浩》、《洛浩》

圖 3-1：《尚書》基本結構範式圖

第四章　《尚書》中敘事文本的結構特徵

第一節　《尚書》部分文本的記敘結構

　　本書在第三章中，著重分析了以記言爲內容主體的二十四篇作品，在結構形式上所具有的共同特徵。除此以外，《今文尚書》中還有少數篇章主要由記敘部分構成，它們分別是《虞夏書·堯典》、《禹貢》、《周書·金縢》和《顧命》。如前文所述，記敘在《尚書》中的不同功能與其在具體《書》篇中所佔據的內容比重存在一定的關係。在上述四篇中，記敘超過記言部分而成爲《書》篇內容的主體，其在各篇中所佔據的內容比重分別是 50.60%、54.70%、60.20% 和 100%。其中，《禹貢》是《尚書》中唯一一篇全無記言、完全由記敘構成的篇章；而在其他三篇中，記敘與記言的內容相錯雜，獨立記錄相應的歷史內容。本節首先要著重分析的就是在《堯典》等四篇中，記敘部分的結構特徵。

（一）《堯典》篇記敘結構

　　華夏民族的血緣之根在黃帝，中國人傳統思想文化的源頭卻在堯。堯（以及舜）的事迹主要保留在《堯典》裏。《堯典》是中國遠古歷史的重要文獻史料。然而《堯典》的作成卻是一個歷時的過程，而非如古代經師們所堅持的作於唐虞時期。現代以來的研究認爲，《堯典》約成於春秋時期，是孔子寄託其儒家理想、傳授門徒的教本之一。《堯典》內容的構成比較複雜，既保留了遠古遺存下來的素材，又融合了儒家的思想，同時又有秦漢時期內容的摻入。

從《堯典》開篇處的「曰若稽古帝堯」，也可看出它並非即時的記言之作，而是後人追記成文。這一點反映在具體的篇章結構中，就是大量歷史敘述內容的出現。

〔1〕《堯典》中記敘的主要內容：

《堯典》的主要內容之一是「治曆」。《堯典》曰：

> 乃命羲、和，欽若昊天，曆象日月星辰，敬授人時。分命羲仲，宅嵎夷，曰暘谷。寅賓出日，平秩東作。日中，星鳥，以殷仲春。厥民析，鳥獸孳尾。申命羲叔，宅南交。平秩南訛，敬致。日永，星火，以正仲夏。厥民因，鳥獸希革。分命和仲，宅西，曰昧谷。寅餞納日，平秩西成。宵中，星虛，以殷仲秋。厥民夷，鳥獸毛毨。申命和叔，宅朔方，曰幽都。平在朔易。日短，星昴，以正仲冬。厥民隩，鳥獸氄毛。帝曰：「咨，汝羲暨和，朞三百有六旬有六日，以閏月定四時成歲。」允釐百工，庶績咸熙。

這一節記載了堯任命天文官員，制定曆法，指導民事等活動。顧頡剛、劉起釪《〈堯典〉校釋譯論》認爲上述記載「實際是根據七種不同來源不同時代的古代神話和傳說等紛歧材料組織在一起的」。這七種不同的材料是：（1）遠古關於太陽女神的神話和它經過轉化後的傳說；（2）遠古關於太陽出入和居住地點的神話和它轉化爲地名後的傳說；（3）三代對太陽的宗教祭祀有關材料；（4）古代對四方方位神和四方風神的宗教祭祀有關材料；（5）古代對星辰的宗教祭祀及有關觀象授時時代的材料；（6）往古不同時代的曆法材料；（7）往古不同時代的地名材料及它蒙受時代影響而遷變的材料。《堯典》的作者把上述材料，特別是其中各種神話和宗教活動的不同原始資料，淨化爲歷史資料，然後按照四方和四季整齊地配置起來，「經營成一組粲然大備的記載古代敬天理民的最早由觀象授時、指導農作以至制訂曆法的形式嚴整的文獻。」〔註1〕既已擺脫神話的面貌，又盡量保存了材料的古色古香，意在將眞正的遠古史料展現出來，這段敘述遂成爲極爲珍貴的遠古傳說素材，特別是值得珍視的天文材料。

選賢任能，是《堯典》另一個重要內容。堯之讓位於舜，是眾所周知的禪讓制度。禪讓不宜視作個人品德的表現，而應理解爲一種制度。范文瀾《中國通史簡編》（1948年版）中說：「《堯典》等篇，大概是周朝史官掇拾傳聞，

〔註1〕顧頡剛、劉起釪著：《尚書校釋譯論》，中華書局，2005年4月，第63～64頁。

組成有系統的記錄；雖然不一定有意捏造，誇大虛飾，卻所難免。其中「禪讓」帝位的故事，在傳子制度實行已久的周代史官，不容無端發此奇想，其為遠古遺留下來的史實，大致可信。」這些遠古氏族社會部落聯盟政治生活的遺跡原保存於傳說資料之中，為《堯典》作者搜集到了，遂寫入篇中。《堯典》全篇「就像是一個部落聯盟會議的會議記錄」，前半篇記堯主政時的情況，後半篇記舜主政時的情況。而最高首領的交疊，即以禪讓方式出之。《堯典》曰：

> 慎徽五典，五典克從。納於百揆，百揆時敘。賓於四門，四門穆穆。納於大麓，烈風雷雨弗迷。〔帝曰：「格汝舜，詢事考言乃言底可績，三載。汝陟帝位。」舜讓於德弗嗣。〕正月上日，受終於文祖。在璿璣玉衡，以齊七政。肆類於上帝，禋於六宗，望於山川，遍於群神。輯五瑞，既月乃日，覲四嶽群牧，班瑞於群后。歲二月，東巡守，至於岱宗，柴，望秩於山川，肆覲東后。協時月正日，同律度量衡，修五禮、五玉、三帛、二生、一死贄，如五器，卒乃復。五月，南巡守，至於南嶽，如岱禮。八月，西巡守，至於西嶽，如初。十有一月，朔巡守，至於北嶽，如西禮。歸，格於藝祖，用特。五載一巡守，群后四朝。敷奏以言，明試以功，車服以庸。肇十有二州，封十有二山，濬川。象以典刑，流宥五刑，鞭作官刑，樸作教刑，金作贖刑。眚災肆赦，怙終賊刑。欽哉，欽哉，惟刑之恤哉！流共工於幽洲，放驩兜於崇山，竄三苗於三危，殛鯀於羽山，四罪而天下咸服。二十有八載，帝乃殂落。百姓如喪考妣。三載，四海遏密八音。月正元日，舜格於文祖，詢於四嶽，闢四門，明四目，達四聰。

《堯典》通過大段敘述來完成對舜的事迹的記載。在這裡首先敘述了（1）舜成功地通過考驗而取得堯的信任，而後堯正式宣佈禪讓帝位給舜；（2）舜在稱為祖的殿堂接受堯的傳位後，以攝君位身份，進行君主始政必須進行的種種宗教禮儀活動，並按禮制受諸侯、地方長官的覲見；（3）敘述舜攝位後，舉行巡守方岳、封祀山川的活動。這是他執政二十八年中率先舉行的諸項活動；（4）敘述舜從外地巡守回來後的政治活動，首先建立刑制項目，並提出恤刑原則，然後為他所實行的重大刑案；（5）最後簡要敘述舜受堯禪，攝位二十八年之後堯死。此後的「正月元日」，舜正式即位。

〔2〕《堯典》中記敘的基本形式：

治曆、選賢、任官，是《堯典》的主要內容，《堯典》通過上述兩大段齊整的記敘，分別完成了治曆活動的完整記述和堯舜禪讓進程中，舜的主要政治活動的記載。

關於治曆的記敘，呈總分式格局（見表4-1）。「乃命羲和，曆象日月星辰，敬授人時」，是這項工作的總提法，總言堯命羲、和二族負責治曆明時的工作。下文中的「分命」、「申命」是關於這項工作的具體落實或者說具體分工。「分命羲仲」以下至「允釐百工，庶績咸熙」詳盡說明「曆象日月星辰」的具體活動，包括察看四仲中星；寅賓出日、寅餞納日、平秩南訛、平在朔易；觀察民析、民因、民夷、民隩和鳥獸生態的變化。這裡的「分命」、「申命」均繫與「乃命」相對而言；「乃命（羲和）」雖不言「總」，其實有「總」的意思在內。〔註2〕最後帝堯說：一朞年時間有三百六十六日，通過閏月的辦法保證一年十二個月與春夏秋冬四時保持協調不亂。這既是對成曆原則的說明，也是對上文分敘治曆諸項工程的收束與總結。「允釐百工，庶績咸熙」，金景芳、呂紹綱《〈尚書·虞夏書〉新解》認為這是對堯命羲和治曆明時的社會效果和歷史意義的說明〔註3〕。至此《堯典》分三個主要層次完成了對治曆活動的完整記載。

表4-1：《堯典》治曆部分的敘述形式與結構特徵

總　　領	乃命羲和，曆象日月星辰，敬授人時。					
內容要素 循環次數	1	2	3	4	5	6
1　分述一	分命羲仲	宅嵎夷日暘谷	寅賓出日，平秩東作	日中，星鳥	以殷仲春	厥民析，鳥獸孳尾
2　分述二	申命羲叔	宅南交	平秩南訛，敬致	日永，星火	以正仲夏	厥民因，鳥獸希革
3　分述三	分命和仲	宅西日昧谷	寅餞納日，平秩西成	宵中，星虛	以殷仲秋	厥民夷，鳥獸毛毨

〔註2〕金景芳、呂紹綱著：《〈尚書·虞夏書〉新解》，遼寧古籍出版社，1996年6月，第33頁。

〔註3〕金景芳、呂紹綱著：《〈尚書·虞夏書〉新解》，遼寧古籍出版社，1996年6月，第70頁。

4	分述四	申命和叔	宅朔方曰幽都	平在朔易	日短,星昴	以正仲冬	厥民隩,鳥獸氄毛
循環主體		分命○○ 申命○○	宅○曰○	○○○○	日○,星○ 宵,星○	以殷○○ 以正○○	厥民○○ 鳥獸○○
總　結		帝曰:「咨汝羲暨和,朞三百有六旬有六日,以閏月定四時成歲。」					

　　《堯典》對舜的事迹的記載與治曆的總分式結構不同,總體來看,這是一個歷時性的過程。在關於舜攝位之初的宗教儀式活動和攝位之後的政治活動的記載中,都包含了相關時間的記載,其中尤以舜四方巡守的記月最爲詳盡。這種以時間爲先導、繼之以記事的行文格式,在一定程度上體現了編年的意識與規模(見表4-2)。在這裡,《堯典》按照時間、方位、地點和主要活動的順序分別記載了舜巡守四方和歸來之後的基本情況。並在最後說明了整個巡守制度的基本內容——「五載一巡守,群后四朝。敷奏以言,明試以功,車服以庸。」這段敘述在總體上呈現出先分後總的形式。對於巡守過程中相同的活動內容採用了簡省的記錄方式,例如南巡時的「如岱禮」,北巡時的「如西禮」等,避免了相同內容的重複記錄,增強了記敘的精鍊度和準確性。而且,《堯典》中的這段記敘,內涵十分豐富,除了舜攝位時的相關活動而外,還有前此堯對舜的種種考驗與舜的表現,及後來舜修刑制、罰四罪,堯去世、舜踐位等一系列事件。《堯典》在記敘這些內容的時候,沒有使用過渡性的語言,而是採用事件與事件直接接續的方式依次記錄下來。相比於事件之間的因果關聯,《堯典》似乎更強調政治活動的時間先後關係,所以其於此處的記敘更像是一份有關帝舜政治活動的日程表。

表4-2:《堯典》四方巡守的敘述形式與結構特徵

內容要素 循環次數		1 時　間	2 方　位	3 地　點	4 主要活動
1	分述一	歲二月	東巡守	至於岱宗	柴。望秩於山川,肆覲東后。協時月、正日,同律度量衡。修五禮、五玉、三帛、二生、一死贄。如五器,卒乃復。
2	分述二	五月	南巡守	至於南嶽	如岱禮
3	分述三	八月	西巡守	至於西嶽	如初

4	分述四	十有一月	朔巡守	至於北嶽	如西禮
循環主體		（歲）○月	○巡過	至於○○	具體內容／如○○
總　結		歸，格於藝祖，用特。五載一巡守，群后四朝。			

《堯典》中這兩大段記敘的整體語言特徵是句式簡短，語言精鍊，在分述各部分時，不僅在內容的範疇上基本相同，而且所運用的句式也高度一致。迥異於《尚書》佶屈晦澀的總體風格，而顯得平淺流暢。

（二）《禹貢》篇記敘結構

《禹貢》是《尚書》中非常特別的一篇。它以記敘獨立成篇，是最早的一篇系統地全面地記載我國古代地理的專著，與《尚書》中其他篇章在內容性質和文章形式上都存在明顯區別。《禹貢》全篇包括四大部分內容，即九州章、導山章、導水章和服制章。現代學者多認為最末的「五服制」是後加入篇中的，「它是與全篇的自然地理根本不相協的，略有點古史事實背景而大抵出於虛構的有關政治地理的一個空想性規劃，……成為《禹貢》篇的一個贅疣。」〔註4〕

《禹貢》中記敘的主要內容和基本形式。

總體來看，《禹貢》的內容層次清晰而整齊。「禹敷土，隨山刊木，奠高山大川。」這三個精鍊的短句就是《禹貢》全篇的總綱，下文中的九州和導山、導水都是在禹的直接參與和組織下進行的。

〔1〕九州章。

九州章由九個部分組成，即：冀州章、兗州章、青州章、徐州章、揚州章、荊州章、豫州章、梁州章和雍州章。篇中分別按州別記錄了山川、土壤、特產等諸項內容，根據當時各地農業發展的水平給各州田地分了等級，並據各地總的經濟繁榮程度規定各州貢賦的高低，每州之末都有一句敘述該州輸送貢賦到帝都的貢道以作結（詳見表4-3）。《禹貢》篇九州各章的構成要素和表述形式基本相同，只是在各章的具體敘述中，各要素的詳略或前後位置存在細微差別。九州各章之間呈並列關係，與《堯典》治曆一節在記敘結構上十分相近。

〔註4〕顧頡剛、劉起釪著：《尚書校釋譯論》，中華書局，2005年4月，第521頁。

表 4-3：《禹貢》九州章敘述形式與結構特徵

	1 疆界與山川	2 土壤	3 貢賦	4 田地	5 特產	6 貢道
1	冀州既載，壺口治梁及岐。既修大原，至於岳陽。覃懷底績，至於衡漳。……恒、衛既從，大陸既作。	厥土惟白壤。	厥賦惟上上錯。	厥田惟中中。	鳥夷皮服。	夾右碣石，入於河。
2	濟、河惟兗州。九河既道，雷夏既澤，灉、沮會同，桑土既蠶，是降丘宅土。	厥土黑墳，厥草惟繇，厥木惟條。	厥賦貞作，十有三載乃同。	厥田惟中下。	厥貢漆絲，厥篚織文。	浮於濟、漯，達於河。
3	海、岱惟青州。嵎夷既略，濰、淄其道。	厥土白墳，海濱廣斥。	厥賦中上。	厥田惟上下。	厥貢鹽、絺，海物惟錯，岱畎絲、枲、鉛、松、怪石，萊夷作牧，厥篚檿絲。	浮於汶，達於濟。
4	海、岱及淮惟徐州。淮、沂其乂，蒙、羽其藝，大野既豬，東原底平。	厥土赤埴墳，草木漸包。	厥賦中中。	厥田惟上中。	厥貢惟土五色，羽畎夏翟，嶧陽孤桐，泗濱浮磬，淮夷蠙珠暨魚，厥篚玄纖縞。	浮於淮、泗，達於河。
5	淮、海惟揚州。彭蠡既豬，陽鳥攸居，三江既入，震澤底定，筱簜既敷，厥草惟夭，厥木惟喬。	厥土惟塗泥。	厥賦下上上錯。	厥田惟下下。	厥貢惟金三品，瑤、琨、篠、簜，齒、革、羽、毛惟木，島夷卉服，厥篚織貝，厥包橘、柚，錫貢。	沿於江、海，達於淮、泗。

		厥土	厥賦	厥田	厥貢	
6	荊及衡陽惟荊州。江、漢朝宗於海。九江孔殷，沱、潛既道，雲夢土作乂。	厥土惟塗泥。	厥賦上下，	厥田惟下中，	厥貢羽、毛、齒、革、惟金三品、杶、榦、栝、柏、礪、砥、砮、丹、惟菌、簵、楛，三邦底貢厥名。包匭菁茅，厥匪玄纁璣組，九江納錫大龜。	浮於江、沱、潛、漢，逾於洛，至於南河。
7	荊、河惟豫州。伊、洛、瀍、澗既入於河，滎波既豬，導菏澤，被孟豬。	厥土惟壤，下土墳壚。	厥賦錯上中。	厥田惟中上。	厥貢漆、枲、絺、紵，厥篚纖纊，錫貢磬錯。	浮於洛，達於河。
8	華陽、黑水惟梁州。岷、嶓既藝，沱、潛既道，蔡、蒙旅平，和夷底績。	厥土青黎。	厥賦下中三錯。	厥田惟下上。	厥貢璆、鐵、銀、鏤、砮、磬、熊、羆、狐、狸、織皮。西傾因桓是來。	浮於潛，逾於沔，入於渭，亂於河。
9	黑水、西河惟雍州。弱水既西，涇屬渭汭，漆、沮既從，灃水攸同，荊、岐既旅，終南、惇物，至於鳥鼠。原隰底績，至於豬野。三危既宅，三苗丕敘。	厥土惟黃壤。	厥賦中下。	厥田惟上上。	厥貢惟球、琳、琅玕。昆崙、析支、渠搜、西戎即敘。	浮於積石，至於龍門西河，會於渭汭。
循環主體		厥土○○	厥賦○○	厥田○○	厥貢○○○	浮於○○○達於○○

〔2〕導山章和導水章。

繼九州章之後，是導山和導水兩部分內容。

導山：

> 導岍及岐，至于荆山，逾于河；壺口、雷首，至于太岳；底柱、
> 析城，至于王屋；太行、恒山，至于碣石，入于海；
>
> 西傾、朱圉、鳥鼠，至于太華；熊耳、外方、桐柏，至于陪尾；
>
> 導嶓冢，至于荆山；内方，至于大別；
>
> 岷山之陽，至于衡山，過九江，至于敷淺原。

《禹貢》導山，舊說以爲三條。據孔傳，「《地理志》云，《禹貢》北條荆山，在馮翊懷德縣南，南條荆山，在南郡臨沮縣東北。是舊有三條之說也。」馬融名之曰「三條」，以北岍爲北條，導西傾爲中條，導嶓冢爲南條。鄭玄以爲四列，導岍爲陰列，導西傾爲次陰列，導嶓冢爲次陽列，導岷山爲正陽列。金景芳、呂紹綱二先生分《禹貢》導山爲四個層次，第一個層次，導岍、岐、荆山、壺口、雷首、太岳、底柱、析城、王屋、太行、恒山、碣石，計十二山，並在渭水、河水之北。第二個層次，導西傾、朱圉、鳥鼠、太華、熊耳、外方、桐柏、陪尾，計八山，並在河水之南。第三個層次，導嶓冢、荆山、内方、大別，計四山，並在漢水流域。第四個層次，導岷山、衡山、敷淺原，計三山，並在長江之南。〔註5〕《禹貢》導山次第基本上是自西北至於東南。治山本爲治水，上文《九州章》中於每州敘治水登山事，皆自下而上，然而因州境隔絕，未得徑通，於此《導山章》中更從上而下，條說所治之山，明其首尾所在。

導水：

> 導弱水，至于合黎，餘波入于流沙。導黑水，至于三危，入于
> 南海。導河積石，至於龍門，南于于華陰，東于于砥柱，又東至于
> 孟津，東過洛汭，至于大伾，北過降水，至于大陸，又北播爲九河，
> 同爲逆河，入于海。嶓冢導漾，東流爲漢，又東爲滄浪之水，過三
> 澨，至于大別，南入于江，東匯澤爲彭蠡，東爲北江，入于海。岷
> 山導江，東別爲沱，又東至于澧，過九江，至于東陵，東迤北會于
> 匯彙，東爲中江，入于海。導沇水，東流爲濟，入于河，溢爲滎，

〔註5〕金景芳、呂紹綱著：《〈尚書·虞夏書〉新解》，遼寧古籍出版社，1996年6月，第396頁。

東出于陶丘北，又東至于菏，又東北會于汶，又北東入于海。導淮
自桐柏，東會于泗、沂，東入于海。導渭自鳥鼠同穴，東會于澧，
又東會于涇，又東過漆沮，入于河。導洛自熊耳，東北會于澗、瀍，
又東會于伊，又東北入于河。

《禹貢》言導水，共計導弱、黑、河、漾、江、沇、淮、渭、洛九條大水。
除弱、黑二水以外，其餘各水都包含一些支派。這九條大水的支流，除九河、
九江特殊和同水異名者不計以外，共言及降、沱（荊沱、梁沱）、澧、汶、泗、
沂、灃、涇、漆、沮（洛）、澗、瀍、伊十三條水和彭蠡、滎、菏三澤。《禹
貢》導水的「導」字，古人多訓爲治，意謂引導或疏導，導水即是講禹治理
河流的過程。《蔡傳》始云：「水之疏導者已附於逐州之下，於此又派別而詳
記之，而水之經緯皆可見矣。」意謂此處是按水系記錄各水。又胡渭訓「導」
爲循，循行的意思。《禹貢》導山是禹循序回顧總結隨山刊木的情況，導水是
禹循行察看治水的情況。由於山水之治在九州中已經完成，沒有必要於導山、
導水又治一遍，所以蔡、胡二人的解說更近情理。現代學者在胡渭說的基礎
上，進一步提出，分州治理，任土作貢，是禹治水的實際操作過程。導山導
水是對此前分州治水工作所的總結，把分別治理過的山山水水一條條地貫穿
起來，加以系統的把握。這是實踐後獲得的知識，而不是實踐本身。〔註6〕從
《禹貢》的實際製作情況來看，其寫成已完全出離了《尚書》記言與實錄的
製作原則，是《尚書》中極爲特殊的一篇作品。《禹貢》是《尚書》中唯一的
全無記言的篇章，並非成於一時一人之手，而是遞經增補編修到春秋時期始
成。《禹貢》的突出價值之一就在於它所保存的古代地理信息，而這些珍貴內
容的獲得本身就需要一個不斷累積的歷史過程。所以可以說《禹貢》通篇都
是古人經驗與智慧的結晶，是實踐後獲得的知識，而不是實踐本身。不難推
測，在《禹貢》中古代地理知識逐漸累積豐富的過程中，它的表述形式也不
斷地系統和齊整起來。

　　《禹貢》關於導山和導水的記敘都十分精省又各有章法（見表4-4）。

〔註6〕金景芳、呂紹綱著：《〈尚書·虞夏書〉新解》，遼寧古籍出版社，1996年6月，
　　　第420～421頁。

表4-4：《禹貢》導山章的敘述形式與結構特徵

內容要素 循環次數		1 起　　點	2 終　　點
1	分述一	導岍及岐，	至於荊山，逾於河；
		壺口、雷首，	至於太岳；
		底柱、析城，	至於王屋；
		太行、恒山，	至於碣石，入於海；
2	分述二	西傾、朱圉、鳥鼠，	至於太華；
		熊耳、外方、桐柏，	至於陪尾。
3	分述三	導嶓冢，	至於荊山；
		內方，	至於大別；
4	分述四	岷山之陽，	至於衡山，
		過九江，	至於敷淺原。
循環主體		（導）〇〇	至於〇〇

　　導山的基本形式是：「（導）〇〇至於〇〇」，例如「導嶓冢，至于荊山」。
《禹貢》導山只於兩處明言「導」字，正義釋云：「『岍』與『嶓冢』言『導』，
『西傾』不言『導』者，史文有詳略，以可知，故省文。」〔註7〕以「導」
起首，以「至於〇〇」示結，說明眾山之間的關聯和方位。《禹貢》於《九
州章》中已條說治山濬水之事，此章再敘導山，義在「更理說所治山川首
尾所在」。以舊三條說中之北條為例，「導岍及岐，至於荊山，逾於河；壺
口、雷首，至於太岳。底柱、析城，至於王屋。太行、恒山，至於碣石，
入於海。」岍、岐、荊，三山皆在雍州。「逾於河」，河，指龍門西河。三
山逾河謂三山於此連亙不絕，從此渡河。壺口、雷首、太岳三山，並在冀
州；從底柱至王屋三山，在冀州南河之北東行；太行、恒山二山連延東北，
接碣石而入於滄海。此處的十二座山分別在雍州和冀州境內，上文《九州
章》因分州敘述而無以條貫，故有《導山章》更為理說的必要。治山本為
治水，北條一線涉及西北─東南走向的十二座大山，其間百川禹並治之，「不
可勝名，故以山記之」。《正義》詳釋曰：「漳、潞、汾、涑在壺口、雷首、
太行，經底柱、析城，濟出王屋，淇近太行，恒、衛、漳洫、滱、易近恒

〔註7〕〔清〕阮元校刻：《十三經注疏・尚書正義》，中華書局影印，1980年10月，
　　　　第151頁。

山、碣石之等也。」所謂接碣石而入於滄海，亦是指山傍之水皆流入海，非言山入海。同樣，舊南條之嶓冢、荊山、內方、大別等，亦分屬梁州和荊州境內，惟於《導山章》得以貫通總陳。舊三條說中，惟於中條西傾前不言「導」字，但因北條盡於入海，故中條起首自明。又「岷山之陽，至衡山，過九江，至於敷淺原」一節中，岷山、衡山和博陽山（即敷淺原）分跨梁州、荊州和揚州三界，但並非隸屬南條之列。孔傳云：「言『導』從首起，言『陽』從南。」疏云：「經於岍及嶓冢言『導』，岷山言『陽』，……言岷山之南至敷淺原，別以岷山爲首，不與大別相接。由江所經，別記之耳，以見岷非三條也。」〔註8〕《孔疏》於此除了強調《禹貢》理山本爲治水之事以外，也明確說明了《導山章》的行文義例，即以「導○○」示起首的用法。

　　《禹貢》導水，概言弱、黑、河、漾、江、沇、淮、渭、洛九條大水，在記錄這些水系的名稱時，惟弱、黑、沇配以「水」字，其餘均以單字記名，《正義》以爲此間亦存義例，即因「弱水、黑水、沇水不出於山，文單，故以『水』配。其餘六水，文與山連，既繫於山，不須言『水』。」〔註9〕敘述九條大水的先後，在總體上是按照自北而南的方位順序展開的，「以弱水最在西北，水又西流，故先言之。黑水雖在河南，水從雍、梁西界南入南海，與諸水不相參涉，故又次之。四瀆江、河爲大，河在北，故先言河也。漢入於江，故先漢後江。其濟發源河北，越河而南，與淮俱爲四瀆，故次濟、次淮。其渭與洛俱入於河，故後言之。」

　　《禹貢》導水的基本形式是「導○+（至於○）+入於○」（見表4-5），敘述按照從上游到下游的順序展開。故也有學者據此提出，此之導水非指大禹治水，因按常理治水宜自下游向上游推進，不可從上游先治起，所以此處所謂導水，實是在九州奠定，山水理平之後對主要水系狀況的總體說明。

〔註8〕〔清〕阮元校刻：《十三經注疏·尚書正義》，中華書局影印，1980年10月，第151頁。

〔註9〕〔清〕阮元校刻：《十三經注疏·尚書正義》，中華書局影印，1980年10月，第151頁。

表 4-5：《禹貢》導水章的敘述形式與結構特徵

循環次數 ＼ 內容要素		1	2	3
		上　游	中　游	下　游
1	分述一	導弱水，	至於合黎，	餘波入於流沙。
2	分述二	導黑水，	至於三危，	入於南海。
3	分述三	導河積石，	至於龍門，南至於華陰，東至於砥柱，又東至於孟津，東過洛汭，至於大伾，北過降水，至於大陸，又北播為九河，同為逆河，	入於海。
4	分述四	嶓冢導漾，	東流為漢，又東為滄浪之水，過三澨，至於大別，南入於江，東匯澤為彭蠡，東為北江，	入於海。
5	分述五	岷山導江，	東別為沱，又東至於澧，過九江，至於東陵，東迆北會於匯，東為中江，	入於海。
6	分述六	導沇水，	東流為濟，入於河，溢為滎，東出於陶丘北，又東至於菏，又東北會於汶，	又北東入於海。
7	分述七	導淮自桐柏，	東會於泗、沂，	東入於海。
8	分述八	導渭自鳥鼠同穴，	東會於灃，又東會於涇，又東過漆沮，	入於河。
9	分述九	導洛自熊耳，	東北會於澗、瀍，又東會於伊，	又東北入於河。
循環主體		導○○	至於○○／過○○／會於○○	入於○○

　　《禹貢》記水系上游時，具體包括三種情況，其一，如「導弱水」、「導黑水」、「導沇水」，即「導○」，因為弱、黑、沇三者非出於山，故無須言山，直言以「導」某水；其二，如「導河積石」、「嶓冢導漾」、「岷山導江」，在「導○」前面或後面各直接配以一個山名，概言水之出處。但「導河積石」有所不同，據孔傳說，積石山並非河水上源，記之皆因其為治水施工之處，所謂「導河積石，至於龍門」，是指「施工發於積石，至於龍門，或鑿山，或穿地以通流」〔註10〕；其三，如「導淮自桐柏」、「導渭自鳥鼠同穴」、「導洛自熊耳」，

〔註10〕　〔清〕阮元校刻：《十三經注疏・春秋左傳正義》，中華書局影印，1980 年 10月，第 151 頁。

即先言「導○」，再以「自某山」繼之，各指淮、渭、洛三水的發源之山。對大水流經線路的記敘，《禹貢》分別有「至於○○」、「過○○」、「會於○○」三種形式。其中，「至於○○」使用最多，計12見；「會於○○」7見，「過○○」5見。鄭玄認爲《禹貢》於這三者的使用上存在一定的義例，即「言『過』言『會』者，皆是水名，言『至於』者或山或澤，皆非水名」。〔註11〕在這裡，鄭玄以「合黎」爲山名，以「澧」爲陵名，鄭玄云：「今長沙郡有澧陵縣，其以陵名爲縣乎？」而孔傳和孔穎達疏文則與鄭玄在這一點上意見相左。「導弱水，至於合黎」，孔傳云：「合黎，水名，在流沙東。」正義云：「弱水得入合黎，知『合黎』是水名。顧氏云：『《地說書》合黎，山名。』但此水出合黎，因山爲名。鄭玄亦以爲山名。」是合黎爲山水共名，因水出此山，故亦以「合黎」名水。又云：「弱水餘波入於流沙，則本源入合黎矣。合黎得容弱水，知是水名。」「又東至於澧」，孔傳云：「澧，水名。」《正義》舉《楚辭》「濯餘佩兮澧浦」，云「『澧』亦爲水名。」〔註12〕由於一些古地理名稱後代已無從考知實情，所以很難說《禹貢》導水章的義例確像鄭氏所說的那樣整齊。總體來看，《禹貢》導水章以「會於○○」、「過○○」和「至於○○」作爲記述九水流程的三種基本形式。其中，「會於○○」和「過○○」接續水名，「至於○○」多接續山名，另有兩次繼以澤名（即「導河積石，……至於大陸」、「導沇水，……又東至於菏」）和兩次繼以水名（即「導弱水，至於合黎」、「岷山導江，……又東至於澧」）的用法。《禹貢》所導九水，六水入於海，二水入於河，一水入於流沙。

（三）《顧命》篇記敘結構

《顧命》是周成王病危將死時，召集召公、畢公等諸大臣，囑咐輔立太子釗嗣位所作的遺囑。第二天成王死後，召、畢二大臣等率諸侯迎太子釗見於先王廟，即位爲康王。史臣錄其文，即爲《顧命》篇。和《堯典》篇一樣，《顧命》中既有史官用以輔助記言的記敘，也有脫離記言而獨立承擔記錄功能的記敘。在這裡要著重分析的是後者，即從「太保命仲桓、南宮毛」至「諸侯出廟門俟」這一段近五百字的記敘內容。《顧命》通過這段文字，詳細記載

〔註11〕〔清〕阮元校刻：《十三經注疏・春秋左傳正義》，中華書局影印，1980年10月，第152頁。

〔註12〕〔清〕阮元校刻：《十三經注疏・春秋左傳正義》，中華書局影印，1980年10月，第152頁。

了康王見於先王廟先受顧命之戒而後舉行即王位這一隆重典禮中的所有各種
陳設，君、臣、諸侯行禮所在的位置，兵衛的森嚴，與典禮過程中的一應儀
節。《顧命》對周代初年這次典禮的完整記錄，具有重大的歷史意義，它不僅
比後來很多較它更爲詳備的禮儀細記都要眞實切、確實，而且其後傳下的禮
書如《儀禮》等，其精神都顯然承自《顧命》篇。〔註13〕王國維說：「《周書‧
顧命》一篇，記成王沒康王即位之事。其時當武王克殷、周公致太平之後，
周室極盛之時；其事爲天子登假嗣王繼體之大事；其君則以聖繼聖；其公卿
猶多文武之舊臣；其冊命之體，質而重，文而不失其情。史官紀之，爲《顧
命》一篇。古禮經既佚，後世得考周室一代之大典者，惟此篇而已。」〔註14〕
《顧命》篇的重要價值由此可見一般。

　　《顧命》中記敘的主要內容和基本形式：

　　《顧命》中關於典禮的集中記載其文如下：

> 太保命仲桓、南宮毛俾爰齊侯呂伋，以二干戈、虎賁百人，逆
> 子釗於南門之外。延入翼室，恤宅宗。丁卯，命作冊度。越七日癸
> 酉，伯相命士須材。

> 狄設黼扆綴衣。牖間南嚮，敷重篾席，黼純，華玉仍几。西序
> 東嚮，敷重厎席，綴純，文貝仍几。東序西嚮，敷重豐席，畫純，
> 雕玉仍几。西夾南嚮，敷重筍席，玄紛純，漆仍几。越玉五重，陳
> 寶，赤刀、大訓、弘璧、琬、琰，在西序。大玉、夷玉、天球、河
> 圖，在東序。胤之舞衣、大貝、鼖鼓，在西房；兌之戈、和之弓、
> 垂之竹矢，在東房。大輅在賓階面，綴輅在阼階面，先輅在左塾之
> 前，次輅在右塾之前。二人雀弁，執惠，立于畢門之內。四人綦弁，
> 執戈，上刃，夾兩階戺；一人冕，執劉，立于東堂。一人冕，執鉞，
> 立于西堂。一人冕，執戣，立于東垂。一人冕，執瞿，立于西垂。
> 一人冕，執銳，立于側階。

> 王麻冕黼裳，由賓階隮。卿士、邦君，麻冕蟻裳，入即位。太
> 保、太史、太宗，皆麻冕彤裳。太保承介圭，上宗奉同瑁，由阼階
> 隮。太史秉書，由賓階隮，御王冊命。曰：「皇后憑玉几，道揚末命，
> 命汝嗣訓，臨君周邦，率循大卞，爕和天下，用答揚文武之光訓。」

〔註13〕顧頡剛、劉起釪著：《尚書校釋譯論》，中華書局，2005年4月，第1711頁。

〔註14〕王國維著：《觀堂集林》，中華書局，1959年6月，第50頁。

王再拜，興，答曰：「眇眇予末小子，其能而亂四方，以敬忌天威？」
乃受同瑁，王三宿，三祭，三咤。上宗曰：「饗！」太保受同，降，
盥，以異同，秉璋以酢，授宗人同，拜，王答拜。太保受同，祭，
嚌，宅，授宗人同，拜，王答拜。太保降，收。諸侯出廟門俟。

《顧命》中的這段記載主要包括兩部分內容，一是典禮開始前的準備工作，二是舉行冊命禮的全部過程。

在典禮的準備過程中，「太保命仲桓、南宮毛俾爰齊侯呂伋，以二干戈、虎賁百人，逆子釗於南門之外。延入翼室，恤宅宗。丁卯，命作冊度。越七日癸酉，伯相命士須材」，是召公奉成王遺命之後，爲迎接康王至廟受命、即位所做的各種準備工作。他命令仲桓、南宮毛二人，跟從齊侯呂伋，以二干戈及虎賁之士百人，迎接子釗於南門之外，迎入路寢的東翼室，憂居爲喪主。丁卯這一天，命令作冊預備好冊書及訂定典禮進行的一切程序事項。過了七日，到癸酉那天，西伯兼冢宰的召公命令群士準備安排好典禮中所需用的一應器物設備。〔註15〕從「狄設黼扆綴衣」至「一人冕，執銳，立于側階」這一大段，先後記敘了典禮前在禮堂布置、寶器陳設和兵衛設置三個方面所作的各種安排。從「王麻冕黼裳，由賓階隮」開始，記敘重臣在廟向康王傳授顧命所舉行冊命典禮的詳細過程。「王麻冕黼裳，由賓階隮。卿士、邦君，麻冕蟻裳，入即位。太保、太史、太宗，皆麻冕肜裳。太保承介圭，上宗奉同瑁，由阼階隮。及史秉書，由賓階隮，御王冊命。」正敘傳顧命之事，紀王與卿士邦君的位列，太保攝成王爲冊命之主，太宗相之，太史命之。周王與眾臣列位之後，太史宣讀命書之辭，王再拜以答命書之辭。「乃受同瑁，王三宿、三祭、三咤。上宗曰：『饗。』太保受同，降，盥，以異同秉璋以酢，授宗人同，拜。王答拜。太保受同，祭，嚌，宅，授宗人同，拜。王答拜。太保降，收。諸侯出廟門俟。」詳細記載在廟傳授顧命的一應禮節，迄於典禮告成，自此康王即位。

《顧命》中的這一大段記敘，不僅記載了周王和眾臣在典禮之前和典禮進行過程中的一應活動，而且還周詳地記錄了包括陳設几筵、陳設寶器和陳設兵衛在內的會場布置情況，條理分明，言簡意賅。

（1）四坐的設置

狄設黼扆綴衣。牖間南嚮，敷重篾席，黼純，華玉仍几。西序
東嚮，敷重底席，綴純，文貝仍几。東序西嚮，敷重豐席，畫純，

〔註15〕顧頡剛、劉起釪著：《尚書校釋譯論》，中華書局，2005 年 4 月，第 1863 頁。

雕玉仍几。西夾南嚮，敷重筍席，玄紛純，漆仍几。

布陳几筵是古代籌備典禮時的重要項目。王國維《顧命考》云：「古於嘉禮賓禮皆設几筵，以明有所受命。此太保攝成王以行冊命之禮，傳天下之重，故亦設几筵以依神。」〔註16〕在紀布几筵事前，《顧命》有「狄設黼扆綴衣」句。孔傳云：「狄，下士。扆，屏風，畫為斧文，置戶牖間。復設幄帳，象平生所為。」〔註17〕《孔疏》釋「狄」云：「《禮義·祭統》云：『狄者樂吏之賤者也。』是賤官有名為狄者，故以狄為下士。」扆，《孔疏》引《釋宮》云：「牖戶之間謂之扆。」「李巡曰：『謂牖之東、戶之西為扆。』郭璞曰：『窗東戶西也。《禮》云「斧，扆者」，以其所在處名之。』郭璞又云：『《禮》有斧扆，形如屏風，畫為斧文，置於扆地，因名為扆。』是先儒相傳，黼扆者，屏風，畫為斧文，在於戶牖之間。《考工記》云：『畫繢之事，白與黑謂之黼。』是用白黑畫屏風置之於扆地，故名此物為『黼扆』。」〔註18〕陳師凱《旁通》云：「牖戶之間，是以地言。又云負扆者，是以器言也。據《爾雅》則扆自是戶牖間地名，以屏置其地因亦名屏為扆，以所畫之色言則曰黼扆，以所畫之形言則曰斧扆，以天子所倚立而言則曰負扆，以天子之位而言則曰當扆而立。」〔註19〕《孔疏》釋「綴衣」云：「經於四坐之上言『設黼扆、綴衣』，則坐皆設之。」是此綴衣乃指幄帳。《孔疏》於上文「出綴衣於庭」解「綴衣」時云：「『狄設黼扆綴衣』，則綴衣是黼扆之類。黼扆是王坐立之處，知綴衣是施張於王坐之上，故以為『幄帳』也。《周禮》：『幕人掌帷幕、幄帟、綬之事。』鄭玄云：『在旁曰帷，在上曰幕。帷幕皆以布為之，四合象宮室曰幄，王所居之帳也。帟，王在幕若幄中，坐上承塵也。幄帟皆以繒為之。』然則幄帳是黼扆之上所張之物。」〔註20〕由以上諸家解說可明，所謂「狄設黼扆綴衣」，就是由稱為狄的樂官下士布置禮堂、陳設黼扆屏風和幄帳的意思。「狄設」句在這裡位於段首，兼具統攝下文的作用，誠如《孔疏》所云：「經於四坐之上言『設黼扆、綴衣』，則四坐皆設之。」《顧命》於此，先以「狄設」句交待

〔註16〕王國維著：《觀堂集林》，中華書局，1959年6月，第65頁。
〔註17〕〔清〕阮元校刻：《十三經注疏·春秋左傳正義》，中華書局影印，1980年10月，第238頁。
〔註18〕〔清〕阮元校刻：《十三經注疏·春秋左傳正義》，中華書局影印，1980年10月，第239頁。
〔註19〕顧頡剛、劉起釪著：《尚書校釋譯論》，中華書局，2005年4月，第1746頁。
〔註20〕〔清〕阮元校刻：《十三經注疏·春秋左傳正義》，中華書局影印，1980年10月，第238頁。

具體負責布置會場的人員、概括四席的共通點，然後再分別陳說所布四席的不同之處；在敘述上符合先總述後分說的寫作章法。

《顧命》文中記載：「牖間南嚮，敷重篾席，黼純，華玉仍几。西序東嚮，敷重底席，綴純，文貝仍几。東序西嚮，敷重豐席，畫純，雕玉仍几。西夾南嚮，敷重筍席，玄紛純，漆仍几。」各自依照先說明位置，次說明布席的種類和緣飾，最後說明馮幾情況的順序介紹四席的布置情況。就位置而言，四席分處於牖間南嚮、西序東嚮、東序西嚮和西夾南嚮。牖間南嚮，《孔疏》云：「牖謂窗也。間者，窗東戶西戶牖之間也。」南向，朝南的方向。王鳴盛《後案》云：「古者人君宮室之制，前爲堂，後爲室。堂兩旁爲東西夾室，即翼室。中有牆以隔之，謂之東西序。後室之兩旁則爲東西房。室中以東爲尊，戶在其東，牖在其西。堂以南向爲尊，王位在戶外之西，牖外之東，所謂『戶牖之間』，南向之坐也。」〔註21〕孔傳以爲《顧命》所設四席乃爲周成王生前處理國政分別進行活動時的幾個座位，並釋「牖間南嚮」句云：「此見群臣覲諸侯之坐。」《孔疏》又釋孔傳云：「『此見群臣覲諸侯之坐』，《周禮》之文知之。又《覲禮》：『天子待諸侯，設黼扆於戶牖之間，左右幾，天子袞冕負斧扆。』彼在朝，此在寢爲異。其牖間之坐則同。」 王國維《顧命考》認爲文中四席乃爲典禮中所專設的座位，所謂「紀布几筵之事」，爲大典禮之常儀，並釋「牖間」之席是爲周太王所設之坐。孔說爲歷代經師所秉承，並不斷得到維護和輔證；王氏說亦合於古代禮意，可謂各有所宜。從二者的解說來看，「牖間南嚮」所設乃爲四坐中最重要的一席。西序東嚮、東序西嚮，孔傳云：「東西廂謂之序。」《釋宮》云：「東西牆謂之序。」清王鳴盛《後案》云：「『序』者，牆之別名。古者宮室之內，以牆爲隔。牆之外即夾室，堂與夾室共此牆。此東向西向之坐乃在堂上。以其附近東西序，故以序言之，與夾室無涉。《傳》謂『東西廂，非也。』」由此知「西序東嚮」與「東序西嚮」二席亦在堂上，分別位於西序和東序（牆）附近，東西相向而設。孔傳釋「西序東嚮」之席云：「此旦夕聽事之坐。」釋「東序西嚮」之席云：「此養國老享群臣之坐。」《孔疏》釋孔傳云：「『此旦夕聽事之坐』，鄭、王亦以爲然。牖間是『見群臣、覲諸侯之坐』，見於《周禮》。其東序西嚮，『養國老享群臣之坐』者，案《燕禮》云『坐於阼階上，西嚮』，則養國老及享與《燕禮》同。其西序之坐在燕享坐前，以其旦夕聽事，重於燕飲，故西序爲『旦夕聽事之坐』。……案朝士

〔註21〕顧頡剛、劉起釪著：《尚書校釋譯論》，中華書局，2005 年 4 月，第 1749 頁。

職掌治朝之位，王南面，此『西序東嚮』者，以此諸坐並陳，避牖間南嚮覲諸侯之坐故也。王肅說四坐，皆與也同。」〔註22〕由此知西序、東序二坐，雖然位置對稱，而意義實又有輕重之別，《顧命》先西序再東序的記敘順序與意義上「聽事重於燕飲」的內在順序相一致。西夾南嚮，孔傳云：「西廂夾室之前。」《孔疏》釋「西夾」云：「下《傳》云『西房西夾坐東』，『東房東廂夾室』，然則房與夾室實同而異名。天子之室有左右房，房即室也。以其夾中央之大室，故謂之夾室。此坐在西廂夾室之前，故繫夾室言之。」王鳴盛《後案》云：「『西夾南嚮』者，上翼室在堂兩頭，如鳥之翼，此即西翼室也。不設東夾坐者，康王方恤宅於其中故也。《傳》以西夾之位在西廂夾室之前，考西夾之前即下文西堂，有冕執鉞者立於此，又雜列一席於此爲何耶？」此亦反對孔傳東西廂之說，按王氏說西夾南嚮之席的位置如圖 4-1 中所示。孔傳云：「此（「西夾南嚮」之席）親屬私宴之坐，故席幾質飾。」《孔疏》釋云：「《周禮·大宗伯》云：『以飲食之禮親宗族兄弟。』鄭玄云：『親者使之相親。人君有食宗族飲酒之禮，所以親之也。』《文王世子》云：『族食，世降一等。』是天子有與親屬私宴之事，以骨肉情親，不事華麗，故席几質飾也。」依孔傳所解，牖間南嚮，是見群臣覲諸侯之坐；西序東嚮，是旦夕聽事之坐；東序西嚮，是享群臣之坐；西夾南嚮，是親屬私宴之坐；四坐方位與裝飾規格的設定，與君王在該席位所從事的活動性質有直接關係。按照孔傳的說法，《顧命》篇中對四坐情況的記敘實際上是依照其重要程度而依次展開的。

孔傳對於《顧命》四坐的解說，各代經師多從之，如蔡傳全承其說，並爲在此典禮中列此四席尋求解說。此外，王國維則認爲所謂四坐乃是這次典禮中所設的座位，而非周成王生前進行各種活動時的座位。其《周書顧命後考》云：「此太保攝成王以行冊命之禮，傳天下之重，故亦設几筵以依神。其所依之神，乃兼周之先王，非爲成王也。《昏禮》與《聘禮》之几筵一，而此獨四者，曰牖間、東序、西序三席，蓋爲太王、王季、成王。而西夾南嚮之席則爲武王。然則何以不爲成王設也，曰：成王在殯，去升祔尚遠，未可以入廟，且太保方攝成王以命康王，更無緣設成王席也。」曾運乾反對孔說與王氏說，他在《尚書正讀》提出：「牖間……此席爲新陟王設也。」「西序……此席在西階上，蓋爲嗣王設。」「東序……此席在阼階上，蓋爲太保設。」「西

〔註22〕〔清〕阮元校刻：《十三經注疏·春秋左傳正義》，中華書局影印，1980 年 10 月，第 239 頁。

夾……此席在黼扆之西，蓋爲太史迓王策命之席也。」顧頡剛、劉起釪在《〈尚書〉校釋譯論》中指出，《顧命》篇自「狄設黼扆」至「漆仍几」止，王氏以爲是「紀布几筵事」，這無疑是正確的，是合於古代禮意的；戴鈞衡以爲是「陳先王生平之儀節」，其所布置的東西，據戴氏說，全爲先王生平所服用，這似又很合情實。而由戴氏此說，亦可悟把先王生前理政時的四個坐席按原位擺上，也是合情理的。所以孔蔡傳之說亦有所合。無論孔說、王氏說、曾氏說哪家正確，總之都是《顧命》原文上所沒有說的，而其盡力尋找它這樣布置的作用或緣由，也大都是憑依自己的理解去推定，因而亦不必論其是非。〔註 23〕本書認爲，無論是孔傳提出的仿傚生前狀況說、王國維主張的冊命典儀規格說，還是曾運乾從典禮的實際流程來理解四席的設定等說法，它們在對四個席位進行解說時，分別從不同的角度發現了《顧命》篇記敘過程中的規律，即先牖間南嚮、次西序東嚮、再東序西嚮，最後西夾南嚮的敘述順序，是依照各個席位的意義（或者說重要程度）的大小來設定的。儘管由於文獻不足等原因，有關《顧命》設四坐的確解一時難以得出，但是有一點是完全可以肯定的，那就是史官的記敘並不是無機的、任意的，而是遵循著某種嚴謹的邏輯順序。

表 4-6：《顧命》布几筵事的記敘形式與結構特徵

總　起	狄設黼扆綴衣，			
內容要素 循環次數	1 位　置	2 布席種類	3 布席文采	4 幾　飾
1　分述一	牖間南嚮，	敷重篾席，	黼純，	華玉仍几。
2　分述二	西序東嚮，	敷重底席，	綴純，	文貝仍几。
3　分述三	東序西嚮，	敷重豐席，	畫純，	雕玉仍几。
4　分述四	西夾南嚮，	敷重筍席，	玄紛純，	漆仍几。
循環主體	○○○○	敷重○席	○純	○○仍几

　　從「狄設黼扆綴衣」至「漆仍几」是《顧命》關於四坐設置的記敘，亦即王國維所說的「布几宴事」。與《堯典》和《禹貢》篇中的記敘情況相類似，《顧命》中的這段記敘也體現出較明顯的程式化特點。首先，它在整體上呈

〔註 23〕顧頡剛、劉起釪著：《尚書校釋譯論》，中華書局，2005 年 4 月，第 1755 頁。

現出總分式結構（見表 4-6），以「狄設黼扆綴衣」總領下文，說明布置的實際施行者和四坐在布置上的共通之處；然後分別敘述四坐的具體情況。其次，在分述過程中，《顧命》嚴格按照先介紹坐席位置與朝向（句 ①）、再說明布席種類（句 ②）與文采（句 ③），最後說明幾飾（句 ④）的次序展開內容，不僅在意義層次上整齊清晰，而且語言表述亦具有很強的節奏感。具體而言，《顧命》對四坐的記敘分別由四個單句構成（見下圖六中 ① 至 ④）。其中，對坐席文采的記敘（即第 ③ 句）以兩字成句，其他三句則多為四字句（這裡，西夾面向座的情況較為特殊）。也可以說，《顧命》對布几筵事的記敘是通過四個呈「四四二四」形式的句群來完成的。《顧命》在敘述西夾南嚮座的情況時似有特異之處，以三字敘文采（「玄紛純」），以三字敘幾飾（「漆仍几」），而非如記敘其他三席時那樣以四字成句。但是如果仔細觀察不難發現，這種字數上的差異只是一種表面現象，《顧命》對西夾南嚮座的文采與幾飾的敘述中，包含著與其他三席完全相同的意義單元。以關於幾飾的記敘為例，四坐的情況分別是「華玉仍几」、「文貝仍几」、「雕玉仍几」和「漆仍几」。華玉，孔傳云：「華，彩色。華玉以飾憑几。」《孔疏》釋孔說云：「華是彩之別名，故以為彩色，用華玉以飾憑几也。鄭玄云：『華玉，五色玉也。』」文貝，孔傳云：「有文之貝飾幾。」《孔疏》釋云：「貝者水蟲，取其甲以飾器物。《釋魚》於貝之下云：『余蚳，黃白文。余泉，白黃文。』李巡曰：『貝甲以共為質，白為文采，名為余蚳。貝甲以白為質，黃為文采，名為余泉。』『有文之貝飾幾』，謂用此余蚳、余泉之貝飾幾也。」雕玉，孔傳云：「雕，刻鏤。」《孔疏》釋云：「《釋器》云：『玉謂之雕，金謂之鏤，木謂之刻。』是『雕』為刻鏤之類，故以『刻鏤』解『雕』，蓋雜以金玉，刻鏤為飾也。」可見，華、文、雕分別形容玉的色彩、貝的文采和玉的雕工，用以修飾玉和貝；「華玉」、「文貝」和「雕玉」是三個偏正結構的短語，其中的「玉」、「貝」則與西夾南嚮座中的「漆」同樣，是用以表述裝飾之材質的中心詞。從整個單句的構成來看，「華玉仍几」、「文貝仍几」、「雕玉仍几」和「漆仍几」四句中，均包含著兩個意義單元，即幾的裝飾（即前文所指之以「華玉」、「文貝」、「雕玉」和「漆」飾幾等）和仍變（即如孔傳所云：「仍，因也。因生時，幾不改作。」《孔疏》釋云：「『仍，因也』，《釋詁》文。《周禮》云：『凡吉事變几，凶事仍几。』禮之於几有變有仍，故特言『仍几』，以見因生時幾不改作也。」）《顧命》在敘述西夾南嚮之席與其他三席的幾飾時所包含的表意單元的數量是相

同的。與此相類，在布席文采的相關敘述部分，西夾南嚮座的「玄紛純」亦與其他三座的黼純、綴純和畫純同樣，在語義單元的數量上保持一致。

《顧命》中對布几筵事的記載雖屬史官記敘之文，但是卻具有與詩歌相類的內在節奏。自「牖間南嚮」至「漆仍几」共五十六字，包含四個意義層次，分述布陳於不同方位的四座的基本情況。句式以四言為主，雜有二言、三言。其中，每層敘述的第三句，以二言為常；第四句，以四言為常，在總體上呈現四四二四結構。四言句的二節拍具有很強的節奏感，在這段記載中，四言句的節拍劃分又分別具有兩種不同情況。其中，每層中的第一句和第四句為二二式，如「牖間/南嚮」、「西序/東嚮」、「東序/西嚮」、「西夾/南嚮」，前後兩拍在意義上為並列關係，分別交待設席的地點和坐席的朝向；又如「華玉/仍几」、「文貝/仍几」、「雕玉/仍几」，前後兩拍分別說明陳幾的裝飾和仍變。而第一層的第二句則為一三式，如「敷/重篾席」、「敷/重底席」、「敷/重豐席」、「敷/重筍席」。前後兩拍在意義上屬動賓關係，前一拍的「敷」，通「布」，表述動作；後一拍中的「重○席」，說明布席的規格與種類。四言句的二節拍賦予這段文字以強烈而明快的節奏感，二二式與一三式節拍的交錯分佈，輔以長短句的搭配變換，又使敘述於齊整有序之餘平添了生動與靈活。除此而外，《顧命》中的這段敘述，還具有重章複沓的結構特徵。即通過同一章節的重疊，只變換少數幾個詞，來交待几筵的不同布置。如表4～7所示，通過變換各句中的關鍵詞，言簡意賅地說明了四坐的具體情況。記敘之文而有詩體意味，是《顧命》文本的一大特徵。

表4-7：《顧命》中布几筵事記敘部分的語言特徵

牖間／南嚮，	敷／重篾席，	黼純，	華玉／仍几。
西序／東嚮，	敷／重底席，	綴純，	文貝／仍几。
東序／西嚮，	敷／重豐席，	畫純，	雕玉仍几。
西夾／南嚮，	敷／重筍席，	玄紛純，	漆几。

（2）陳設寶器

> 越玉五重，陳寶，赤刀、大訓、弘璧、琬、琰，在西序。大玉、夷玉、天球、河圖，在東序。胤之舞衣、大貝、鼖鼓，在西房；兌之戈、和之弓、垂之竹矢，在東房。大輅在賓階面，綴輅在阼階面，先輅在左塾之前，次輅在右塾之前。

《顧命》在敘述完四坐陳設之後，接著說明各處陳寶的情況。就總體的記敘順序來看，《顧命》於此遵循先堂室、再庭中的次序展開內容。其中堂室四處，分別爲「西序」、「東序」、「西房」、「東房」。東西序，按古代人君宮室之制，堂與東西夾室之間的隔牆稱爲東西序（見前引），「越玉五重、陳寶、赤刀、大訓、弘璧、琬琰，在西序」，是說把越玉、陳寶等六種玉器陳列在西牆下。「大玉、夷玉、天球、河圖，在東序。」是說把大玉、夷玉等四種玉器陳列在東牆下。《孔疏》云：「上云『西序東嚮』、『東序西嚮』，是序旁已有王之坐矣。下句陳玉復云『在西序』、『在東序』者，明於東西序坐北也。『序』者牆之別名，其牆南北長，坐北猶有序牆，故言『在西序』、『在東序』也。」〔註24〕由此知東西序陳寶的具體位置是在二坐以北。關於西房和東房，孔傳云：「西房，西夾坐東。」「東房，東廂夾室。」王鳴盛《後案》以爲非也。《後案》云：「前堂後室，古人定制。《說文》云：『房，室在旁也。』《釋名》云：『房，旁也。在室兩旁也。』然則夾室在前堂之兩頭。房在後室之兩旁，是房在夾室後矣。考堂有兩楹，其中即《檀弓》所謂『兩楹間』。堂東西牆爲序，序外爲夾室，自兩楹旁至東西序，各廣三分楹之一。後室之廣如前堂之楹間，是後室較隘於前堂，東西房雖當東西夾室後，而較廣於東西夾。西房當西夾後以東，東房當東夾後以西也。房雖與室連比，其間有墉以間之，各不相通，故各於南隅設戶以通於堂。其後室之中，東西北三面皆墉，惟南一面東爲戶、西爲牖。故西房之戶出於西序內室牖之西，東房之戶出於東序內室戶之也。其所陳寶器在西房者，陳於西房東墉之下；在東房者，陳於東房西墉下，各當房戶之直北，前堂皆得見之，又正與東西之所陳南北相直也。」〔註25〕《顧命》於堂室四處陳寶的位置如圖4～1所示。庭中四處，分別在「賓階面」、「阼階面」、「左塾之前」和「右塾之前」。賓階，《蔡傳》云：「賓階，西階也。」江聲《章疏》：「《曲禮》云：『主人就東階，客就東階。』又《檀弓》云：『周人殯於西階之上。』則猶賓之也。是西爲賓位，故西階謂之賓階也。」〔註26〕阼階，謂主階。《說文》云：「阼，主階也。」段氏注：「階之在東者。」《孔

〔註24〕〔清〕阮元校刻：《十三經注疏・春秋左傳正義》，中華書局影印，1980 年 10 月，第 239 頁。

〔註25〕顧頡剛、劉起釪著：《尚書校釋譯論》，中華書局，2005 年 4 月，第 1766—1767 頁。

〔註26〕顧頡剛、劉起釪著：《尚書校釋譯論》，中華書局，2005 年 4 月，第 1767—1768 頁。

疏》云：「阼階者，東階也。謂之阼者，鄭玄《士冠禮》注云：『阼，猶酢也。東階所以答酢賓客。』是其義也。」《蔡傳》亦云：「阼階，東階也。」面，孔傳云：「面，前。……皆南向。」《孔疏》釋云：「據人在堂上，而向南方，知面前皆南向，謂轅向南也。」又云：「（面）謂轅向南也。地道尊右，故玉輅在西，金輅在東。」林之奇《全解》云：「而，猶向也。賓階、阼階之面則南向，自內而向外。」〔註27〕「大輅，在賓階面」，意指陳大輅於堂之西階前，車轅南向。「贅輅，在阼階面」，意謂陳贅輅於東階前，車轅南向（見圖4-1）。「左塾前」、「右塾前」，孔傳云：「皆在路寢門內，左右塾北面。」《孔疏》釋「左塾、右塾」云：「成王殯在路寢，下云『二人執惠立於畢門之內』，畢門是路寢之門，知此陳設車輅皆在路寢門內也。《釋宮》云：『門側之堂謂之塾。』孫炎曰：『夾門堂也。』塾前陳車，必以轅向堂放，知左右塾前皆北面也。左塾者，謂門內之西；右塾者，門內之東，故以此面言之爲左右。」《顧命》「先輅，在左塾之前，次輅，在右塾之前」，意即先輅車在位於門西的左塾之前，次輅車位於門東的右塾之前，分別與大輅、贅輅相向而設。從「越玉五重」至此，是《顧命》紀陳寶器事，王國維謂此爲「紀陳宗器」事，內容包括當時周王室所藏許多重要大寶器，尤有反映華夏、夷、越三個大的民族文化區域所產各具特色的玉器，以及反映王室特權的四部車輅等。《顧命》在記敘中主要抓住了寶器種類與安設位置兩項逐一加以著錄，就方位而言，遵循了先記堂室，再記庭中的基本順序；因爲寶器的佈局具有東西對稱的特點，《顧命》在敘述順次上體現了先左（西）後右（東）的規律。

表4-8：《顧命》陳寶器事的記敘形式與結構特徵

內容要素 循環次數		1 種　類	2 位　置
1	堂上	分述一	越玉五重，陳寶，赤刀、大訓、弘璧、琬、琰，	在西序。
2		分述二	大玉、夷玉、天球、河圖，	在東序。
3		分述三	胤之舞衣、大貝、鼖鼓，	在西房。
4		分述四	兌之戈、和之弓、垂之竹矢，	在東房。

〔註27〕顧頡剛、劉起釪著：《尚書校釋譯論》，中華書局，2005年4月，第1768頁。

5	庭中	分述一	大輅		在賓階面，
6		分述二	贅輅		在阼階面，
7		分述三	先輅		在左塾之前，
8		分述四	次輅		在右塾之前。
	循環主體		○○○○		在○○

（3）陳設兵衛

> 二人雀弁，執惠，立於畢門之內；四人綦弁，執戈上刃，夾兩
> 阰；一人冕，執劉，立於東堂；一人冕，執鉞，立於西堂；一人冕，
> 執戣，立於東垂；一人冕，執瞿，立於西垂；一人冕，執銳，立於
> 側階。

在設四坐、陳寶器之後，《顧命》篇接下來記錄的是典禮中衛兵設置的基本情
況。《顧命》抓住人數、裝束、所執兵器和位置這四個要點，對分佈於七處的
兵衛陳設情況進行逐一說明。

據篇中記載，典禮共設兵衛十一人，散佈於七個不同位置。各個具體
位置的兵衛人數、裝束和所執兵器都不盡相同。在裝束上，《顧命》強調其
帽飾的差異，其中，雀弁者，兩人；綦弁者四人；冠冕者五人。雀弁二人
執惠；綦弁四人執戈；冠冕者五人分執劉、鉞、戣戈、瞿和銳等不同兵器。
從兵衛職守的方位來看，分別有畢門之內、兩階阰、東西堂、東、西垂和
側階等處。畢門，孔傳云：「路寢門，一名畢門。」《孔疏》釋云：「天子五
門，皋、庫、雉、應、路也。下云『王出應門之內』，出畢門始至於應門之
內，知畢門是路寢之門，一名畢門也。」「夾兩階阰」，兩階，即賓階、阼
階。阰，孔傳云：「堂廉曰阰，士所立處。」《孔疏》釋云：「『堂廉曰阰』，
相傳爲然。廉者，棱也。所立在堂下，近於堂棱。」劉起釪《尚書校釋譯
論》指出，孔穎達只是依違於孔「堂廉曰阰」來尋解釋，其實「阰」還可
解作不是堂廉。〔註28〕劉氏以爲《顧命》此處的「阰」應以俞樾提出的「階
廉」爲確解。俞樾《平議》云：「凡側邊皆謂之廉。堂有堂之廉，階有階之
廉。此云『夾兩階』，則阰者階廉也，非堂廉也。《儀禮·聘禮》：『鼎九，
設於西階前，陪鼎當內廉。』此階亦有廉這證。蓋東階以西邊爲廉，西階
以東邊爲廉，『當內廉』者，當西階東邊之廉也。此《傳》疑本作『階廉曰

〔註28〕顧頡剛、劉起釪著：《尚書校釋譯論》，中華書局，2005 年 4 月，第 1781 頁。

凪』，學者知有堂廉不知有階廉，遂誤改爲『堂廉』，而凪義遂失矣。」〔註29〕據此可知，《顧命》「四人綦弁，執戈上刃，夾兩凪」，意謂武士四人戴著雀弁，手執鋒刃朝上的戈，分別夾立在堂下賓階和阼階的左右兩邊。東、西堂，孔傳云：「立於東西廂之堂前。」《孔疏》爲之釋云：「鄭玄云『序內半以前曰堂』，謂序內簷下，自室壁至於堂廉，中半以前總名爲堂。此立於東堂、西堂者，當在東西廂近階而立，以備升階之人也。」東、西垂，孔傳云：「立於東西下之階上。」《孔疏》云：「《釋詁》云：『疆、界、邊、衛、圉，垂也。』則垂是遠外之名。此經所言冕則在堂上，弁則在堂下，此二人服冕，知在堂上也。堂上而言東垂、西垂，知在堂上之遠地，當於序外東廂西廂必有階上堂，知此立於東西堂之階上也。」王鳴盛《後案》云：「蓋東西夾旁之廉也。……蓋東夾西邊之牆爲東序，而東夾東邊亦必有序，序外即東垂。西夾東邊之牆爲西序，而西夾西邊亦必有序，序外即西垂。是東西序外之廉上皆有餘地，即垂也。」則「一人冕，執劉，立於東堂；一人冕，執鉞，立於西堂」，意謂大夫一人頭戴冕，手執劉，站在東堂上近于阼階處；大夫一人頭戴著冕，手執鉞，站在西堂上近於賓階處。「一人冕，執戣，立於東垂；一人冕，執瞿，立於西垂」，這裡的兩個頭上戴著冕的大夫也位於堂上，一人手執戣，站在東垂；一人手執瞿，站在西垂。側階，孔傳云：「北下立階上。」《孔疏》釋云：「傳以爲『北下階上』，謂堂北階，北階則惟堂北一階而已。『側』，猶特也。」又《孔疏》云：「鄭、王皆以側階爲東下階也。」是有關側階的位置，古代一直有鄭玄、王肅主張的「東下階」和孔傳所首倡的「北下階」二說。二說爭執不定，總之可籠統地說在「側階之上」，如呂祖謙《書說》云：「側階未知其方，亦側階之上也。」顧頡剛、劉起釪在考察前人諸說的基礎上，結合近年來古代文化遺址考察工作的新發現，認爲以側階爲北階較近情實。〔註30〕則《顧命》「一人冕，執銳，立於側階」，意即大夫一人戴著冕，手執銳，站在北面的側階。

〔註29〕顧頡剛、劉起釪著：《尚書校釋譯論》，中華書局，2005 年 4 月，第 1786～1787 頁。

〔註30〕顧頡剛、劉起釪著：《尚書校釋譯論》，中華書局，2005 年 4 月，第 1799～1801 頁。

表4-9：《顧命》對陳設兵衛的記敘

內容要素　循環次數		1 人　數	2 裝　束	3 執　兵	4 位　置
1	分述一	二人	雀弁，	執惠，	立於畢門之內；
2	分述二	四人	綦弁，	執戈上刃，	夾兩階戺；
3	分述三	一人	冕，	執劉，	立於東堂；
4	分述四	一人	冕，	執鉞，	立於西堂；
5	分述五	一人	冕，	執戣，	立於東垂；
6	分述六	一人	冕，	執瞿，	立於西垂；
7	分述七	一人	冕，	執銳，	立於側階。
循環主體		○人	○弁／冕	執○	立於○○

　　從「二人雀弁」至「一人冕，執銳，立於側階」，如王國維所說是設兵衛事。《顧命》在這裡分七個層次介紹了典禮中衛兵的佈局情況。每一層的內容都按照先說明人數、次裝束、再兵器、最後說明位置的固定次序逐一展開。與前文中陳說四坐布置的內容相似，這段敘述也具有重章循環的特點，即在一個相對穩定的形式框架中，通過置換少數用詞，來達到說明依次說明情況的目的。《顧命》在敘述布置四坐和陳列寶器時，基本上是按照由西（左）到東（右）的順序展開內容的，此處陳兵衛事則有所不同，在交待處於東西對稱位置的兵衛設置情況時，都採用了先東（右）後西（左）的順序來安排內容。

　　綜上所述，設四坐、陳寶器與列兵衛都是《顧命》篇所敘的典禮開始之前的布置與準備工作。《孔疏》云：「設四坐及寶玉、兵器與輅車，各有所司，皆是相命，不言所命之人，從上省文也。」是知自「狄設黼扆綴衣」以來的這一大段內容，乃有司遵照召公的命令分別設置起來的，之所以在後文中再不見具體執行者的行動與進程，都是蒙前省略的結果。這樣一來，在《顧命》篇中呈現出來的就只是典禮現場方方面面的靜態的裝飾佈局，而其生成的動態過程則被完全隱藏了起來。《顧命》在這裡著意記載了四坐、寶器和兵衛等三項的設置情況，它們在內容上彼此獨立，如果用圖示來形容一下三者的關係，可以說它們是三個相離的圓形。但是設四坐、陳寶器與列兵衛又並非完全孤立，從表4-6至4-9可以看出，《顧命》在分述三者的時候儘管內容繁簡不同、先後次序不同，但是其中始終包含著一個共同要素，即方位。從空間範圍來看，四坐的設置集

中在堂上（包括中堂和西夾）；寶器的設置除在堂上之外，又擴大至東西房和庭中；兵衛的設置範圍最大，南至畢門，北至側階，東至東垂，西至西垂。由此可見，從設四坐到陳寶器再到列兵衛，是一個在空間範圍上逐漸擴大的過程。堂上是典禮活動最集中因而也最為重要的區域，《顧命》在記敘四坐的情況時，按照先中堂南向座、次西序東序設座，再西夾南嚮座的順序展開。按，中堂在宮室格局中地位最尊，又堂中設座以南向為尊，可見在《顧命》的記述中實際上也暗含了對四座地位的判斷。同樣，《顧命》在記敘陳寶的情況時，也具有相同的特徵，記陳寶器時先中堂西序東序，再及堂北西房東房；記陳車輅時，先堂下賓阼階前，再畢門左右塾前，均按照與典禮中心區域（中堂）的距離由近及遠的順序依次展開。可以說，無論是設四座還是陳寶器，《顧命》在記敘時都體現出由中心（中堂）向四周輻射的整體態勢。篇中對四坐、寶器和兵衛的敘述是相對獨立的，同時就空間而言，它們又具有共同的核心，這就是整個宮室的核心地帶，亦即舉行儀式的重要地點——中堂。四坐、寶器與兵衛三者莫不圍繞著這個核心，在不同的範圍內進行布設，而《顧命》在敘述時則是按照其所涉空間由小到大的次序依次展開。

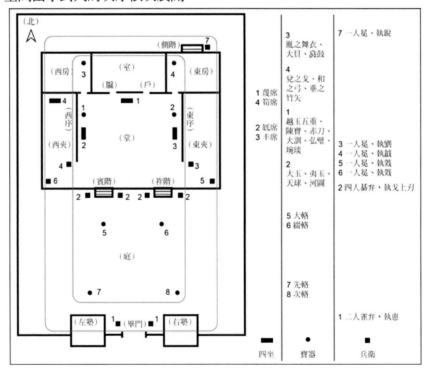

圖 4-1：《顧命》篇四坐、寶器及兵衛施設圖

此外，典禮現場的布置具有東西（左右）對稱的空間特點，無論是中堂
設座、後房陳寶、庭中陳列輅車亦或兵衛的設置，莫不體現出這一點。如前
文所述，《顧命》在敘述設座和陳寶的情況時，對處於空間對稱位置的設施採
用從西（左）至東（右）的順序加以介紹，如敘堂上陳寶位置爲先西序、再
東序，先西房、再東房；敘堂下陳車位置爲先賓階前、再阼階前，先左塾前、
再右塾前。而敘述陳兵衛的情況則剛好與此相反，首先它不再是由中心向四
周的輻射式結構，而是在整體上體現出由南向北的縱向敘述過程，即南起畢
門內，中間經過庭中和堂上，北至東北隅側階；其次，在分述處於東西對稱
位置的兵衛設置情況時，全以先東（右）後西（左）的順序展開，與設座和
陳寶情況相反。《顧命》對四坐、寶器和兵衛三項內容的敘述，既自成體系，
相對完整，又以空間位置這一共同要素貫穿其中，建立起三者的內在聯繫，
通過它們的相互補充清晰而詳備地表述了整個典禮現場的布置和準備情況。
隨著《顧命》篇記敘的深入，典禮現場的佈局亦逐步立體、闊大、豐富起來，
而篇中空間敘述順序的調整，則使四坐、寶器、兵衛三者的層次關係更加鮮
明，並且別具對稱平衡之美。

（四）《金縢》篇記敘結構

如前文所述，《尚書》中絕大多數《書》篇都是以記言作爲主體內容的，
只在《堯典》、《禹貢》、《顧命》和《金縢》四篇中，史官記敘的比重超過了
記言，占到全篇內容的 50%以上。以記敘部分爲《書》篇內容的主體，這是
《金縢》與《堯典》、《禹貢》及《顧命》三篇的共同之處。敘事文的構成需
要具備兩大要素，其一，被敘述的事件必須具有先後順序；其二，這些事件
還必須導致或能夠導致某種結果。從這一定義出發，《堯典》、《禹貢》、《顧命》
和《金縢》都可以稱爲敘事文。但是就情節連貫性的強弱程度來看，《金縢》
與《堯典》等三篇的情況又不盡相同。這裡所要集中討論的就是《金縢》篇
不同於前三者的特殊性。總體說來，《金縢》在敘事的完整性和情節的連續性
上強於《堯典》等三篇。而且，篇中後半部分中，有關天變示異、成王親迎
等內容的記載，具有鮮明的神話色彩，亦與《尚書》整體上的質實、嚴肅的
史書風格存在明顯差異。

如果從《金縢》篇製作與生成的歷史過程來考察其文本的構成，那麼大
體可以分爲前後兩個部分。前者即從開篇至「王翌日乃瘳」，記周公爲周武王
病請以己代之事，是古代統治者在對祖宗神靈的崇拜下所進行的一種宗教性

政治活動。這是《書》篇內容的主體，無論是它的思想內容，還是一些文句語彙，都基本與西周初年的情況相符合；後者從「武王既喪」至篇末「歲則大熟」，記周武王死後，周公因管叔等散佈流言致成王懷疑因而避居於東之事及在天變警告之下，周成王得讀金縢之書，因而悔悟親迎周公之事。在這部分內容中，除了記君臣間的簡要對話以外，還有不少敘事之文，不僅在體例上與諸誥不一致，在語言風格上也較平順，更接近東周特色。因而可以說，今所見到的《金縢》篇的內容實際上作成於不同時期，既有周初武王病篤時的材料，也有東周時對相關事態的補記，其最終成篇自然應是東周時候。〔註31〕《書》篇內容的層累式生成過程，使得今天所見到的《金縢》在內容上具有了較強的故事性和情節方面的因果聯繫。有學者從小說史的立場上審視《金縢》故事，將其內容分為三段，第一段自篇首至「王翼日乃瘳」，敘武王有疾，周公以身為質，向三王禱告，祈代武王以死，然後將祝詞「納冊於金縢之匱中」，武王次日病癒。第二段自「武王既喪」至「王亦未敢誚公」，敘武王死後，年幼的成王即位，周公攝政。三監流言，中傷周公並勾結殷商遺民叛亂。周公東征平叛，成王懷疑周公。第三段自「秋大熟」至文末，敘秋天百穀豐收在望，未及收穫而遭雷電風災。成王與大夫開金縢，見周公祝禱祈代之辭，問諸史官得實情後，幡然醒悟，親自出郊迎接周公。天異遂消，「歲則大熟」。並分析指出，第一段所述周公祝天，祈以身代武王的故事，是為打消成王對周公的懷疑而張本鋪墊；第三段風雨雷電，天人感應的生動描寫，是矛盾解決後的必然結果。「全文結構緊湊，情節完整，因果分明，小說因素十分明顯。尤其是二、三兩段，『顯然和第一段不同，……大概是後人追記往昔的傳說故事，信筆寫成的。……編輯《尚書》者因它與周公有關，遂附於第一段之後，總名之曰《金縢》。……』（趙光賢《古史考辨》）圍繞周公形象，按因果關係組織安排『信筆寫成的』故事情節，更見其與小說的關係。」〔註32〕可以說，《金縢》獨特的小說意味的生成並不是史官的自覺創作，而是其內容逐步累積、接續所造成的客觀結果。所以《書》篇的局部構成而言，《金縢》既具有與《尚書》中絕大多數以記言為主的《書》篇所共通的結構範式（主要見於《書》篇見半記錄周公禱辭部分），又包括其他《書》篇所不具備的對時間跨度較大的故事情節的完整敘述；如果從《金縢》的整體結構來看，篇中的記

〔註31〕顧頡剛、劉起釪著：《尚書校釋譯論》，中華書局，2005 年 4 月，第 1253 頁。
〔註32〕王恒展：《尚書》與中國小說，山東師大學報（社會科學版），2000 年第 3 期，第 21～27 頁。

言與記敘兩大部分之間又具有緊密的內在因果聯繫，共同完成了對同一故事的完整敘述，形成了貫通全篇的情節發展脈絡。

《金縢》篇中對自然異象的描寫在《尚書》中是絕無僅有的。其中，「秋，大熟，未獲，天大雷電以風，禾盡偃，大木斯拔」及「天乃雨，反風，禾則盡起。二公命邦人，凡大木所偃，盡起而築之，歲則大熟」，是兩段充滿了神秘與恐怖色彩的描寫。在天意與人力這兩者間的力量對比中，前者明顯居於主導地位。對天意的順服或忤逆可以招致截然不同的結果。《金縢》篇中對於天人感應的認同與對自然異象之巨大能量的生動描寫，所表現出來的是與誓誥中的「用命，賞於祖；不用命，戮於社」等相類似的二元式思維方式，同時也與諸《書》篇所流露出的對天命的崇信和敬畏具有相通之處。

事件之間具有一定的內在關聯，是構成敘事文的必要條件之一。只是在不同的文本中，這種關聯的強弱或顯隱不盡相同。較之前述《堯典》等三篇，《金縢》兩部分內容雖非作成於一時一人之手，但卻在客觀上形成了貫通全篇的故事整體，從而使《書》篇的敘事意味更加顯明。同時對天意示警的描寫又出離於史書實錄的基本特徵而初具小說雛形。

第二節　《尚書》部分文本的基本特徵

《堯典》、《禹貢》、《顧命》和《金縢》諸篇是《尚書》中為數不多的以史官記敘構成主體內容的《書》篇，其中《禹貢》更是完全以記敘獨立成篇、全無記言內容的唯一《書》篇。如前文所述，記言，是《尚書》的根本屬性，它不僅決定了《書》篇的基本內容，而且也規定了它的基本結構形式。從這一點來看，《堯典》、《禹貢》、《顧命》和《金縢》三篇顯然在一定程度上偏離了記言屬性的根本要求。事實上這三篇，特別是《堯典》和《禹貢》的作成時間也早已成為尚書學史中的一椿公案，一般認為，其所記載的歷史內容與《書》篇的生成在時間上不一致，即二篇係春秋戰國時人整合堯舜禹時期的歷史資料和後世傳說等製作出來的，故而在結構形式上具有與其他存有底本的諸《書》篇相異的一些特徵。有關《金縢》的情況，一般認為篇中所記載的周公請求以己身代武王之事及占卜之辭，為周初真實史料，而文中後半部中的記敘內容則為後人所補益，非周時原有。《顧命》篇是周代真實《書》篇之一，篇中記敘部分詳細記載了周康王受顧命之戒以後舉行即王位這一隆重

典禮中的各種陳設，君臣行禮所在的位置和兵衛的布置，與典禮中的一應儀節，使後人看到西周早期盛大典禮的具體細節，具有重要的史料價值；同時，其《書》篇結構，特別是史官記敘的詳備在《周書》諸篇中也是絕無僅有的。本書第三章著重分析了《今文尚書》中以記言作爲主體內容的諸篇的基本結構類型，前文中亦對《金縢》篇之特殊性進行了討論，在這裡則要集中整理一下以《堯典》、《禹貢》和《顧命》三篇爲代表的《尚書》中較大篇幅的記敘部分的共同特徵。

第一，具有平行於記言內容的獨立性

在以記言爲內容主體的《書》篇中，史官記敘有兩種基本形式，即用以引導記言的「某某曰」和冠於篇首的簡要背景敘述。二者的主要功能是對記言內容進行有效補充，均服從於《尚書》記言的根本屬性。而在《堯典》、《禹貢》和《顧命》篇中，記敘的情況則與上述諸篇有所不同，除了在內容比重上明顯增加以外，記敘在篇中的地位亦有所提升，即不再單純居於從屬地位，而是具有平行於記言部分的相對獨立性，並與記言部分一樣，是《書》篇歷史內容的重要載體。同時，記敘的獨立性還表現在具有獨立自足的結構形式，也就是說，在《堯典》等篇中，某段記敘並不必然與同一篇中的記言或其他記敘內容構成因果聯繫，而是在結構形式上處於一種相對閉合的狀態。

以《堯典》爲例，篇中兼有記言和記敘兩部分內容，後者約占整體內容比重的 54.70%。《堯典》全篇大體可分爲四個內容單元，分別爲：一，堯任命天文官員，制定曆法，指導民事活動。二，堯整頓政治，選用人材。三，堯在政事上考驗舜，及舜如何成功地通過考驗而取得堯的信任，而後堯正式宣佈禪讓帝位給舜。及舜以攝君位身份，進行的種種宗教禮儀活動和巡狩方岳、封祀山川等活動。四，舜踐位後的政治活動，包括任命官吏並加以誥誡及考績。其中，第一、三兩部分內容的記載，主要是通過史官記敘的形式來完成的；第二和第四兩部分，則主要通過人物間的對話，即記言的形式來完成的。如果用 C 代表記言，用 N 代表記敘，那麼《堯典》篇的構成大致可表示爲：N1+C1+N2+C2（其對應關係見表 4-10）。在表達形式相互交替的同時，文本的內容也隨之更迭，也就是說，在《堯典》中，無論是記敘還是記言，其所完成的都只是對某一部分內容的集中表述，而不是在貫通各項內容的前提下，對篇章進行的具有整體性的內容表達和結構建設。

表4-10：《堯典》篇基本內容與表達形式

形　式	基本內容	篇中起訖
記敘 1/N1	一，堯任命天文官員，制定曆法，指導民事。	曰若稽古帝堯，……庶績咸熙。
記言 1/C1	二，堯整頓政治，選用人材。	帝曰疇咨若時登庸，……帝曰欽哉。
記敘 2/N2	三，舜通過堯的考驗，以攝君身份進行各種活動。	慎徽五典，……四海遏密八音。
記言 2/C2	四，舜踐位後任命官吏並加以誥誡與考績。	月正元日，……陟方乃死。

　　本書第三章中將《尚書》記言的基本形式概括爲「A 曰+B」，即「講話人+曰+講話內容」的形式，這也是構成《尚書》文本結構的基本單元。《堯典》中的兩段記言（即 C1 和 C2 部分）在形式上完全符合《尚書》文本的這一形式特徵，並與以記言爲內容主體的諸《書》篇同樣，是通過人物的言語來完成對相應歷史內容的記載。而從《堯典》全篇的構成角度來看，其記言部分又具有區別於前述諸篇的明顯特徵。因爲在《尚書》文本的兩種基本結構範式中，無論是「An 曰+Bn」形式，還是「N：An 曰+Bn」形式，都是通過一人發言或者多人間對話來完成對同一主題的闡述或討論；《堯典》中的記言則不然，C1 和 C2 兩段是對堯當政時期選賢任能情況及舜踐位後任命官吏情況的分別記載，二者在內容上是相對獨立的。由上表可以清楚地看出，在《堯典》的兩段記言前後，分別出現了相當篇幅的記敘內容，這也決定了《堯典》必然具有區別於以記言作爲內容主體的諸《書》篇的獨特之處。與記言部分同樣，《堯典》中的兩段記敘（即 N1 和 N2）也具有相對獨立的關係，它們分別記載了帝堯組織制定曆法以指導民事的內容和舜攝位時進行各種宗教禮儀活動、巡狩方岳、封祀山川及建立刑制等情況。除此以外，二者在結構形式上的獨立性也很明顯。如前文所述，《堯典》關於制曆部分的記敘呈總分式結構，先以堯命羲和領起，繼而分述羲氏、和氏觀象授時的諸項活動，最後以制曆的總原則和效果作爲總結，條理清晰，首尾有致，是一個完整記錄了堯時治曆情況的閉合式結構。而《堯典》中的另一大段記敘是對舜攝位期間所從事活動的記載，各項內容之間呈並列關係，其敘述順序與活動的時間先後相一致，在一定程度上表現出編年體的結構特徵。《堯典》中的這段記敘以舜攝位的起訖時間爲首尾，雖

然它不具有治曆部分那樣的總分形式，但是從時間角度來看，它也是一個有始有終、內容完整的閉合結構。所以《堯典》中的兩段記敘無論在內容上，還是在形式上，都是相對獨立的。綜上所述，《堯典》中所包含的四個內容單元，是分別通過記敘和記言兩種不同的結構形式而得以表述的，四者在內容和結構上保持相對獨立，在整個《書》篇中屬並列關係。其中的兩個記敘單元（N1 和 N2）在篇中作爲記錄不同時期歷史內容的重要載體，和記言部分一樣，是《堯典》的重要組成部分。

此外，《顧命》中的記敘也具有與《堯典》相類似的特徵。《顧命》篇包括四部分內容，即一，周成王病垂危時，向大臣所講的一篇囑咐其輔佐兒子康王的顧命之辭。二，史官記載爲大典所進行的陳設部署。三，向康王傳授顧命所舉行冊命禮的詳細過程。四，康王即位後，受群臣陳戒之詞及康王發表的誥詞。其中，第二和第三兩部分內容主要是通過史官記敘的形式來表述的，《顧命》全篇的內容構成可以概括爲：C1+N1+N2+C2，即分別由兩段記言內容和兩段史官記敘組合而成。這裡的 N1 和 N2 也和《堯典》篇中的兩段記敘一樣，與記言內容之間相互並列，是篇中歷史內容的重要載體。並且，就《顧命》篇而言，其歷史價值的重要表現之一，就在於其「所載典禮自成完整的一套，秩序井然而儀節詳整，使後世看到了周初一次典禮的全貌，比後來許多較它更詳備的禮儀細記都要眞切、確實。」〔註33〕而篇中有關周康王在受顧命之戒而後舉行即王位這一隆重典禮中的各種陳設，君臣諸侯行禮所在的位置，兵衛的布置，及典禮進行過程中的一應細節等的記載，正是史官記敘的主體內容。由此可見，在《顧命》篇中，記敘不僅具有平行於記言內容的獨立性，而且也發揮著記言形式所無以替代的重要作用。如前文中所一再提及的，《禹貢》是《尚書》中唯一以記敘獨立構成的篇章。史官記敘在構建文本結構、表述歷史內容的過程中所發揮的作用是顯而易見的。

第二，具有局部內容的完備性

如前文所述，《今文尚書》絕大多數《書》篇都是由記言和記敘兩部分組合而成的。其中，記言部分採用直接引語方式著錄，保存了講話內容的原生形態；記敘部分則是史官的工具語言，在不同的《書》篇中分別承擔

〔註33〕顧頡剛、劉起釪著：《尚書校釋譯論》，中華書局，2005 年 4 月，第 1881 頁。

著輔助記言或獨立記事等不同功能。在這裡要著重分析研究的是《堯典》、《禹貢》和《顧命》三篇中，獨立承擔記事功能且篇幅較長的記敘部分的共同特徵。

《堯典》、《禹貢》和《顧命》等篇中的記敘都採用了全知的第三人稱敘述方式。和一般意義上的敘事文不同，在上述三篇中，記敘的要旨並不在於講述一個相對完整的故事，也不十分強調事件的發展變化，而是特別重視所記載的單個內容單元的完備性。之所以稱爲「單個內容單元」，是因爲《尚書》中唯數不多的大篇幅記敘，在各自《書》篇中多具有相對獨立的地位和意義。以《堯典》爲例，篇中關於堯時治曆情況的記載，除了在內部構成方面呈現出總分總式的自足形式以外，與前此以「曰若稽古」起首的對古帝堯所作的總的頌揚和讚美，及與後續於此主要以多人對話的形式記載的帝堯整頓政治、選用人材等相關內容之間，並不具有必然的因果聯繫。就《堯典》的內容構成而言，治曆與選賢兩節，分別記載了堯在位時主持的兩項政治活動，在篇中，二者相對獨立，屬於並列關係，這也是史官記敘所具相對獨立性的體現。敘事文的定義有很多種，作爲一個實用的定義，「敘事文可說是具有連貫性和先後順序的事件的記錄。敘事文的結構中有兩個因素是必不可少的。首先，被敘述的事件必須具有先後順序，如果不這樣，那就變成了單純的描述而不是敘事。其次，僅僅是一系列事件本身，還不能保證必然構成敘事文。一系列事件之間，必須具有連貫性，才能構成敘事文。」〔註34〕《尚書》中的史官記敘也屬於敘事文的範疇，具備上述兩大特徵。只是事件與事件之間的過渡與因果聯繫還比較薄弱，而單個內容單元的完備性則相對突出。

具體來看，《堯典》、《禹貢》和《顧命》三篇的內容構成都具有直線性特徵，即篇中分別通過史官記敘和記言兩種形式來表達的內容，都是沿著一條直線綿延前進的，總體看來，其敘述順序與時間進程相一致。《堯典》、《禹貢》和《顧命》的內容構成如圖 4-2 所示。其中，《堯典》記載堯、舜史跡，在一定程度上具有平鋪直敘的編年史結構特色；《禹貢》分敘別九州、導山、導水和五服的情況，各部分內容之間的相對獨立性較強，同時又具有一定的內在聯繫；《顧命》記載從周成王召群臣傳顧命到周康王即位這一

〔註34〕〔美〕王靖宇著：《中國早期敘事文研究》，上海古籍出版社，2003 年 3 月，第 4 頁。

過程中的諸多事件，事件之間的連貫性較強，在三《書》篇中敘事意味最濃。上述三篇所具有的直線性特徵屬於一種相對簡單的敘事結構，因為敘事文的特點之一在於事件之間具有連貫性，即所敘述的事件必須以某種方式結合起來，使得讀者想要繼續讀下去，想要知道以後會發生什麼，也就是說，敘事文中一連串的事件必須導致或能夠導致某種結果，而事件的連貫性則是由讀者對此結果的期望和渴求所構成。〔註35〕因而敘事文的作者往往會調動多種敘事手段（如對情節的巧妙安排等）使事件之間的聯繫由水平的直線式的變為立體的和整合的，從而增強故事的可讀性。而《堯典》等三篇的敘述重點則不在於對貫通全篇的故事本身進行建構，而是在於對此間所涉及的各個內容環節之完備性的自覺追求。其中，記言的部分通過對言語內容的實錄來最大限度的保存其原生形態；記敘的部分則通過第三者（史官）的全知視角，來對相關史迹進行客觀而詳備的記載。這是由《尚書》作為一部歷史典籍的本質屬性和基本功能所決定的，也是《尚書》與文學作品的根本區別。因而可以說，《堯典》、《禹貢》和《顧命》三篇一方面具有敘事文的文體共性，另一方面又具有歷史典籍的鮮明特徵。對歷史進行客觀而詳實的記載，是史書的共同特徵之一。在《堯典》、《禹貢》和《顧命》三篇中，這一點集中體現為對每一內容單元的完整敘述。這裡的完整敘述，是指《書》篇中對某一項內容的相關信息進行悉數彙集，並通過某種恰切的結構方式表達出來；同一《書》篇中所包含的各項內容之間，在具有直線性內在聯繫的同時，又分別具有獨立的地位和意義。換句話說，由於《書》篇的各個部分都被先天地賦予了保存歷史信息的功能，所以其在內容的構成和表達形式的選擇方面具有內向性和獨立自足性；而與一般敘事文的從整體出發來規劃內容和形式的做法不同；反之，對直線性敘事進程中的每個環節都進行詳盡的記載，之於具有既定故事的敘事文來說，也是沒有必要且難以做到的。

〔註35〕〔美〕王靖宇著：《中國早期敘事文研究》，上海古籍出版社，2003年3月，第4頁。

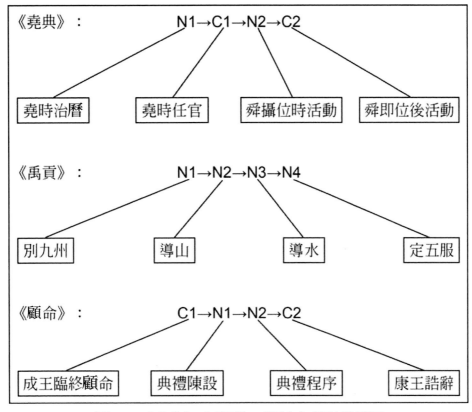

圖 4-2：《堯典》、《禹貢》、《顧命》篇結構簡圖

第三，採用第三人稱的敘述視角

有關《尚書》作者的問題已見於前文討論，本書認為，無論是以記言為主體內容構成的《書》篇，還是像《堯典》這樣包含了大量記敘內容的《書》篇，其作者都是秉筆直書的史官，且運用了第三人稱的敘述視角。廣義而言，敘事文學中可以區分出兩種主要的觀點，一種可稱作「我」或第一稱觀點，另一種是「他」或第三人稱觀點。如前文所述，《尚書》在記言時有兩種結構範式，一是 An 曰+Bn；一是 N:An 曰+Bn。如果把《書》篇中的記言內容（Bn）單獨提取出來，那麼，將會組成一篇完整的帶有論說文性質的新篇章，並且是用第一人稱「我」的角度來進行表述的，這時它的結構層次可表示為 B1+B2+……Bn。這也是《尚書》記言不同於一般的語錄體散文的特點之一，即同一《書》篇中的多段講話內容是圍繞著同一個中心話題展開的，保存用以輔助記言的史官記敘部分，那麼它呈現語錄體形式；如果去掉記敘部分，則可以在無損論述完整性的情況下，獨立成篇。但是就《書》篇的實際情況

來看，「A 曰+B」形式才是其基本結構單元，《尚書》中的記言，無一例外地運用了在講話內容之前冠以「某某曰」（或省略講話人身份說明，直接冠以「曰」）的表達形式，在很多《書》篇中，同一人的講話內容還可以由多個「A曰+B」形式來導引。由此我們可以肯定地說，所謂《尚書》對言語內容的「實錄」，不可能是鏡面式的反射，因為一方面在史官記錄的過程中不可避免要受到主觀意志的影響（詳見前文），另一方面在文本表達形式上也留下了鮮明的標誌，其中「某某曰」（A曰）對講話內容的參與，就是史官意志的明確體現。所以，《尚書》記言所運用的直接引語形式，保存了講話人的原始語態，就純粹的言語內容而言，屬於第一人稱觀點；而就《尚書》的客觀形式而言，《尚書》中的包括直接引語形式在內的各種表達方式，都是其作者——史官對文本形式進行選擇的必然結果。從《書》篇的結構範式可以看出，言語內容完全被收納於史官記錄用語的統轄之中，是在後者的組織和構建下得以表達的。而在《堯典》、《禹貢》和《顧命》等篇中，除了記言內容以外，還包括較大篇幅的記敘內容，其陳述主體顯然就是《書》篇的作者。因而可以說，《尚書》所表現的是第三人稱「他」的觀點。

在《尚書》中，「他」即史官，各《書》篇的講述者與作者是相互統一的。《尚書》諸篇的記言內容、《堯典》等篇中的大篇幅敘述，以及《書》篇中用以表述背景或輔助記言的簡短記敘，莫不是史官對其所見聞諸情況的記錄。史官在文本生成的過程中履行了相當於觀察者和報告者的職責。在我國古代敘事文作品中，使用第三人稱進行敘述的情況極為多見，即便是自傳性作品中，第一人稱也往往讓位給第三人稱。例如《史記》的最後有一篇眾所周知的自傳，傳中司馬遷用第三人稱自稱為「遷」。而在用到人稱代詞「余」的時候，也總用「太史公曰」作為先導。敘事者使用第三人稱主宰了傳統中國敘事文學。〔註36〕因而可以說，《尚書》的第三人稱敘述視角，是我國傳統敘事文的共性之一。同時，《尚書》敘述又有其自身的特點。其一，《尚書》中的敘述者很少對事件直接發表判斷和評價。其二，《尚書》中的第三人稱敘述者並非不受限制的全知者，其所敘述的內容僅限於所見所聞的事態與言語等。

《尚書》的作者（亦即《書》篇的敘述者）很少在文本中直接出現。今文二十八篇中僅有《周書·洛誥》篇的結尾處有「作冊逸誥。在十有二月。

〔註36〕〔美〕王靖宇著：《中國早期敘事文研究》，上海古籍出版社，2003年3月，第15～16頁。

惟周公誕保文武受命，惟七年」諸語，明確記錄了作者的名字（逸）和《洛誥》寫成的時間。而在絕大多數情況下，《書》篇的敘事人都是作爲觀察者或報告人來履行記錄事件的職責。與後世通變古今，成一家之言的著述思想不同，《尚書》並非成書於一人一時之手，從其記言範式的統一性上不難看出，《書》篇的著錄具有其特定的形式規範；就《尚書》的生成過程來看，諸《書》篇原本爲各王朝的王室所典藏的重要檔案資料，其中彙聚了前代政治思想、治國方略與統治經驗等寶貴的歷史內容。《尚書》以記錄君王之言爲主，其主要的讀者也來自最高統治階層，是各王朝統治者所必讀必遵的大法。史官作爲《書》篇的著錄者，同時也是統治階層的僕從，無論就《書》篇的內容而言，還是從史官職責角度來看，都不具有對事件或人物進行判斷與評價的自由與權力。所以，在《尚書》中，非但極少出現作者的姓名，而且無論是用以表述講話背景的簡要概括，還是像《堯典》等篇中的大篇幅敘述，都以歷史情況的客觀記錄爲要旨，並不包括史官自身對事件的判斷與評價。此外，在《尚書》諸篇中，史官記敘的內容沒有超出其所見聞的實際範圍。有學者指出，我國傳統敘事文學「從使用作爲純粹記錄者的第三人稱到沒有限制的全知者的第三人稱之間，有一個逐漸演化的過程。在《左傳》和先秦時期的類似作品中，敘事者常常作出無所不在的第三人稱目擊者的姿態，他記錄下自己的所見或所聞，儘管有時候，他並不猶豫表白自己對人物和事件的判斷和評價。……然而當我們閱讀後期作品時，我們看到敘事者的全知程度逐漸擴大。在《史記》關於荊軻的故事中，我們看到這樣的句子：『高漸離念久隱未約無窮時。』同一篇稍後又告訴我們：魯句踐『私曰』。但一直要到更後期的故事，特別是白話故事，敘事者才眞正變成無所不知，不所不曉。如果我們把第三人稱報告者的觀點稱爲『史官』觀點，那麼第三人稱的全知者的觀點便可稱作『說書人』觀點。」〔註37〕可以說，《尚書》中的第三人稱敘述，正是「史家」觀點的典型代表。無論是《堯典》中對堯舜時期一系列政治活動的記載，《禹貢》中對於山川地理的著錄，亦或《顧命》中對典禮現場布置情況的描述，《尚書》始終是從報告者的視角出發來進行歷史的傳達。其內容沒有超出一個觀察者所能聞見的範圍；《書》篇在記錄言語內容時，往往會附以簡短的記敘，其中不乏對人物肖像或行爲動作的描寫，如《周書・牧誓》

〔註37〕　〔美〕王靖宇著：《中國早期敘事文研究》，上海古籍出版社，2003 年 3 月，第16～17 頁。

有「（周武）王左杖黃鉞，右秉白旄，以麾」，再如《書》篇中多次出現的「拜手稽首」等，這些也都屬於史官——一個觀察者所見所知的範圍。《尚書》的敘述者就是在現實中履行著錄君王言行職責的史官，篇中的第三人稱敘述是史官就其所知道的內容向讀者報告，《書》篇中既沒有對人物內心思想、內心情感的表述，也沒有史官對事件的直接評價與判斷。《尚書》諸篇通過對人物言語的記載和對客觀歷史情況的完備表述，在最大程度上踐行了史書製作的實錄原則，提升了《尚書》「愼言行」、「昭法式」的歷史功能。

第四，敘述語言的程式化

《堯典》等篇中所記敘的內容，多不是貫通全篇的事件，而是針對某一項內容的描述或說明，在具體《書》篇中，其往往與記言或表述其他內容的記敘部分相交錯，聯合構成《書》篇的完整內容。從對單獨《書》篇的統馭能力來看，《堯典》等篇中的大篇幅記敘要遜色於以記言作爲內容主體諸篇中，冠於篇首對歷史背景進行總體概括的簡短記敘。《堯典》、《禹貢》和《顧命》等篇分別集中敘述了堯時治曆和帝舜的政治活動，禹別九州及導山、導水；周康王即位典禮的籌備（包括筵席的設置、寶器的陳列和兵衛等的布置等三項內容）等相關內容。從敘述所使用的語言來看，它們的共同特徵集中表現爲：語句簡短，表義客觀、直接，很少流露敘述者的情感，這也是史家語言的共性所在。需要指出的是，《書》篇敘述內容的差異及同一篇中不同內容間相對獨立的關係，也對它們的具體表達形式具有直接影響，從而使《書》篇中針對不同內容展開的記敘在外在形式上也表現出鮮明的個性特徵，這也是前文中所說的《尚書》記敘具有相對獨立性的表現之一。本書認爲《尚書》中較大篇幅的記敘部分的主要形式特徵可以概括爲以下兩點，即敘述的程式化與平面性。

敘述的程式化，是指《書》篇在敘述某一內容時，在一定程度上表現出《詩》體重章複沓的形式特徵，即基本相同的語句循環出現，通過變更個別詞句，來表述不同的內容。從而使針對某項內容所展開的敘述部分因構成要素和語言形式的內在統一而呈現出某各種規律性。除了《金縢》以外，《堯典》、《禹貢》和《顧命》三篇在敘述語言方面都不同程度地表現出程式化特徵。《書》篇中敘述部分的程式化特點可以從兩個方面進行考察，一是循環主體（亦即敘述過程中反覆出現的基本語句）所包含的內容要素的數量；二是記敘過程中基本語句的循環次數。以《顧命》關於四座陳設的記敘爲例，篇中云：「牖

間南嚮，敷重篾席，黼純，華玉仍几。西序東嚮，敷重底席，綴純，文貝仍几。東序西嚮，敷重豐席，畫純，雕玉仍几。西夾南嚮，敷重筍席，玄紛純，漆仍几。」 其中，在內容範疇和語言形式上都基本相同且反覆出現的句式，就是這段記敘的循環主體，其基本樣式可以概括為：○○○○，敷重○席，○純，○○仍几。它主要由四個內容要素構成，依次為：方位、布席種類、布席文采和幾飾；在這段記敘中共包括四個分述几筵布置情況的分句，也就是說，循環主體一共反覆了四次，所以這段敘述中基本語句的循環次數是四（詳見表 4-11）。

表 4-11：《顧命》設几筵事相關敘述的程式化特徵分析

內容要素 循環次數		1 方 位	2 布席種類	3 布席文采	4 幾 飾。
1	分述一	牖間南嚮，	敷重篾席，	黼純，	華玉仍几。
2	分述二	西序東嚮，	敷重底席，	綴純，	文貝仍几。
3	分述三	東序西嚮，	敷重豐席，	畫純，	雕玉仍几。
4	分述四	西夾南嚮，	敷重筍席，	玄紛純，	漆仍几。
循環主體		○○○○	敷重○席	○純	○○仍几

《堯典》、《禹貢》和《顧命》中的記敘普遍具有程式化特徵，關於各篇中敘述部分的具體分析見於前文，在這裡，試對其循環主體的構成要素和循環次數等加以概括和比較。由表 4-12 可以看出，在《堯典》等篇針對八項內容所展開的敘述當中，構成循環主體的內容要素數由二個至七個不等。其中，《禹貢》九州章的循環主體中，包含了州名、疆界與山川、土壤種類、貢賦水平、田地等級、特產及貢道共七個內容要素，數量最多；《禹貢》導山章和《顧命》有關陳列寶器的敘述，分別由兩個內容要素構成（即山系的首尾和寶器的名類與陳列位置），其循環主體的構成要素最少。從循環的次數方面來看，《禹貢》導山章的循環主體「導○○，至於○○」（例如：「導嶓冢，至於荊山。」）共反覆了十次，循環次數最多；而《堯典》對堯時治曆的敘述及《顧命》對設几筵事的敘述，基本語言形式的循環次數則最少，均只有四次。《書》篇在對不同內容時行敘述的時候，會根據特定內容的要求，選擇與其相適應的帶有鮮明程式化特徵的表述形式，同時，在各種程式化敘述當中，內容要

素和循環次數的多少也在一定程度上影響著敘述的效果。一般來說，內容要素越少或循環次數越多，《書》篇所表現出的迴環往復的特點越明顯，敘述的節奏感越明顯；反之，內容要素越多或循環次數越少，則使單個循環的周期加長，語勢平緩舒蕩，敘述的節奏感及整齊有序的程度也隨之減弱。

表 4-12：《堯典》、《禹貢》、《顧命》篇中記敘部分的程式化特徵比照表

篇目與 具體內容	《堯典》		《禹貢》			《顧命》		
	治曆	巡守	九州	導山	導水	設座	陳寶	布兵
內容要素	6	4	7	2	3	4	2	4
循環次數	4	5	9	10	9	4	8	7

在《尚書》中，具有程式化特徵的記敘部分是史官敘事的重要組成部分，以《堯典》為例，篇中有關堯時治曆一事的記載共計 164 字，呈總分式結構。其中首句「乃命羲、和，欽若昊天，曆象日月星辰，敬授人時。」用以總領下文；末句「帝曰：『咨汝羲暨和，朞三百有六旬有六日，以閏月定四時成歲。』」以堯對治曆總原則的規定作為結語，總束上文；此間從「分命羲仲」至「鳥獸氄毛」一段的敘述語言程式化特徵十分明顯（詳見前文），同時也是《堯典》記治曆事的主體內容，共計 122 字，約占治曆事總篇幅的 74%。《堯典》中的其他記敘及《禹貢》和《顧命》篇中的情況也與此相近。雖然《書》篇記敘所具有的程式化特徵與《詩》體重章複沓的結構形式在功能上存在本質的區別，即《書》篇記敘的要旨不在於抒發情感，而在於實現對事物進行客觀完整的記述，但程式化表達形式與史家簡明精闢的語言特點的結合，為記敘文注入了與詩歌體相類似的節奏韻律，同時也增強了記敘的層次感。

綜上所述，記敘部分在《書》篇中的相對獨立性、所述內容的完備性、敘述過程中運用第三人稱視角及程式化的語言形式等，都是為《堯典》、《禹貢》、《金縢》和《顧命》篇所共有的基本形式特徵。從《今文尚書》的整體情況來看，像上述四篇這樣以史官記敘作為主體內容的《書》篇，只是其中的一小部分。就《堯典》等篇的構成而言，除了《禹貢》完全由記敘部分獨立成篇以外，其他三篇中均包括相應的記言內容，和絕大多數《書》篇一樣，《堯典》等篇中的記言也是相關歷史信息的重要載體，其具體表達形式亦與《尚書》記言的基本結構範式相統一。應該說，這是由《尚書》記言的本質

屬性所決定的,也是《尚書》文本在結構形式方面所具內在統一性的一種反映。《堯典》等四篇在結構上的特異性集中表現爲記敘篇幅的增大。由於篇中的記敘無論在歷史內容方面,還是在表達形式方面都具有一定的獨立性,所以從《書》篇的整體構成來看,其與同篇中的記言部分之間往往呈現出相互並列的關係,而缺少敘事文情節發展過程中緊密有致的內在因果聯繫。四篇之中,《金縢》篇的故事性相對較強。如上文所述,其內容由不同時期的材料累加而成的:以記周公祝禱的話爲核心內容的前半部分爲周初原始材料,以敘事爲主體內容的後半部分則爲東周史官所補述〔註 38〕。這一方面用《書》篇生成的歷史事實證明《金縢》中記言與記敘兩部分之間的相對獨立性,另一方面也說明《金縢》的故事性並不是源自於史官對敘事文的自覺創作,而是《書》篇動態生成過程中所形成的客觀效果,就《金縢》在西周初年的初形(大體篇中前半部分)來看,則和《尚書》中絕大多數《書》篇一樣,是以記言作爲主體內容的。總之,通過對《堯典》、《禹貢》、《金縢》和《顧命》四篇中記敘部分的考察可以看出,在以記言爲根本屬性和主體內容的《尚書》中,史官記敘除了具有輔助記言的基本功能以外,還能夠以較大篇幅獨立完成對歷史內容的集中記錄,並具有不同於後世敘事文的結構特徵。

〔註 38〕顧頡剛、劉起釪著:《尚書校釋譯論》,中華書局,2005 年 4 月,第 1247～1253 頁。

第五章 《尚書》記言文本的結構特徵

　　《尚書》是我國最早的一部歷史文獻，它以記錄古代君王或重臣的言論爲主體內容，初成於不同時期扈從君王身側的史官之手，在文本流傳過程中遞經後世的補益和修潤。先秦時代可以說是《尚書》的生成期，其時，《尚書》諸篇由最初的王朝故檔漸次流佈、彙集，春秋戰國之際，諸子百家蜂起，儒墨諸家傳《書》各有所秉，雖未有通行於世的《尚書》定本出現，然而諸家所傳本均可視爲今本《尚書》的遠源，春秋戰國時期的學者，特別是儒家學人對《尚書》的整理和加工，在一定程度上奠定了它的基本內容和形制。進入漢代，《尚書》由歷史文籍上昇爲經國大典，由此開始了它漫長而坎坷的經學之路。在經學時代，《尚書》的面貌伴隨其經典地位的鞏固而逐漸確定下來，雖然《尚書》在轉寫過程中屢現文字方面的出入，有關今、古文《尚書》的諸多問題還存在爭論，但是伏生所傳《今文尚書》漸被學術界認爲是較爲可靠的《書》篇。本書的研究也是在這一公論的基礎上展開的，以今文二十八篇作爲考察與研究的對象，進而把握《尚書》文本的典型結構。

第一節　雙重結構：《尚書》文本的典型結構特徵

　　在本書的第三章和第四章中，分別對《今文尚書》中兩類《書》篇的結構特徵進行了分析與總結。其間分類的主要依據是各《書》篇中記言與記敘兩部分內容的比重關係。《尚書》原爲歷代史官對最高統治者之言語內容的書面記錄，儘管在流傳的過程中屢經增易，但仍然在很大程度上保存了它的本

來面目。在今文二十八篇之中，由記言構成《書》篇內容主體的有二十四篇。這些《書》篇雖然在具體內容上互不相涉，但是在篇章結構和表達形式方面則存在共通之處，總體來看它們大致歸屬於兩種基本結構範式，亦即本書第三章中所提到的：An 曰+Bn 和 N：An 曰+Bn 形式。除此而外，《今文尚書》中的《堯典》、《禹貢》、《金縢》和《顧命》是為數不多的以史官記敘構成主體內容的《書》篇，其中《禹貢》篇更是全《書》中由史官記敘獨立構成的唯一《書》篇。在本書第四章中，著重對上述四篇的結構特徵作了分析。這裡需要指出的是，除了《禹貢》而外，《堯典》、《金縢》和《顧命》三篇在具有大量史官記敘內容的同時，還包含有一定篇幅的記言內容。如果從《尚書》記言的結構規律出發來考察這些內容，不難發現，《堯典》等篇中的記言結構與《尚書》記言的基本結構範式完全相通；而且其在各篇中的地位也至關重要。應該說，在《堯典》等篇中出現的記言與記敘比重的特異性，是與《尚書》生成的歷史過程直接相關的，春秋戰國時人的追述與修纂在它們在結構形式上具有特殊性的重要成因，就《尚書》的總體情況而言，記言是《尚書》文本的核心內容，An 曰+Bn 和 N：An 曰+Bn 是《尚書》記言的基本結構範式；而由組成《書》篇的兩大基本要素——記言和記敘構建而成的雙重結構，則是《尚書》文本的典型結構特徵。

第一，雙重結構的內涵

《尚書》文本的雙重結構，簡言之就是指《書》篇以記敘為框架，以記言為內核的套式結構。在《書》篇中，記敘構建文本的結構框架，記言是文本的內核，二者相互套合，生成《書》篇的基本結構。除了《禹貢》篇以外，《今文尚書》各篇均由記言和史官記敘兩部分組合而成，無論是以記言為內容主體的諸篇，還是《堯典》等少數《書》篇中的記言單元，史官記敘部分都是構建其結構的主導力量，記言則是其中歷史信息與思想內涵的主要載體，在絕大多數《書》篇中，記言不僅是文本內容的核心，而且也是文本價值的核心。

第二，雙重結構是《尚書》文本的典型結構特徵

《書》主記言。《禮記正義》云：「《春秋》是動作之事，故以《春秋》當左史所書。左陽，陽主動，故記動。……《尚書》記言誥之事，故以《尚書》當右史所書。右是陰，陰主靜故也。《春秋》雖有言，因動而言，其言少也。

《尚書》雖有動，因言而稱動，亦動爲少也。」〔註1〕這裡的「動」，指事物的運動和發展。《尚書》以記言爲本事，注重對最高統治者在某一特定歷史情境下所發表言論的完整存錄，雖然《書》篇在記言時也會對與言語相關涉的事件加以記錄，但就所佔的內容比重而言，往往要小於記言部分。與此相對，《春秋》則重在「記事」。在書寫體例上，《春秋》十分強調時間要素的完備。時間不僅是對事物發展進行觀察與考量的客觀標準，同時也是對「動作之事」加以著錄的必備要素。《春秋》在記事時，對時間的把握已經相當成熟，所謂「記事者，以事繫日，以日繫月，以月繫時，以時繫年，所以紀遠近、別同異也。」〔註2〕《春秋》不僅建構起以時間駕馭內容的記事體例，而且還能夠通過對時間要素的操控，委曲地傳達編著者的立場和觀點。在《春秋》中，時間既是記錄事態變化發展的客觀要素，又成爲表達主觀思想的有效手段。相對於《春秋》之「動」，《尚書》以「靜」爲主的特點十分明顯。在本書第三章中，曾通過比較文本中時間要素的使用情況，來考察《尚書》與《春秋》在結構體例上的異同。就文本的外在表述形式看來，較之《春秋》，《尚書》對於時間要素的利用和掌控顯得不夠健備，由此本書認爲，《尚書》的整體結構並非是嚴格意義上的編年體式，而是一種具有編年體意味的獨特結構。

同時需要指出的是，上述對《尚書》與《春秋》所進行的比較，是在忽略其各自屬性的前提下進行的。作爲文學研究的方法之一，對不同文本的表述形式進行具體比較，這種做法本身的意義是毋庸置疑的，問題的關鍵在於如何透過比較的結果對不同文本在文學發展史上的地位進行正確的評價，而在後一過程中，文本本身的性質往往起著至關重要的作用。在我國的歷史典籍中，以第三人稱展開記述的敘事文體相對發達，從先秦時代的《春秋》、《左傳》到西漢《史記》以及歷代正史，無論是編年體還是記傳體，莫不隸屬此類。我國的文學史著作在追溯文體發展的歷程時，一般將我國早期文學劃分爲歷史敘事散文和諸子哲理散文兩類，《尚書》由其歷史內容決定，通常歸屬於前者。這樣一來，在《尚書》與《春秋》之間似乎就建立起了文學發展歷史上的啓承關係，但是事實上《尚書》與《春秋》在文本屬性方面卻存在本質區別。相對於諸子哲理散文，《尚書》與《春秋》都屬於歷史敘事文範疇；

〔註1〕〔清〕阮元校刻：《十三經注疏·禮記正義》，中華書局影印，1980年10月，第1474頁。

〔註2〕〔清〕阮元校刻：《十三經注疏·春秋左傳正義》，中華書局影印，1980年10月，第1703頁。

而在歷史敘事文分野內部，《尚書》主「記言」，《春秋》主「記事」，內容屬性的差異內在地決定了二者在文本結構與風格方面的不同。應該說《尚書》與《春秋》的關係是「混言則同，析言則別」。所以，要準確把握《尚書》的結構特徵，就有必要在辨明屬性的前提下，來審視二者在文本結構方面的區別。

就文本的外在表達形式來看，《尚書》在整體的篇目編次方面具有編年體史書的某些特徵，即基本上是按照《書》篇內容所涉及的歷史時期的先後來排列順序的。就具體《書》篇的情況而言，有些篇目在史官敘述部分包含有明確的時間記錄，如 「時甲子昧爽，王朝至於商郊牧野，乃誓。」（《牧誓》）、「惟五月丁亥，王來自奄，至於宗周。」（《多方》）等等。在《周書·洛誥》中則完整保存了作成的具體時間，其篇末有：「戊辰，王在新邑……在十有二月，惟周公誕保文武受命，惟七年」。但是與我國第一部編年體史書《春秋》相比，《尚書》的編年體式又顯得很不健全，這集中體現在文本中時間要素的不完整及全《書》缺乏整齊統一的時間表述形式。與《春秋》相比，《尚書》在文本外在形式方面所表現出的特徵，似乎昭示著其在整體結構上的不成熟，從文學發展史的角度看來，也很容易將這種現象理解爲其與《春秋》在發展程度上的差別。但在事實上，《尚書》與《春秋》的關係卻並不是僅僅通過縱向比較就能夠全面認識的，因爲在文本的結構形式與其本質屬性之間存在非常密切的聯繫。

在先秦時代，文史哲相融並生，任何一部作品的創作與產生都源出於某種實用的功利目的，詩歌是這樣，散文也不例外。這種先於作品而存在現實需求，換從作品的角度而言，就是它的實際功能。就先秦時代的特點來看，其時作品所要滿足的當然不會是純粹的審美需求，而既定的某種功利目的的達成，又是通過文本形式與功能的完美契合來實現的。所以，與其從文體萌芽與發展的角度來認識《尚書》與《春秋》的關係，不如從歷史職能對文本形態的自覺選擇或文本屬性對其文體樣式的內在規定性的角度來進行解析。《漢書·藝文志》等史書對《尚書》與《春秋》的職能與內容分野都有過相關記載，所謂「左史記言，右史記事。言爲《尚書》，事爲《春秋》」。就文本本身而言，《今文尚書》二十八篇中，有二十七篇由記言和史官記敘兩部分構成，其中有二十四篇由記言構成篇章的主體內容；而《春秋》則是以一種獨特的微言大義的手法，以魯國十二公爲次序，著錄魯隱公元年至魯哀公十四

年間的重大歷史事件，二者在內容方面的區別是明確而直觀的。而不同內容對表達形式的內在要求，則是潛在的或者說是隱性的。通過單一的文體發展的視角所觀察到的所謂《尚書》在編年體式方面的種種「不完善」，換另一個角度來看，恰是彰顯了《尚書》文本於結構形式方面的鮮明特徵。因爲《尚書》以記言爲第一要義，在其文本的兩種基本結構範式中，可以清楚地看到記言是絕大多數《書》篇結構與內容的核心；而與《書》篇歷史內容相涉的時間要素，通常是作爲記言部分的輔助信息，出現在篇中的史官記敘部分；而且，《尚書》中雖然在歷史時間的完整性、時間表述形式的統一性等方面不及《春秋》的編年體式，但是《尚書》卻並不缺乏時間意識。例如，《甘誓》在記言開始之前，敘云：「大戰於甘，乃召六卿。」《高宗肜日》在記言部分之前，敘云：「高宗肜日，越有雊雉。」等，雖然沒有直接言及時間，但卻通過敘事的方式，對與記言直接相關的歷史事件進行了簡要地說明，從而間接地交待了講話發表的歷史時間。再如，《盤庚・中》開篇敘云：「盤庚作，惟涉河以遷，乃話民之弗率，誕告用亶。」《盤庚・下》開篇敘云：「盤庚既遷，奠厥攸居，乃正厥位，綏爰有眾。」《盤庚・上》開篇敘云：「盤庚遷於殷，民不適有居。」上述三篇中也沒有直接記錄時間，而是通過敘述事態的發展變化，說明三篇中記言部分的不同背景和時間先後。這些情況都說明，《尚書》之爲作，並不刻意追求時間要素的齊備與整飭，而是以記言爲要著，輔以與言語相關的歷史背景，從而實現「愼言行，昭法式」的基本功能。因而本書認爲，完整把握《尚書》文本的結構特徵，必然要從它的記言屬性入手。

　　《尚書》務在記言，其文本形式服從於記言屬性，爲更好地表達內容服務。《尚書》諸篇所記錄的都是在重大歷史事件發生時最高統治者的重要講話，其作者採用第一人稱的敘述方式，將講話的具體內容如實記錄下來，最大限度地保存了言語的原生形態。這些講話之於當時的王朝而言，既是重要的當代文檔資料，也是垂鑒後世咨諏善道的珍貴歷史文獻。史官在著錄核心內容——君臣言語的同時，也對與講話內容相關的歷史事件加以簡要敘述，就《書》篇而言，言語中所闡述的思想和道理乃是立篇的主旨，附記歷史背景是爲了更全面地說明講話發表的時勢、輔助說明講話的內涵，相比之下，事件所發生的具體時間的意義則退居次席。《尚書》諸篇的講話都是就某一具體的重大歷史事件而發出的，其所闡述的思想自足完整，各篇章具有很強的獨立性，而且諸《書》篇所記載的歷史事件沒有必然的因果聯繫，這也是記

言的《尚書》與敘事文本的一大區別，即它不是在講述一個故事，也不強調篇章之間的起承轉合與變化發展，而是具有很強的靜止意味，《今文尚書》的結構並非通過時間線索串聯和構建起來，二十八篇分別獨立闡釋某種思想或詔告某個道理，各具有獨立的內蘊和思想價值。可以說，《尚書》是彙聚了上古時代最高統治階層政治智慧與治世思想的一部經典。如果將《春秋》的編年記事比作一帶潺湲的溪流，生生不息地講述了春秋二百餘年間的歷史變革，那麼，《尚書》的分篇記言就像一朵盛開的紫陽花，整個花團馥鬱芳香，同時組成這個花團的每朵小花又各有各的精緻和美麗。

第二節　《尚書》雙重結構的內部構成

《尚書》記言主靜，其在文本形式方面的典型特徵主要是通過各個具體《書》篇在結構模式方面的高度一致性體現出來的。如本書第三章中所言，《尚書》具有兩種基本結構範式，即 An 曰+Bn 和 N：An 曰+Bn。其中，A 曰，是指用以引導記言的工具性用語；N，是指對歷史背景的簡要敘述；B，是指《書》篇中的記言。三者是構建《尚書》基本結構的必需要素，彼此間既具有緊密的內在聯繫，又具有相對獨立性。

要考察構建《書》篇基本結構的三要素之間的關係，就不能不首先討論一下《尚書》的記言方式。從文本的生成過程來看，《尚書》與《春秋》等先秦典籍一樣，屬於第三人稱敘事文，它的作者是隨從在上古時代諸君王身邊的史官，史官秉承「君舉必書」、「左史記言」等原則將君王及重臣們的講話記錄下來，並附以對當時歷史背景的介紹與說明，從而生成《書》篇。需要指出的是，《書》篇所記言語並非尋常瑣記，而是最高統治階層成員針對某項重大歷史事件所發表的講話，所以說，《尚書》實際上是彙聚了古代統治者政治智慧與歷史經驗的經典之作，因此也成為歷代帝王必讀必修的統治法寶。《尚書》的核心內容和主要思想價值集中體現篇中的記言部分。這部分內容是君王訴諸口頭，經史官執筆著錄而成，由於史家採用了直接引語的方式進行記錄，不僅保存了言語的內容，而且保留了講話人的立場、情感和語氣。如《大誥》篇有：王曰：「……若考作室，既底法，厥子乃弗肯堂，矧肯構？厥考翼，其曰：『予有後，弗棄基？』厥父菑，厥子乃弗肯播，矧肯穫？厥考翼，其肯曰：『予有後，弗棄基？』肆予曷敢不越卬敉寧王大命？若兄考乃有

伐厥子，民養其勸弗救？」《大誥》之作在周武王死後不久。其時，由其子成王繼位，由於成王當時年紀尚小，遂由周公「踐天子位」，攝政當國，由此遭到兄弟管叔、蔡叔的疑忌與嫉視，二人勾結商紂之子武庚發動了叛亂，《大誥》就是周公為平定這場叛亂而動員周人出兵征討的一番講話。為打消周人的顧慮，說服其出兵平叛，周公在講話中以成王的名義進行反覆開導，終於成功地完成了動員，討平了叛亂，鞏固了周王朝。上引譬喻，譯成現代漢語大致為：就像一位父親想造房子，已經定好了建築的規劃和準備，他的兒子卻連堆土夯好房基的勞動都不能做，他還哪裏會去搭柱裝椽、砌牆蓋瓦呢？這時他老人家看了，難道還能說「我有這個好後代，不會拋棄我的基業」嗎？又如有位父親已經在田裏翻好了土地，做兒子的連播種尚不幹，更不用說收割了。這時他老人家難道還能說「我有好後代，他不會拋棄我的基業」嗎？……又如果有一位死去了的父親，忽然有些壞人來襲擊他的兒子，難道他家的奴隸們可以一齊袖手旁觀而不去救援嗎？〔註3〕在這裡，周公連用了父子造屋、耕田及老主人的兒子被人侵害，奴僕們不應旁觀不救等三個譬喻，說明祖宗所開創的基業，後輩必須完成它，藉以打破舊臣們「艱大不可徵」的藉口，強調在當時的局勢下，不可不立即完成文王未竟之功的道理。父子、主僕之喻恰如其分地反映了周代封建制度下，統治階層成員內部既是宗親又是君臣的特殊關係，而反問句的並用增強了語言的氣勢，使表達懇切有力、意味深長。

再如，《康誥》篇有：王若曰：「孟侯，朕其弟，小子封！惟乃丕顯考文王，克明德慎罰……」《康誥》是周王朝冊封康叔於衛國時的誥辭，篇中的講話人——「王若曰」中的「王」，指當時攝政稱王的周公；聽話人「孟侯」，是指康叔。康叔，名封，乃周文王之子，武王及周公之弟，成王之叔。上述引文轉換成現代漢語，可譯為：王這樣說：「孟侯，我的弟弟，好小子封啊！你的偉大光榮的父親文王最能英明地施行賞賜和謹慎地實行刑罰……」」〔註4〕引文中的「王若曰」，是史官對講話人身份的客觀說明；「孟侯」以來，是周公對康叔的告喻之詞。周公在講話時首先呼喚康叔，稱名稱弟，接著回顧起父親的德業。這段內容雖是由史官記載下來的，但卻是實錄周公言語，反映

〔註 3〕顧頡剛、劉起釪著：《尚書校釋譯論》，中華書局，2005 年 4 月，第 1283～1284頁。

〔註 4〕顧頡剛、劉起釪著：《尚書校釋譯論》，中華書局，2005 年 4 月，第 1358～1359頁。

的是周公作爲康叔之兄長的角度和語氣。《康誥》所記周公講話內容，語殷情摯，這一點通過篇中大量出現的語氣詞可以清晰地看出。例如：「嗚呼！封，汝念哉！」、「嗚呼！小子封，恫瘝乃身，敬哉！」、「嗚呼！封，敬明乃罰。」、「嗚呼！封，有敘時，乃大明服，惟民其勑懋和，若有疾。」、「嗚呼！封，敬哉！」、「嗚呼！肆汝小子封，惟命不於常，汝念哉！」周公在發言中反覆發出感歎，殷切地提請康叔認眞聽從自己的教誨。從《康誥》篇的整體結構來看，「感歎詞（嗚呼）+稱呼（封）+祈使句（「敬哉」等）」形式多用於新一記言單元的起始處，同時也是講話內容發生轉變或層進的地方，其中，直呼康叔之名和祈使句的運用，在表達效果上起到強調和提請聽話人注意的作用；「嗚呼」和句末語氣詞「哉」則表現了周公對康叔的懇切叮嚀和殷切寄望之情。

《書》篇記言部分中，除保存了講話者本人的立場觀點和情感語氣以外，還同時保存了口頭語言的地域與時代特色，也可以說《書》篇中的記言內容帶有相當程度的方言色彩。唐朝韓愈云：「上窺姚姒，渾渾無涯，周誥殷盤，詰屈聱牙。」「其贊《尚書》者至矣」〔註5〕，同時也客觀地指出了《尚書》語言艱深晦澀的基本特徵。《尚書》之難懂，一方面是由於其作爲上古典籍，年代久遠，使後世在解讀時不免遇到很多困難。陳柱《〈尚書〉論略》云：「研究語言文學者，不可不讀《尚書》。《尚書》既爲吾國最古之書，故語法詞例，往往有與後世不同者。古方言之異同，古今文字之變遷，考之《尚書》可以得其大略焉。」〔註6〕但更重要的原因則在於《尚書》文本的內容主體——記言——是對上古時代口頭語言的直接記錄。以《大誥》篇爲例，該篇是周公動員周人克服分裂魄力，粉碎商遺復辟以鞏固周王朝統治重要講話，是「當初周王朝從飄搖不定的處境轉到建立固如磐石的政權的一個轉折點」和歷史見證，但由於周公所講的是岐周方言，遂使《大誥》篇成了典型的佶屈聱牙的一篇，以致這樣一篇重要的誥詞在先秦文獻中竟沒有被引用過。到《史記》記載三代史事，往往錄載《尚書》各篇全文，但因這篇文字難讀，竟只在《周本紀》、《魯世家》中引述篇名，將內容一筆帶過，沒有引錄一句篇文。〔註7〕

〔註5〕陳柱著：《〈尚書〉論略》，商務印書館，1924年12月初版。
〔註6〕陳柱著：《〈尚書〉論略》，商務印書館，1924年12月初版。
〔註7〕顧頡剛、劉起釪著：《尚書校釋譯論》，中華書局，2005年4月，第1261頁。

　　再如，不同的時代各有其特定的語言習慣。例如「天」字，商代原來是不用的，商人稱至上神爲「帝」、「上帝」，以爲宇宙間一切現象和人間一切吉凶禍福都是由帝主宰的。只有周人語言中才稱上帝爲「天」，「天」是周的民族神，在西周典籍和金文中，以「天」作爲至上神的用法大量存在。而今所見《商書》諸篇中，卻普遍出現以「天」指稱至上神的情況，例如：《湯誓》：「……有夏多罪，天命殛之！」《盤庚・上篇》：「……先王有服，恪謹天命，茲猶不常寧，……今不承於古，罔知天之斷命，矧曰其克從先王之烈。若顛木之有由糱，天其永我命於茲新邑，紹復先王之大業，底綏四方。」《盤庚・中篇》：「……予迓續乃命於天。」《高宗肜日》：「祖己曰……乃訓於王曰：『惟天監下民，典厥義。降年有永有不永，非天夭民，民中絕命。……天既孚命，正厥德。乃曰其如臺？』」《西伯戡黎》：「祖伊……奔告於王曰：『天子！天既訖我殷命，格人元龜，罔敢知吉。……故天棄我，不有康食，……』王曰：『嗚呼！我生不有命在天？』祖伊反，曰：『嗚呼！乃罪多以參在上，乃能責命於天？……」《微子》：「父師若曰：『王子！天毒降災荒殷邦，方興沈酗於酒。』」等。上述情況一方面說明，現存於《尚書・商書》中的諸篇有些已經不完全是商時原文了。前文中已經提到，在流傳的過程中，其語言文字不斷經過後人的修改和潤色，故而在文本內容與形式諸方面會發生程度不同的變異。周代滅商之後也將原由商王朝典藏的歷史文檔接手整理，從而賦予商代遺篇以周代的語言特色。恩格斯在《論布魯諾・鮑威爾與原始基督教》中說：「古代一切宗教，都是自發的部落宗教，以及後來的民族宗教，它們發生於而且結合著各該民族的社會和政治狀況。」「本民族神可以容異民族神與己並立。……民族神一旦不能再保衛本民族的獨立自由，他們本身也就同歸於盡。」上述情況也說明，在商、周兩民族不斷接觸和交流的過程中，商人的「帝」和周人的「天」曾並立存在，「馴至成爲一神的異名」，例如《湯誓》中又有「予惟聞汝眾言，夏氏有罪。予畏上帝，不敢不正」，《盤庚》又有「肆上帝將復我高祖之德，亂越我家」等並稱「天」、「帝」的用法。後來因爲商的民族神已不能保衛本民族的獨立和自由，遂與「他們本身也就同歸於盡」，而只用周民族神——「天」了。此外，《周書》諸篇中又存在「天」、「帝」並用的情況。如：《大誥》：「王若曰：『……已！予惟小子，不敢僭上帝命。天休於寧王，興我小邦周，寧王惟卜用，克綏受茲命。』」又，「王曰：『……爽邦由哲，亦惟十人迪，知上帝命。越天棐忱，爾時罔敢易法，矧今天降戾於周邦？惟大

艱人，誕以脅伐於厥室，爾亦不知天命不易！』」《康誥》：「王若曰：『……惟時怙冒，聞於上帝，帝休。天乃大命文王，殪戎殷，誕受天命，越厥邦厥民，惟時敘。乃寡兄勖，肆汝小子封，在茲東土』」《召誥》：「曰：『……王來紹上帝，自服於土中。旦曰：「其作大邑，其自時配皇天。毖祀於上下，其自時中乂。」王厥有成命治民，今休。』」《君奭》：「周公若曰：『……嗚呼！君已曰時我，我亦不敢寧於上帝命。弗永遠念天威越我民，罔尤違惟人在。』」等。這是周人接受了殷文化的影響之後，在語言中把「帝」和「天」同樣使用，所以出現了《周書》諸篇中「帝」「天」並見的情況。

劉大杰《中國文學發展史》指出：「(《尚書》)難懂的原因，不是太文言，而是太白話。因為用的大都是當時的口語，時間過久了，後代讀起來就難懂了。魯迅說：『《書經》有那麼難讀，似乎正可作為照寫口語的證據。』(《門外文談》)」〔註8〕《尚書》以直接引語方式實錄口語的特殊形式，使其文本的語言風格迥異於先秦時代的其他典籍而顯得格外艱澀古奧。在《書》的記言部分，既完整保存了講話當時的具體內容及講話者的立場、觀點與口吻，又因其實錄的原則而原封不動地保留了講話者口頭語言的時代與地域特色，從而使《尚書》宛若一部古老的留聲機，既鮮活地再現了上古時代口頭語言的存在實況，又展現了重要歷史人物的政治謀略和深沉情懷。由此可見，《尚書》諸篇中記言部分記言部分的內容是豐富多樣的，同時其表達形式又是複雜而多歧的。

在《尚書》諸篇中，言語的具體內容（Bn）是由史官記敘的基本形態之一——「某某曰」（A曰）形式直接引導的。雖然在不同《書》篇中，「某某曰」還存在著不同形式的變體，有時根據上下文的需要，還有省略講話人的用法，但是《書》篇中的言語內容卻無一例外地是在這一基本形式的導引下而得以記載的，如果配以現代漢語的標點符號，那麼，《尚書》記言的基本形式可以表示為：A曰：「B。」也可以通過圖形表示如下：

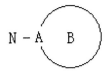

圖5-1：《尚書》記言基本形式示意圖

〔註8〕劉大杰著：《中國文學發展史》，上海古籍出版社，1997年9月，第20頁。

這個形式就如同是組成《書》篇的一個個細胞，只不過有的《書》篇是由單細胞構成的，有的則是由多個細胞組合而成；有的《書》篇只包括這樣的記言內容，有的則在此之外，另附有簡要的背景敘事，這即是《尚書》結構範式的兩種形態。由 A 曰：「B。」不難看出，引號裏的 B（亦即《尚書》諸篇所記載的複雜多樣的言語內容）與史官記敘用語（A 和 N）之間實際上存在著天然的差異。就作者而言，「某某曰」（A 曰）和背景敘事（N）的敘述主體是史官，二者都屬於第三人稱記敘，《書》篇中的敘述者與《書》篇的作者是統一的；言語部分（B）源出於歷史上某位君王或重臣之口，從某種意義來看，發言者也可以視爲記言部分的原初作者。這些講話被史官原封不動地實錄下來之後，形成了《書》篇中以第一人稱敘述的記言內容。因而從《書》篇生成的角度而言，記言部分的原創者與其記錄者並不相同，而是各有其人。就職能而言，「某某曰」（A 曰）直接用於引導記言，背景敘述（N）簡要說明與言語相關的歷史事件，二者在篇中均起到輔助記言的作用。同時，二者也是構建《尚書》文本基本結構的主要因素；記言部分（B）是《書》篇的主體內容，是《書》篇思想價值的核心。就形式而言，「某某曰」（A 曰）和背景敘述（N）屬於古代書面語，語言規範曉暢，在不同《書》篇中，它們分別保持了相對統一的結構樣式，其中「某某曰」屬於史官記言時的工具性用語，背景敘述則可歸屬於敘事散文；記言部分（B）由於是對口頭言語的實錄，保持了上古口語的原生形態，在體裁上多爲論說文，而且風格變化多樣，語言古奧難懂。綜上所述，在《尚書》文本的雙層結構內部，實際上包括兩個基本層次，表層是史官記敘，內核是篇中記言，前者是《尚書》記言的基本形式，後者是《書》篇內容的表意核心，二者在內容、職能與語言形式等方面存在巨大差異，同時又相互協調相互統一，共同生成《尚書》文本的典型結構樣式。

第三節　《尚書》記言部分的結構類型

在《尚書》文本的雙重結構中，在史官記敘（N 和 A）和記言（B）兩部分之間的差別是相對明顯的。如前文所述，《書》篇所記言語並非是尋常瑣記，而是在發生重大歷史事件或變故、實施某項重要舉措等關鍵時刻，王朝最高統治階層成員所發表的重要言論。這些記言內容在史官記敘之兩種基本形態

的組織下，生成爲各個《書》篇的核心內容。在絕大多數情況下，史官記言都是《書》篇內容的主體，即便是在以記敘爲主的少數篇章中，記言也是《書》篇內容不可或缺的重要組成部分。在《尚書》的雙重結構中，史官記敘構建文本形態的基本框架，記言則是文本思想內容的主要載體和雙重結構的核心。那麼，在《尚書》各篇複雜多樣的記言部分當中，是否潛在著某種相對統一的結構規律呢，這是本節要集中解決的問題之一。本書認爲，分析《尚書》記言部分的基本結構模式，首先需要跳出《書》篇具體內容的束縛。因爲《書》篇的製作本身帶有偶然性，言語內容的生成皆緣起上古歷史中的一些重大事件，所以《書》篇的創作背景本身帶有極強的不可複製性；又由於史官在記載言語內容時，採用了實錄口語的特殊方式，使《書》篇的記言部分較之規範的古代書面語帶有更強的隨意性，加之不同《書》篇之間在生成年代上存在一定的時間跨度，在人物身份、發言場合、民族地域等諸多方面存在差異，也使《書》篇中記言內容的複雜程度大大增加。所以，要考察記言部分的結構模式，就要透過紛繁多樣的表面現象抽象概括它們在本質上的共性，通過提煉《尚書》記言形式的基本要素及其相互之間的關係類型總結其中的規律。

《書》篇中的史官記敘部分對於建構《尚書》結構起到了至關重要的作用。史官記敘的兩大形態，一方面是《尚書》記言的基本形式，一方面又是構建《書》篇的結構單元。本書第三章中曾從《書》篇整體結構佈局的角度入手，總結了《尚書》文本的兩種基本結構範式，即 An 曰+Bn 和 N：An 曰+Bn。由於本章的研究對象是《書》篇中記言部分的結構模式，所以考察的角度也需要由原來的統觀全篇轉而爲集中觀照《書》篇中的記言內容。在這裡，我們按照發言人數的不同，將《書》篇分爲兩類，第一類稱爲獨白式，即《書》篇中單獨記載一個人物的講話內容；第二類稱爲對話式，即《書》篇中記載了雙人或多人間的對話內容。在《今文尚書》中，屬於獨白式記言類型的《書》篇共有 18 篇，其中，《虞夏書》1 篇：《甘誓》；《商書》3 篇：分別是《湯誓》、《盤庚》和《高宗肜日》；《周書》14 篇：分別是《牧誓》、《大誥》、《康誥》、《酒誥》、《立政》、《無逸》、《君奭》、《多方》、《多士》、《呂刑》、《文侯之命》、《梓材》、《費誓》和《秦誓》。屬於第二對話式記言類型的《書》篇有 6 篇。其中，《虞夏書》1 篇：《皋陶謨》；《商書》2 篇：分別是《西伯戡黎》和《微子》；《周書》3 篇：分別是《洪範》、

《召誥》和《洛誥》。從《書》篇的構成來看，屬於對話式記言類型的《書》篇，記載多人多節言語，包括多個記言單元；而在獨白式記言諸篇中，則存在兩種情況，第一，記載單人單節講話，亦即由一個記言單元單獨構成《書》篇；第二，記載單人多節講話，亦即由多個記言單元共同構成的《書》篇（參見下圖）。從《書》篇形式上來看，二者的區別直接表現為以「某某曰」（A 曰）引導的記言單元數量的多寡。如前文所敘，《尚書》的兩種結構範式分別具有其最簡形式（即 A_1 曰+B_1 和 N：A_1 曰+B_1），所謂「最簡式」的突出特點就在於《書》篇中有且僅有一個記言單元。一般來說，《書》篇篇幅的大小與其結構形式的繁簡度呈正比關係，如《甘誓》和《湯誓》兩篇在結構上都屬於最簡式，前者通篇只有 113 字，後者只有 187 字；而篇製較大的《康誥》全篇共 916 字，篇中包括 14 個記言單元；又如《君奭》全篇 749 字，包括 10 個記言單元。「某某曰」（A 曰）是史官出於記錄職能的需要，施用於言語內容之前以起到說明講話人且引導記言的作用，在記錄長篇講話時，「某某曰」往往還可以起到提示意義層次的客觀效果。但是這種外在形式方面的特點對言語內容本身並沒有直接影響。因為《尚書》篇中的記言部分原是統治階層成員（或是君王或是重臣）針對當時發生的重大歷史事件所發表的言論，口頭語言本身是完整連貫的，正如有學者曾指出的那樣：「（像《尚書》）這樣的記言之文，雖然仍是每段冠以『周公曰』，似是一條一條的語錄，但各條之間是有聯繫、有順序的，去掉『周公曰』，仍可相屬成文。」作為史官在記言時所使用的工具性用語，《書》篇中的「某某曰」以及有關歷史背景的簡要敘述，與記言內容之間既相互依存，又彼此獨立，在考察《尚書》記言部分的結構形式時，完全可以將史官記敘部分暫時忽略不計，而集中討論言語部分本身的結構特點。

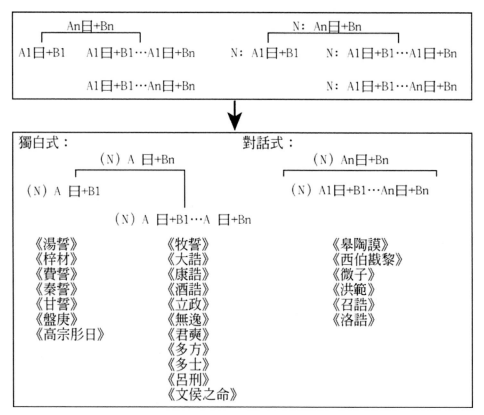

圖 5-2：《尚書》基本結構範式轉換圖

（一）獨白式記言的結構模式

　　獨白式記言《書》篇中，由於只記載一個人物的發言，所以即使將標示說話人的記敘成分去掉，也不會出現混淆講話人身份的情況。以《夏書·甘誓》為例，本節在考察言語結構特點時，需要將其中的記言部分（B）單獨提取出來，而獨白式記言《書》篇的突出特徵之一，就是當篇中的史官記敘部分（A曰與N）被剝離之後，記言部分又可以生成一篇內容完整、形制齊備且多帶有論說性質的篇章。所以，總體來說，下文中的考察對象實際上就是由《甘誓》等篇中的記言部分構成的十八篇帶有論說意味的新篇章。

表 5-1：《甘誓》獨白式記言部分示例

N→	大戰於甘，乃召六卿。
A 曰→	王曰：
B→	「嗟，六事之人，予誓告汝：有扈氏威侮五行，怠棄三正，天用剿絕其命。今予惟共行天之罰。左不攻於左，汝不恭命。右不攻於右，汝不恭命。御非其馬之正，汝不恭命。用命，賞於祖；不用命，戮於社，予則孥戮汝。」

　　本書認為，這些獨白式《書》篇中的言論又可劃分為兩種類型，其一是化解式，其二是建設式。無論是化解式還是建設式，《書》篇中的這些記言內容都體現出明顯的論說文特徵：具有明確的觀點，運用多種方法組織論據對觀點進行充分論證；《尚書》言論又具有鮮明的時代特色，如在論證說理的同時，十分強調對實施方法或行為規範提出明確的規定，注重政策的可操作性與主張的落實途徑等。《書》篇中的言論皆與當時發生的某項重大歷史事件或王朝面臨的嚴峻統治局勢息息相關，這些發自於最高統治者之口的重要講話，具有強烈的現實針對性和政策導向作用，既是解決當下問題的具體策略與手段，又是啟示未來的經典。同時，《書》篇中的言論又往往融合了講話人的真情實感，從而使言論情理並重，具有極強的說服力和感染力。下面分別對化解式與建設式言論的不同結構加以說明。

第一，化解式

　　所謂化解式言論，是指在統治者提出的某種主張或舉措遭遇懷疑與抵制的時候，出於解決問題或化解困境的需要而發表的言論。屬於這一類型的《書》篇，主要包括《盤庚》、《高宗肜日》、《大誥》、《酒誥》、《多士》、《多方》、《君奭》等七篇。雖然這些言論的發佈背景與具體內容各不相同，但是它們卻在結構模式方面具有共性，簡言之，矛盾關係的存在，是這一類型《書》篇的最大特徵。在化解式《書》篇中，矛盾的雙方分別為行動（X）與阻力（Z），其中，行動與阻力是一對抽象的概念，前者指所有目標行為，阻力指所有對目標行為產生阻礙作用的消極力量。行為與阻力所生成的矛盾關係是引發言論的直接誘因；而這一對矛盾的化解則是論述的終極目的，本書將化解矛盾的過程稱為論述（Z），這類《書》篇中，論述部分（Z）是記言的主要內容。化解式言論的基本模式可表示為：X+Z→Z。從某種意義上說，阻力（Z），是構成化解式言論的標誌性要素。

　　（1）《盤庚》中的矛盾關係及其化解

　　在《盤庚》三篇中，這種矛盾集中表現爲盤庚遷殷行動與臣民懷戀舊土、不願遷徙之間的矛盾。其中，《盤庚》中篇言論是在遷殷之前，盤庚召集不願遷徙的人，爲他們所作的動員講話。在講話中，盤庚分別對將要採取的行動和面臨的阻力作了高度概括，其中，行動的內容即「今予將試以汝遷，安定厥邦」，在這裡，盤庚明確提出，現在打算率領臣民遷移，以使國家安定；而當時面臨的阻力，是「汝不憂朕心之攸困，乃咸大不宣，乃心欽，念以忱動予一人」，也就是商朝臣民非但不能體諒盤庚內心的困苦，反而糊塗起來，在內心裏產生無謂的驚慌，並試圖用私心來動搖盤庚遷殷的主張。這樣一來，盤庚的主張（行動）與臣民的反對（阻力）就構成矛盾的雙方，爲了化解這個現實矛盾，於是盤庚將廣大臣民召集起來發表動員講話，以期統一思想，實現遷居殷地的重大規劃。

　　盤庚主要從反面分三個層次對遷移的必要性進行闡述，第一，提出不遷殷是違背天命：指出大家面對災難，不作長遠打算，上天也不會給予生路（「汝不謀長」至「用奉畜汝眾」）；第二，提出不遷殷是違背先王的旨意：承上節假借天意之後，託用先王的名義軟硬兼施，叫大家跟自己一道遷移（「予念我先神后之勞爾先」至「汝罔能迪」）；第三，提出不遷殷是違背先祖的意願：繼上文所舉上天及先王要降罰之後，說連你們祖先也要求我先王降罰你們及那些貪污財富的官員。從天命到商代先王，再到諸臣先祖，盤庚通過不斷用神靈祖先等力量逐層深入地對不願遷徙的人們進行恐嚇和動員（「古我先後既勞乃祖乃父」至「迪高后丕乃崇降弗祥」）。最後，盤庚提出落實行動的具體做法（嚴詞威嚇大家規規矩矩地跟隨自己一道遷移，敢有姦邪不法者，必將斬盡殺絕）並發出遷移到新邑去建立新的生活的行動號召（「嗚呼！今予告汝不易！」至「永建乃家。」）。

表 5-2：《盤庚》中篇化解式記言結構分析

呼告		〔盤庚作，惟涉河以民遷。乃話民之弗率，誕告用亶，其有眾咸造。勿褻在王廷，盤庚乃登進厥民。曰：〕「明聽朕言，無荒失朕命。
論題	行動	嗚呼！古我前後，罔不惟民之承保，後胥戚鮮，以不浮於天時。殷降大虐，先王不懷厥攸作，視民利用遷。汝曷弗念我古後之聞？承汝俾汝，惟喜康共，非汝有咎，比於罰。予若籲懷茲新邑，亦惟汝故，以丕從厥志。今予將試以汝遷，安定厥邦。

阻力		汝不憂朕心之攸困，乃咸大不宣乃心，欽念以忱，動予一人。爾惟自鞠自苦，若乘舟，汝弗濟，臭厥載。爾忱不屬，惟胥以沈。不其或稽，自怒曷瘳？
論證	分論一	汝不謀長，以思乃災，汝誕勸憂。今其有今罔後，汝何生在上？今予命汝一，無起穢以自臭，恐人倚乃身，迂乃心。予迓續乃命於天，予豈汝威？用奉畜汝眾。
	分論二	予念我先神后之勞爾先，予丕克羞爾，用懷爾然，先於政。陳於茲，高后丕乃崇降罪疾，曰：『曷虐朕民？』汝萬民乃不生生，暨予一人猷同心，先後丕降與汝罪疾，曰：『曷不暨朕幼孫有比？』故有爽德，自上其罰汝，汝罔能迪。
	分論三	古我先后，既勞乃祖乃父，汝共作我畜民。汝有戕，則在乃心。我先後綏乃祖乃父，乃祖乃父乃斷棄汝，不救乃死。茲予有亂政同位，具乃貝玉。乃祖乃父，丕乃告我高后，曰：『作丕刑於朕孫。』迪高后，丕乃崇降弗祥。
結論		嗚呼！今予告汝不易。永敬大恤，無胥絕遠。汝分猷念以相從，各設中於乃心。乃有不吉不迪，顛越不恭，暫遇奸宄，我乃劓殄滅之，無遺育，無俾易種於茲新邑。往哉生生。今予將試以汝遷，永建乃家。」

　　《盤庚》下篇和上篇所記分別是盤庚在遷殷行動完成之後所發表的講話內容。兩篇中所要解決的仍然是臣下對遷徙行動的牴觸情緒所帶來的種種問題。其中，《盤庚》下篇中記載盤庚的話云：「於朕志，罔罪爾眾；爾無共怒，協比讒言予一人。」「爾謂朕：『曷震動萬民以遷？』」都反映出臣下對盤庚遷徙行動的困惑與質疑，下篇中再次提出這個問題，說明臣下對別離故地的牴觸心理並沒有因遷移行動的完成而消失，《盤庚》中篇所討論過的「行動」（遷殷）與「阻力」（臣下不理解）之間的矛盾依然存在，為了化解這對矛盾，盤庚在此時再次發表講話，這也可以說是對前期遺留問題的清算與交待。在《下篇》的講話中，盤庚繼續從天意感召（「肆上帝將復我高祖之德，亂越我家，朕及篤敬共承民命，用永地於新邑。肆予沖人，非廢厥謀，弔由靈各；非敢違卜，用宏茲賁。」）和商前王先例（「古我先王將多於前功，適於山用降我凶，德嘉績於朕邦。」）兩個方面對遷殷的合理性進行闡述，並在結尾處發出有利於鞏固自己統治的號召。《盤庚》上篇中包含著兩段講話內容。根據篇首敘事記載，遷移之後，商人並不適應殷地的生活（「盤庚遷於殷，民不適有居。」），於是叫貴戚大臣向臣民傳達他的話。在這裡，盤庚再次強調了敬承天命、遵循祖宗遷都的先例（「不能胥匡以生，卜稽曰其如臺？先王有服，恪謹天命，茲猶不常寧；不常厥邑，於今五邦。今不承於古，罔知天之斷命，矧曰其克從先王之烈！」）以遷到新邑的重要性。第二段是盤庚召集那些煽動

群眾不安於新居的官員們，對他們進行訓誡時所講的話。從講話內容來看，盤庚所指謫的主要是官員們在遷殷行動中，私心膨脹、流言惑眾（「今汝聒聒，起信險膚，予弗知乃所訟」）的錯誤行為，要求他們黜私心、度逸口，為民表率，投入到新邑的建設中去。《上篇》中的兩段講話是繼《下篇》之後，對君臣在遷殷行動上的對立觀點的申述與總結。

從三篇中的記言內容來看，盤庚遷殷的主張（行動）與臣下的牴觸情緒（阻力）之間的對立關係貫穿遷移行動的始末。針對這一矛盾，盤庚分別在行動開始之前和初步完成之後發表多次講話，用天命、前王先例和先祖意志等帶有神秘和恐怖色彩的論據反覆闡述遷殷的必要性和重要性，逐步化解了阻礙行動的破壞力量，分別實現了遷前動員與遷後穩定局勢、消除遺留影響的目的。總之，行動與阻力間矛盾關係的存在，是引發言論的直接原因，而解除矛盾、化解阻力則是言論的最終目的與基本內容。如果用 X 代表行動，用 Z 代表阻力，用 Z 代表論述的過程，那麼，《盤庚》三篇中記言部分的基本結構模式可以概括為：X+ Z→Z。

（2）《大誥》中的矛盾關係及其化解

周武王死後，管叔、蔡叔聯合商遺武庚發動叛亂，《大誥》中所記載的就是當時周公為說服周人出兵征討而以成王名義發表的重要的動員講話。在《大誥》中存在著一對矛盾關係，這就是（行動：）周公主張的出兵平定叛亂，亦即周公在《大誥》中所說的「予惟以爾庶邦，於伐殷逋播臣！」與（阻力：）諸侯國君和大臣們對平叛存在畏葸情緒、不肯出兵參與之間的矛盾。關於後者，周公在講話中通過直接引用的方式列舉了反對者們的觀點，（周公曰：）「爾庶邦君越庶士、御事罔不反曰：『艱大，民亦不靜，亦惟在王宮，邦君室，越予小子考翼，不可徵。王害不違卜？』」即反對者們提出，出兵平叛行動的困難很大，人民也不安靜，而且這些亂子就出在王朝的宮廷和王族諸侯的家室之間，本於孝友的道理也不能出兵征討，並提出不妨讓大王違背卜兆的啓示。〔註9〕反對者的觀點言之鑿鑿，與周公平叛主張形成尖銳對立，為了化解這對矛盾，周公召集各國諸侯與其辦事大臣，對他們宣講討叛平亂的必要性和重要意義，動員其出兵參戰。

在《大誥》中，周公主要從天命和人事等方面展開論述，第一，承接前

〔註 9〕顧頡剛、劉起釪著：《尚書校釋譯論》，中華書局，2005 年 4 月，第 1282—1283 頁。

文繼續以天命勸導邦君和群臣，順從天意，參加東征（「肆予沖人永思艱」至「嗚呼！天明畏，弼我丕丕基」）。第二，責備舊臣們不該不想文王的艱苦奮鬥得來的王業和所謂當前的天意，應該不畏艱險，共同完成文王未竟的事業（「爾惟舊人，爾丕克遠省」至「爾亦不知天命不易」）。最後，周公呼應首段，陳述文王時得人之盛和所謂天命之有定，提醒邦君御事們，應該認識到當前的有利形勢，合力東征（「予永念曰」至「卜陳惟若茲」）。與《盤庚》一樣，《大誥》篇的結構也可以用符號概括為 X+Y→Z 的形式。其中，X，代表行動，即周公所主張的東征平叛；Y，代表阻力，即諸侯與群臣的對出兵表現出的畏葸情緒；Z，代表論述的過程，即周公從天命和人事兩方面對出兵必要性與重要性的闡述。矛盾的產生（X+Y）是進行論述的直接原因，對問題的剖析與論說（Z），是解決矛盾的必要手段。三者相輔相成，共同建構起《大誥》中記言部分的基本形式。

表 5-3：《大誥》化解式記言結構分析

呼告		〔王若曰：〕「猷！大誥爾多方，越爾御事。
論題	行動	弗弔天降割於我家，不少延。洪惟我幼沖人，嗣無疆大曆服。弗造哲迪民康，矧曰其有能格知天命！已！予惟小子，若涉淵水，予惟往求朕攸濟，敷賁。敷前人受命，茲不忘大功，予不敢閉。於天降威用，文王遺我大寶龜，紹天明，即命。曰：『有大艱於西土，西土人亦不靜，越茲蠢。』殷小腆，誕敢紀其緒。天降威，知我國有疵，民不康。曰：予復反鄙我周邦。今蠢，今翼日，民獻有十夫，予翼以于敉文武圖功。我有大事，休，朕卜並吉。肆予告我有邦君，越尹氏、庶士、御事，曰：『予得吉卜，予惟以爾庶邦，於伐殷逋播臣！』
	阻力	爾庶邦君，越庶士、御事，罔不反，曰：『艱大，民不靜，亦惟在王宮、邦君室。越予小子考，翼不可徵，王害不違卜？』
論證	分論一	肆予沖人永思艱。曰：嗚呼！允蠢鰥寡，哀哉！予造天役遺，大投艱於朕身。越予沖人，不卬自恤。義爾邦君，越爾多士、尹士、御事，綏予曰：『無毖於恤，不可不成乃文考圖功。』已！予惟小子，不敢僭上帝命。天休於寧王，興我小邦周，寧王惟卜用，克綏受茲命。今天其相民，矧亦惟卜用。嗚呼！天明畏，弼我丕丕基。」
	分論二	〔王曰：〕「爾惟舊人，爾丕克遠省，爾知文王若勤哉！天閟毖我成功所，予不敢不極卒文王圖事。肆予大化誘我有邦君，天棐忱辭，其考我民，予曷其不於前寧人圖功攸終？王亦惟用勤毖我民，若有疾。予害敢不於前寧人攸受休畢？〕〔王曰：〕「若昔，朕其逝，朕言艱，日思：若考作室，既底法，厥子乃弗肯堂，矧肯構？厥考翼，其曰：『予有後，弗棄基？』厥父菑，厥子乃弗肯播，矧肯獲？厥考翼，其肯曰：『予有後，弗棄基？』肆予害敢不

	越卬敉寧王大命？若兄考乃有伐厥子，民養其勸弗救？」〔王曰：〕「嗚呼！肆哉爾庶邦君，越爾御事。爽邦由哲，亦惟十人迪，知上帝命。越天棐忱，爾時罔敢易法，矧今天降戾於周邦？惟大艱人，誕隣胥伐於厥室，爾亦不知天命不易！
結論	予永念曰：天惟喪殷，若穡夫，予害敢不終朕畝？天亦惟休於前寧人，予害其極卜，敢弗於從？率寧人有指疆土，矧今卜並吉！肆朕誕以爾東征。天命不僭，卜陳惟若茲。」

（3）《酒誥》中的矛盾關係及其化解

《酒誥》是康叔受封於衛地之後，周公有鑒於殷人以酗酒亡國，特告誡康叔勿蹈覆轍的誥詞。與《盤庚》和《大誥》同樣，《酒誥》篇中的言論也屬於化解類型，但又與前兩篇不同，因為在《酒誥》中，矛盾的雙方不再是具體的顯性的行動與阻力，而是一組抽象的對立關係。在這裡，目標行為（X），是周朝統治者希望實現對衛地的有效統治；對目標實現產生阻礙的消極力量（Y），是衛地的酗酒陳俗。因為衛地原為商朝故地，殷末風氣奢華，酗酒亂德，周公擔心衛地積習難改，威脅到周王朝的統治，亦即篇首所言之「天降威，我民用大亂喪德，亦罔非酒惟行；越小大邦喪，亦罔非酒惟辜」，故而周公在康叔即位之初，對其闡述控制飲酒的重要性。由此可見，在《酒誥》中，統治願景與現實情況構成一對矛盾，它們是引發論述的直接原因，也是周公立論所要化解的核心問題，因而《酒誥》之作也符合 X（行動）＋Y（阻力）→Z（論述）這個基本形式。

《酒誥》的立論主要從商、周兩代的統治經驗和歷史教訓兩方面分別展開。第一，闡述周文王戒酒令的內容，指出岐周官員唯其遵守文王教導，不沉湎於酒，所以能取得殷王朝的天命（「文王誥教小子」至「克受殷之命」）；第二，總結殷商王朝興衰的經驗教訓：稱讚殷代早期君主和官員都不暇逸嗜酒，上下一心治理政事（「封！我聞惟曰」至「越尹人祇辟」）；譴責殷代後期的君主唯知肆虐享樂，荒腆於酒，終導致墜命亡國（「我聞亦惟曰」至「我其可不大監撫於時」）。在總結了商周兩代的經驗教訓以後，周公提出了嚴格的戒酒令，這也可以視為是解決矛盾的具體措施（「予惟曰」至「時同於殺」）。最後，呼告康叔恪從告誡，嚴誡酗酒情況的發生（「封！汝典聽朕毖。勿辯乃司民湎於酒」）。

表 5-4：《酒誥》化解式記言結構分析

論題		〔王若曰：〕「明大命於妹邦。乃穆考文王，肇國在西土。厥誥毖庶邦庶士，越少正、御事，朝夕曰：『祀茲酒。』惟天降命肇，我民惟元祀。天降威，我民用大亂喪德，亦罔非酒惟行；越小大邦喪，亦罔非酒惟辜。
論證	分論一	文王誥教小子、有正、有事，無彝酒。越庶國，飲惟祀，德將無醉，惟曰我民迪。小子惟土物愛，厥心臧，聰聽祖考之彝訓。越小大德，小子惟一。妹土嗣爾股肱，純其藝黍稷，奔走事厥考厥長。肇牽車牛，遠服賈，用孝養厥父母。厥父母慶，自洗腆，致用酒。
		庶士有正，越庶伯君子，其爾典聽朕教。爾大克羞耇惟君，爾乃飲食醉飽，丕惟曰：爾克永觀省，作稽中德。爾尚克羞饋祀，爾乃自介用逸，茲乃允惟王正事之臣，茲亦惟天若元德，永不忘在王家。」
		〔王曰：〕「封！我西土棐，徂邦君御事，小子尚克用文王教，不腆於酒，故我至於今，克受殷之命。」
	分論二	〔王曰：〕：「封！我聞惟曰：在昔殷先哲王迪畏天顯小民，經德秉哲，自成湯咸至於帝乙，成王畏相。惟御事，厥棐有恭，不敢自暇自逸，矧曰其敢崇飲？越在外服，侯、甸、男、衛、邦伯；越在內服，百僚、庶尹、惟亞、惟服、宗工，越百姓里居；罔敢湎於酒。不惟不敢，亦不暇。惟助成王德顯越，尹人祗辟。我聞亦惟曰：在今後嗣王酗身，厥命罔顯於民祗，保越怨，不易。誕惟厥縱淫泆于非彝，用燕喪威儀，民罔不盡傷心。惟荒腆於酒，不惟自息乃逸，厥心疾很，不克畏死。辜在商邑，越殷國滅，無罹。弗惟德馨香，祀登聞於天。誕惟民怨，庶群自酒，腥聞在上。故天降喪于殷，罔愛于殷，惟逸。天非虐，惟民自速辜。」
		〔王曰：〕「封！予不惟若茲多誥。古人有言曰：『人無於水監，當於民監。』今惟殷墜厥命，我其可不大監撫於時？
措施		予惟曰：汝劼毖殷獻臣，侯、甸、男、衛，矧太史友、內史友，越獻臣、百宗工，矧惟爾事服休、服采，矧惟若疇圻父，薄違農父，若保宏父，定辟，矧汝剛制於酒。厥或誥曰：『群飲。』汝勿佚，盡執拘以歸於周，予其殺。又惟殷之迪諸臣惟工，乃湎於酒，勿庸殺之，姑惟教之，有斯明享。乃不用我教，辭惟我一人弗恤，弗蠲乃事，時同於殺。」
結論		〔王曰：〕「封！汝典聽朕毖，勿辯乃司民湎於酒。」

（4）《多士》中的矛盾關係及其化解

周王朝為鞏固統治，營建成周，並將殷人遷居此地，《多士》是周公以成王命對一部分遷徙到洛邑的商遺貴族的告誡之辭。從周公言論的基本內容來看，主要包括兩方面內容，第一，論證有周所以取代殷商的合理性（「爾殷遺多士」至「罔非有辭於罰」）；第二，論證周王朝遷殷遺民之洛邑及不任用殷士的合理性（「爾殷多士」至「比事臣我宗，多遜」）。最後，周公改用較為緩和的語氣，鼓勵殷遺順從周王朝的統治，在洛邑安居樂業（「告爾殷多士」至

「時予乃或言，爾攸居」)。周公在這次講話中屢屢以天命說理，不僅周代滅商是天命使然，而且將遷殷遺民於洛邑、不用殷士等舉措也說成是順天意行事，這與周公在在給周人的誥辭中所提到的「唯命不於常」(《康誥》)、「天不可信」(《君奭》)等思想顯然有很大的不同。可以說，周公在這裡是以天命威懾殷人，假至高無上又不容置疑的上帝之命，要求殷遺無條件地順從周王朝的統治。在論述周滅殷商的過程中，周公還列舉商湯革夏祚的歷史，以爲夏王淫泆有罪，天廢其元命，所以有商朝承天命而立。他試圖通過這樣的類比論證，強調有周代商的合理性。

《多士》篇中沒有直接言及，但是引發周公立論這一對矛盾關係是客觀存在的。本書認爲，《多士》篇的目標行爲（X）與周王朝營建洛邑的根本目的是一致的，那就是要實現對殷商遺民的有效統治，鞏固周代政權；而阻力（Y），除了《孔疏》所說的「民性安土重遷，或有怨恨」之意以外，還有商代遺士對有周王朝的仇視與怨忿。後者的存在阻礙了統治目標的實現，爲了化解矛盾，周公必須通過論述就有周代商這一重大歷史變革給出合情合理的解釋，這就是周公作《多士》的直接原因。所以，《多士》的結構模式也屬於化解式言論的基本形式，即X+Y→Z，只不過篇中的矛盾雙方是以間接的方式表達出來的。

惟三月，周公初於新邑洛用告商王士。

表5-5：《多士》化解式記言結構分析

| 論證 | 分論一 | 〔惟三月，周公初於新邑洛，用告商王士。王若曰：〕「爾殷遺多士！弗弔旻天，大降喪于殷。我有周祐命，將天明威，致王罰，敕殷命終於帝。肆爾多士，非我小國敢弋殷命，惟天不畀，允罔固亂，弼我。我其敢求位？惟帝不畀，惟我下民秉爲，惟天明畏。
我聞曰：『上帝引逸。』有夏不適逸則，惟帝降格，向於時。夏弗克庸帝，大淫泆，有辭。惟時天罔念聞，厥惟廢元命，降至罰，乃命爾先祖成湯革夏，俊民甸四方。自成湯至於帝乙，罔不明德恤祀。亦惟天丕建，保乂有殷。殷王亦罔敢失帝，罔不配天其澤。在今後嗣王，誕罔顯於天，矧曰其有聽念於先王勤家？誕淫厥泆，罔顧於天顯、民祗。惟時上帝不保，降若茲大喪。惟天不畀不明厥德，凡四方小大邦喪，罔非有辭於罰。」 |
| | 分論二 | 〔王若曰：〕「爾殷多士！今惟我周王丕靈，承帝事，有命曰：『割殷！』告敕於帝。惟我事不貳適，惟爾王家我適。予其曰：『惟爾洪無度，我不爾動，自乃邑。』予亦念天即於殷大戾，肆不正。」
〔王曰：〕「猷！告爾多士：予惟時其遷居西爾，非我一人奉德不康寧，時惟 |

	天命。無違，朕不敢有後，無我怨。惟爾知惟殷先人有冊有典，殷革夏命。今爾又曰：『夏迪簡在王庭，有服在百僚。』予一人惟聽用德，肆予敢求爾於天邑商？予惟率肆矜爾，非予罰，時惟天命。」 〔王曰：〕「多士！昔朕來自奄，予大降爾四國民命。我乃明致天罰，移爾遐逖，比事臣我宗，多遜。」
總結	〔王曰：〕「告爾殷多士！今予惟不爾殺，予惟時命有申。今朕作大邑於茲洛，予惟四方罔攸賓，亦惟爾多士，攸服奔走，臣我，多遜。爾乃尚有爾土，爾乃尚寧干止。爾克敬，天惟畀矜爾；爾不克敬，爾不啻不有爾土，予亦致天之罰於爾躬。今爾惟時宅爾邑，繼爾居，爾厥有干有年於茲洛，爾小子乃興，從爾遷。」〔王曰，又曰：〕「時予乃或言，爾攸居！」

（5）《多方》中的矛盾關係及其化解

淮夷、奄國在周朝建立初期多次叛亂，周公東征曾將其擊敗，但在成王親政後二年又發動叛亂，周公在這次平叛之後發表訓話，核心內容就是強調天命，天命不可違，周王朝的統治也是不可抗拒的，這次訓話的內容被史官記錄下來，就成爲《周書・多方》篇。

在《多方》篇中，周公立論主要是針對當時淮夷、奄等東方諸國不服周朝統治、屢興叛亂的情況而展開的。在周公講話內容中，概括了矛盾雙方的基本內涵，如周公曰：「今我曷敢多誥？我惟大降爾四國民命。爾曷不忱裕之於爾多方？爾曷不夾介乂我周王，享天之命？今爾尚宅爾宅、畋爾田，爾曷不惠王熙天之命？」在這裡，周公以反問的形式對叛民的錯誤行爲提出批評，從另一個角度來看，也可以說是周公對東方諸國君民的希望和要求，即希望他們能夠把周王朝施與的恩德傳佈開來，希望他們向周王朝靠攏並保持親善以共享天之大命，希望他們能安居樂業，依順周王以光顯上帝的大命。這種寄望也就是本篇中目標行爲（X）的基本內涵。而當時淮夷、奄等國的實際表現卻與周公所希望的完全相背，他在講話中說：「爾乃邊屢不靖，爾心未愛；爾乃不大宅天命；爾乃屑播天命；爾乃自作不典，圖忱於正。」可知，東方諸國非但沒有順服於周王朝的統治，反而屢次發起不安靖的活動，心裏全無愛順之意；非但不能安度天命，反而輕易播棄天命，自作不法，並且犯亂綱常，妄圖使人將不法犯善信以爲正。這些行徑相對於前文的目標行爲而言，顯然是起著消極破壞作用的阻力（Y）。爲了消除阻力，化解統治目標與現實情況之間的矛盾，周公需要能過論述闡明夏商以來政權更迭的深層原因——而在這裡他最爲有力的立論武器依然是兼有最高權威和神秘感的天命。所以，《多方》篇論說的基本模式是：X+Y→Z。

　　周公的論述主要包括三個主要方面，第一，闡述夏商興亡的原因，強調天命的重要性（「洪惟圖天之命」至「弗克以爾多方享天之命。嗚呼」）；第二，總結夏商興亡的原因，說明周滅殷商是順承天命的結果（「誥告爾多方」至「尹爾多方」）；第三，對東方諸國不安天命、屢次叛亂的行為進行嚴厲詞責和警告（「今我曷敢多誥」至「乃惟爾自速辜」）。最後，周公對諸國提出具體要求，勉勵他們遵從天命，順服周朝的統治（「嗚呼」至「則無我怨」）。

表 5-6：《多方》化解式記言結構分析

呼語		〔惟五月丁亥，王來自奄，至於宗周。周公曰王若曰：〕「猷告爾四國多方，惟爾殷侯尹民，我惟大降爾命，爾罔不知。
論證	分論一	洪惟圖天之命，弗永寅念於祀。惟帝降格於夏，有夏誕厥逸，不肯戚言於民，乃大淫昏，不克終日勸於帝之迪，乃爾攸聞。厥圖帝之命，不克開於民之麗，乃大降罰，崇亂有夏。因甲於內亂，不克靈承於旅。罔丕惟進之恭，洪舒於民。亦惟有夏之民叨懫日欽，劓割夏邑。天惟時求民主，乃大降顯休命於成湯，刑殄有夏。
		惟天不畀純，乃惟以爾多方之義民，不克永於多享。惟夏之恭多士，大不克明保享。於民乃胥惟虐於民，至於百為，大不克開。乃惟成湯，克以爾多方簡代夏作民主。慎厥麗，乃勸厥民。刑，用勸。以至於帝乙，罔不明德慎罰，亦克用勤。要囚，殄戮多罪，亦克用勤。開釋無辜，亦克用勤。今至於爾辟，弗克以爾多方享天之命。嗚呼！」
	分論二	〔王若曰：〕「誥告爾多方，非天庸釋有夏，非天庸釋有殷，乃惟爾辟以爾多方大淫圖天之命，屑有辭。乃惟有夏，圖厥政不集於享，天降時喪，有邦間之。乃惟爾商後王逸厥逸，圖厥政不蠲烝，天惟降時喪。
		惟聖罔念作狂，惟狂克念作聖。天惟五年須暇之子孫。誕作民主，罔可念聽。天惟求爾多方，大動以威，開厥顧天。惟爾多方罔堪顧之，惟我周王靈承於旅，克堪用德，惟典神天。天惟式教我用休，簡畀殷命，尹爾多方。
	分論三	今我曷敢多誥？我惟大降爾四國民命。爾曷不忱裕之於爾多方？爾曷不夾介乂我周王，享天之命？今爾尚宅爾宅、畋爾田，爾曷不惠王熙天之命？
		爾乃迪屢不靜，爾心未愛，爾乃不大宅天命，爾乃屑播天命，爾乃自作不典，圖忱於正。
		我惟時其教告之，我惟時其戰要囚之，至於再，至於三。乃有不用我降爾命，我乃其大罰殛之。非我有周秉德不康寧，乃惟爾自速辜。」
措施		〔王曰：〕「嗚呼！猷告爾有方多士，暨殷多士：今爾奔走臣我監五祀，越惟有胥伯小大多正，爾罔不克臬。自作不和，爾惟和哉。爾室不睦，爾惟和哉。爾邑克明，爾惟克勤乃事，爾尚不忌於凶德。亦則以穆穆在乃位，克閱於乃邑，謀爾介自時洛邑，尚永力畋爾田。天惟畀矜爾，我有周惟其大介賚爾，迪簡在王庭，尚爾事，有服在大僚。」〔王曰：〕「嗚呼！多士，爾不克勸忱

> 我命，爾亦則惟不克享，凡民惟曰不享。爾乃惟逸惟頗，大遠王命，則惟爾多方探天之威，我則致天之罰，離逖爾土。」〔王曰：〕「我不惟多誥，我惟祗告爾命。」〔又曰：〕「時惟爾初不克敬於和，則無我怨。」

（6）《君奭》中的矛盾關係及其化解

從先秦時代起，一直有關於召公不說周公的記載，如《史記‧燕召公世家》據先秦所傳史料記載：「成王既幼，周公攝政，當國踐祚，召公疑之，作《君奭》。君奭不說周公。周公乃稱『湯時有伊尹，假於皇天；在太戊時，則有若伊陟、臣扈，假於上帝，巫咸治王家；在祖乙時，則有若巫賢；在武丁時，則有若甘盤：率維茲有陳，保乂有殷』。於是召公乃說。」又《書》序云：「《書序》曰：「召公為保，周公為師，相成王為左右。召公不說，周公作《君奭》。」雖然在《君奭》篇中並沒有關於二公不睦的明確記載，但周公論述的主要內容正是輔臣對於治國的重要性，通過總結歷史經驗，特別強調大臣之間的和衷共濟對於治國的重要意義，也可以說，《君奭》中記載的是周公為了搞好與同時當政輔國的召公奭的團結而發表的講話。這樣看來，所謂召公不說周公的說法很可能就是促使周公立論的直接原因。從化解式言論的特徵來看，周公的與召公團結輔政的願望（X），就與召公對周公的不滿（Y）形成一對矛盾，為了化解這個矛盾，周公才對召人講了這樣一番話，那麼《君奭》篇就與上述諸篇一樣，可以概括為 X+Y→Z 的形式。

周公在《君奭》篇中的論述主要包括兩個方面，第一，周公列舉殷代幾位賢明的君主都有有名的賢臣輔佐，才使政治休明，使殷得以配天永祚，極言賢臣對國家的重要（「君奭，我聞在昔成湯既受命」至「厥亂明我新造邦」）；第二，再舉周王朝文王、武王時的賢臣，用能輔佐成大功，代殷受天命，深望召公推誠相助，共同輔佐成王，使毋有所迷誤。（「君奭，在昔上帝割申勸寧王之德」至「不以後人迷」）。最後周公極言武王付託之重及自己與召公所肩負的責任之重，勉勵召公共同成就文王的功業（「前人敷乃心」至「往敬用治」）。

表 5-7：《君奭》化解式記言結構分析

論題	〔周公若曰：〕「君奭，弗弔天降喪于殷，殷既墜厥命，我有周既受。我不敢知曰厥基永孚於休，若天棐忱，我亦不敢知曰其終出於不祥。嗚呼！君已曰時我，我亦不敢寧於上帝命，弗永遠念天威。越我民罔尤違，惟人在。我後嗣子孫，大弗克恭上下，遏佚前人光，在家不知天命不易，天難諶，乃其墜命。弗克經歷嗣前人恭明德，在今予小子旦非克有正，迪惟前人光，施於我沖子。又曰：『天不可信。』我道惟寧王德延，天不庸釋於文王受命。」

論證	分論一	〔公曰：〕「君奭，我聞在昔成湯既受命，時則有若伊尹，格於皇天。在太甲時，則有若保衡。在太戊時，則有若伊陟、臣扈，格於上帝。巫咸乂王家。在祖乙時，則有若巫賢。在武丁時，則有若甘盤。率惟茲有陳，保乂有殷。故殷禮陟配天，多歷年所。天惟純祐命則，商實百姓、王人，罔不秉德明恤。小臣屏侯甸，矧咸奔走。惟茲，惟德稱，用乂厥辟，故一人有事於四方，若卜筮，罔不是孚。」
		〔公曰：〕「君奭，天壽平格，保乂有殷。有殷嗣天滅威。今汝永念，則有固命，厥亂明我新造邦。」
	分論二	〔公曰：〕「君奭，在昔上帝，割申勸寧王之德，其集大命於厥躬。惟文王尚克修和我有夏。亦惟有若虢叔，有若閎夭，有若散宜生，有若泰顛，有若南宮括。」
		〔又曰：〕「無能往來，茲迪彝教，文王蔑德降於國人。亦惟純祐秉德，迪知天威。乃惟時昭文王，迪見冒聞於上帝。惟時受有殷命哉！武王惟茲四人，尚迪有祿。後暨武王，誕將天威，咸劉厥敵。惟茲四人，昭武王惟冒，丕單稱德。今在予小子旦，若遊大川，予往，暨汝奭其濟。小子同未在位。誕無我責收，罔勖不及。耇造德不降，我則鳴鳥不聞，矧曰其有能格？」
		〔公曰：〕「嗚呼！君肆其監於茲。我受命無疆，惟休，亦大惟艱。告君乃猷裕，我不以後人迷。」
措施		〔公曰：〕「前人敷乃心乃悉，命汝作汝民極。曰：『汝明勖偶王，在亶。乘茲大命，惟文王德丕承，無疆之恤。』」〔公曰：〕「君！告汝，朕允。保奭，其汝克敬，以予監於殷喪大否，肆念我天威。予不允，惟若茲誥？予惟曰襄我，二人汝有合哉！言曰：『在時二人，天休茲至；惟時二人，弗戡。』其汝克敬德，明我俊民，在讓後人，於丕時。嗚呼！篤棐時二人，我式克至於今日休。我咸成文王功於不怠，丕冒，海隅出日，罔不率俾。」〔公曰：〕「君！予不惠，若茲多誥。予惟用閔於天越民。」〔公曰：〕「嗚呼！君惟乃知民德，亦罔不能厥初，惟其終？祗若茲。往，敬用治！」

（7）《高宗肜日》中的矛盾關係及其化解

在屬於化解類型的《書》篇中，《高宗肜日》是非常特殊的一篇。因為在這裡需要闡釋的對象不再是具體的行動上的對立或思想上的叛逆，而是一種異常的現象。「國之大事，在祀與戎」；商代又是一個巫風大盛、格外重鬼信神的王朝，所以在祖庚肜祭父王武丁宗廟過程中出現的山雞飛到祭器上鳴叫的現象，引起了統治階級的巨大恐慌。本篇的主要內容就是大貴族祖己通過解釋鳴雉之異，對商王祖庚所講的誡勉性的話。之所以把《高宗肜日》篇也列於化解式言論中，是因為從立論動機來看，它與前述諸篇一樣，都為化解某種矛盾而展開論說，而矛盾所以生成的原因之一就是出現了帶有破壞性的消極因素（Y），在本篇中，這個消極因素就是鳴雉異象。

祖己講話的篇幅相對短小，首先告訴商王不要害怕，先把政事辦好（「惟

先格王，正厥事。」）；然後闡釋天監下民是遵循義理行事的，會根據人們的德行施與賞罰（「惟天監下民」至「乃曰其如臺」）；最後告誡商王不要因偏重親近而違背上帝命（「嗚呼，王司敬民，罔非天胤，典祀無豐於尼」）。

表 5-8：《高宗肜日》化解式記言結構分析

總　　說	〔高宗肜日，越有雊雉。祖己曰：〕「惟先格王，正厥事。」
分　　論	〔乃訓於王曰：〕「惟天監下民，典厥義。降年有永有不永，非天夭民，民中絕命。民有不若德，不聽罪。天既孚命，正厥德。乃曰其如臺？
告　　誡	嗚呼！王司敬民，罔非天胤，典祀無豐於昵。」

　　以上，是對《尚書》獨白式記言中化解式言論所作的結構分析。就言論的創作動機來看，化解式言論基本上都以對矛盾的化解為直接目的，雖然矛盾的構成特別是消極方面的具體內涵有時並不會在言論中直接指明，但它卻是激發言論的重要客觀因素。在有些《書》篇中，篇首的史官記敘部分對發表講話的歷史背景進行簡要概括，其內容有時也包括對矛盾關係構成情況的說明。例如《盤庚》中篇篇首記敘云：「盤庚作，惟涉河以遷，乃話民之弗率，誕告用亶。」又，《盤庚》上篇史官記敘云：「盤庚遷於殷，民不適有居。率籲眾戚出矢言（曰）」，都反映出在遷殷問題上，盤庚的主張與民眾牴觸情緒之間的矛盾對立，從而對理解盤庚立論的現實意義和主要論點起到了必要的輔助作用。可以說，矛盾的出現，是化解式言論發表的必要前提，本書用 X 代表發言者所主張或提倡的目標，用 Y 代表對目標實現具有消極影響的阻力，用 Z 代表發言者為解決矛盾而展開的論述，那麼，這類言論的基本結構可以概括為：X+Y→Z。其中，解決矛盾的過程（Z）就是化解式言論的核心內容。從上文中的列表可以看出，諸《書》篇已初具論說文的基本要素和結構規模，即分別具有相對明確的論題、論證過程和結論，並基本呈現出「提出問題（論題）→分析問題（論證）→解決問題（結論）」的論述層次。在立論的過程中，還分別運用了多種論證方法，如喻證、例證、引證等（詳見下），增加了立論的說服力。化解式言論的突出特徵集中在一個「論」字，屬於這一類型的諸篇集中代表了《尚書》在論說文方面的主要成就。

表 5-9：《書》篇論說方法的多樣性

喻證：	已！予惟小子，若涉淵水，予惟往求朕攸濟，敷賁。（《大誥》）
	若考作室，既底法，厥子乃弗肯堂，矧肯構？厥考翼，其曰：『予有後，弗棄基？』厥父菑，厥子乃弗肯播，矧肯獲？厥考翼，其肯曰：『予有後，弗棄基？』肆予害敢不越卬敉寧王大命？若兄考乃有伐厥子，民養其勸弗救？（《大誥》）
	天惟喪殷，若穡夫，予害敢不終朕畝？（《大誥》）
	今在予小子旦，若遊大川，予往，暨汝奭其濟。（《君奭》）
	若顛木之有由蘗，天其永我命於茲新邑，紹復先王之大業，底綏四方。（《盤庚》上）
	予若觀火，予亦拙,謀作乃逸。（《盤庚》上）
	若網在綱，有條而不紊；若農服田力穡，乃亦有秋。（《盤庚》上）
例證：	君奭，我聞在昔成湯既受命，時則有若伊尹，格於皇天。在太甲時，則有若保衡。在太戊時，則有若伊陟、臣扈，格於上帝。巫咸乂王家。在祖乙時，則有若巫賢。在武丁時，則有若甘盤。率惟茲有陳，保乂有殷。故殷禮陟配天，多歷年所。（《君奭》篇周公以殷商故事為例，說明輔臣對治國的重要性。）
引證：	古人有言曰：「人無於水監，當於民監。」今惟殷墜厥命，我其可不大監撫於時？（《酒誥》）

第二，建設式

所謂建設式言論，是指為達成某種積極的目的而對政策或行為提出建設性意見或命令的言論。這一類型言論主要見於《甘誓》、《湯誓》、《牧誓》、《康誥》、《梓材》、《無逸》、《立政》、《呂刑》、《文侯之命》和《費誓》等十篇中。與化解類型的言論相比，建設式言論不再以化解阻礙行為目標實現的矛盾關係為主要內容，在多數情況下，不再著意論述行為目標的合理性和重要性，而是將關注的焦點轉向達成目標的方式和途徑。其中，以直接的命令或誥教的方式提出的建設性意見或要求，是這類言論的主體內容。如果用 X 表示某種積極的目標行為，用 Zn 表示有利目標實現的行為約定或政治策略，那麼建設式言論的基本結構可以概括為：$X \rightarrow Z1 \cdot Z2 \cdots Zn$。

（1）《甘誓》的目標行為與實現途徑

《甘誓》是啟與有扈氏大戰之前，在甘地發表的誓師詞。這段誓師詞主要由兩部分內容組成，一是說明目標行為的內容，奉天命討伐有扈氏（X：「嗟！六事之人」至「今予惟共行天之罰」），在這裡夏啟也對討伐有扈氏的正義性

或說合理性作了簡要的說明；二是針對落實行爲的過程提出約定（Zn：從「左不攻於左」至「予則孥戮汝」），包括分別對位於戰車左右兩側和駕馭戰車的兵士提出的明確要求（Z1）和宣告賞罰原則（Z2）。雖然誓詞在說明戰爭合理性的部分包含一定程度的論說意味，但是從誓師詞的發佈背景和功能來看，其表意的重點並不在於論證，所以這部分內容只是行爲前提的必要說明，這也是《甘誓》與前文中化解類諸篇在結構上的主要區別。《甘誓》的結構可以表示爲：X→Z1・Z2。

表 5-10：《甘誓》建設式記言結構分析

目標行爲 X		（大戰於甘，乃召六卿。王曰：）「嗟！六事之人，予誓告汝。有扈氏威侮五行，怠棄三正，天用剿絕其命。今予惟共行天之罰。
行爲約定 Zn	Z1	左不攻於左，汝不共命；右不攻於右，汝不共命；御非其馬之正，汝不共命。
	Z2	用命，賞於祖；不用命，戮於社。予則孥戮汝。」

（2）《湯誓》的目標行爲與實現途徑

《湯誓》是湯在討伐夏桀前，在都城亳發表的誓師詞。這篇誓師詞主要包括兩部分內容，第一，說明目標行動的內容（X）——討伐夏桀，包括呼告聽話人並告喻士眾弔民伐罪的道理（「格爾眾庶」至「今朕必往」）；第二，宣佈對士眾的要求和賞罰原則（Zn：「爾尚輔予一人」至「罔有攸赦」）。與《尚書》中其他誓師詞相比，《湯誓》的特殊之處體現在其說明戰爭正義性過程中，包括一段論說的內容，並與前文所敘之化解式言論在結構上存在共通之處。因爲在這裡，湯欲伐桀的計劃可視爲目標行動（X），軍民不願征戰的情緒（「今爾有眾，汝曰：『我後不恤我眾，舍我穡事而割正夏？』」又，「今汝其曰：『夏罪其如臺？』」）構成了對落實行動的阻力（Y），那麼，商湯列數夏王罪行、宣稱順天命以伐桀的一段論說的展開，實際上就是以解決前述二者的矛盾關係爲直接目的的，它的內部結構可以表示爲 X+Y→Z 的形式。但由於《湯誓》是一篇戰前誓師詞，論說戰爭正義性的目的是爲了動員士眾、鼓舞士氣，以團結一致地討伐夏桀，所以它應該屬於建設性言論，它的結構可以概括爲：X（X+ Y→Z）→Z1。

表5-11：《湯誓》建設式記言結構分析

目標行為 X	〔王曰：〕「格爾眾庶，悉聽朕言。非台小子敢行稱亂，有夏多罪，天命殛之。今爾有眾，汝曰：『我後不恤我眾，舍我穡事而割正夏。』予惟聞汝眾言，夏氏有罪。予畏上帝，不敢不正。今汝其曰：『夏罪，其如臺？』夏王率遏眾力，率割夏邑。有眾率怠弗協。曰：『時日曷喪？予及汝皆亡！』夏德若茲，今朕必往。
行為約定 Zn	Z1	爾尚輔予一人致天之罰。予其大賚汝。爾無不信，朕不食言。爾不從誓言，予則孥戮汝，罔有攸赦。」

（3）《牧誓》的目標行為與實現途徑

　　《牧誓》是周武王在牧野與商紂軍隊決戰之前，發表的誓師詞。這篇誓師詞主要由兩部分內容構成，第一是對目標行為（X）的說明，包括周武王對聽話人的呼告和對出戰理由的概括說明（「遠矣！西土之人」至「今予發惟共行天之罰」）。作為決戰前的動員講話，誓師詞的重要內容之一就是對戰爭正義性的說明。在這裡，周武王引用古語說明商王紂偏聽婦言的昏悖行徑，並從多方面列舉他的惡行，說明商王自絕於天，周人出兵乃是奉承天命的正義行動，從而確立起出戰的重要前提；第二，是宣佈有利目標實現的行為約定（Zn），即周武王宣佈對作戰行為的具體要求（Z1）和賞罰原則（Z2）（「今日之事」至「其於爾躬有戮」）。本書認為，《牧誓》的結構可以概括為：X→Z1·Z2。

表5-12：《牧誓》建設式記言結構分析

目標行為 X	〔時甲子昧爽，王朝至於商郊牧野，乃誓。王左杖黃鉞，右秉白旄，以麾。曰：〕「逖矣，西土之人！」〔王曰：〕「嗟！我有邦冢君，御事：司徒、司馬、司空，亞旅、師氏、千夫長、百夫長，及庸、蜀、羌、髳、微、盧、彭、濮人，稱爾戈，比爾干，立爾矛，予其誓。」〔王曰：〕「古人有言曰：『牝雞無晨。牝雞之晨，惟家之索。』今商王受惟婦言是用，昏棄厥肆祀弗答，昏棄厥遺，王父母弟不迪，乃惟四方之多罪逋逃，是崇是長，是信是使，是以為大夫卿士，俾暴虐於百姓，以奸宄於商邑。今予發惟共行天之罰。
行為約定 Zn	Z1	今日之事，不愆於六步七步，乃止齊焉。夫子勖哉！不愆於四伐五伐六伐七伐，乃止齊焉。勖哉夫子！尚桓桓，如虎如貔，如熊如羆，於商郊，弗御克奔，以役西土。勖哉夫子！
	Z2	爾所弗勖，其於爾躬有戮。

（4）《費誓》的目標行為與實現途徑

《費誓》是西周時魯侯伯禽率領軍隊征伐徐戎、淮夷之前，在魯國費地對將士們發佈的誓師辭。其內容也主要由兩大部分構成，第一，說明目標行為的內容（X）。與《甘誓》、《牧誓》等不同的是，《費誓》篇並沒有對戰爭的理由作更多說明，而只通過「徂茲淮夷徐戎並興」一句，宣佈即將與興起叛亂的淮夷徐戎作戰；第二，明確提出有利目標實現的行為約定（Zn），包括命令全軍作好戰鬥準備（Z1）、申明戰鬥紀律（Z2）和布置軍需供應（Z3）等三方面內容及相關的懲罰規定。《費誓》的結構可以概括為：X→Z1・Z2・Z3。

表 5-13：《費誓》建設式記言結構分析

目標行為 X		〔公曰：〕「嗟，人無嘩！聽命徂茲！淮夷、徐戎並興，
行為約定 Zn	Z1	善敹乃甲冑，敿乃干，無敢不弔。備乃弓矢，鍛乃戈矛，礪乃鋒刃，無敢不善。
	Z2	今惟淫舍牿牛馬，杜乃擭，敜乃穽，無敢傷牿。牿之傷，汝則有常刑。馬牛其風，臣妾逋逃，勿敢越逐，祗復之，我商賚汝。乃越逐，不復，汝則有常刑。無敢寇攘，踰垣牆，竊馬牛，誘臣妾，汝則有常刑。
	Z3	甲戌，我惟征徐戎。峙乃糗糧，無敢不逮，汝則有大刑。魯人三郊、三遂，峙乃楨幹。甲戌，我惟築，無敢不供。汝則有無餘刑，非殺。魯人三郊、三遂，峙乃芻茭，無敢不多，汝則有大刑。」

（5）《康誥》的目標行為與實現途徑

《康誥》是周公告誡康叔治理衛國的誥詞。其時，周王朝冊封周文王的兒子康叔於衛國，周公在《康誥》中向其闡述了尚德慎罰、敬天愛民的道理，規定了施用刑罰的準則與刑律的條目，強調用德政教化殷民，鞏固周王朝的統治。史官在記錄周公這段講話的時候，運用了十三個「王若曰」或「王曰」的形式來引導記言，而形式上新的記言單元的開始，又同時標誌著講話內容的更新與層進。《康誥》通篇可分為兩大部分，第一，總說由於文王德業，康叔得以受封於衛（「孟侯，朕其弟小子封繁瑣」至「肆汝小子封在茲東土」）。第二，是周公從各方面對康叔進行教誨和告誡（「嗚呼！封，汝念哉！今民將在」至「汝乃以殷民世享」）。從結構形式上來看，第一部分對康叔受封的交待相當對目標行為的表述，因為治理好衛國是一個未然的目標，周公提出的所有誥教都是為了成功地實現這個目標而提出的建設性建議。這就像前文所述的諸篇誓師詞的構成一樣，首先宣佈發動戰爭的合理性，繼而為贏得勝利

而提出相關的相關要求和賞罰原則。從某種程度上說，《康誥》是建設式言論的典型代表，它的結構可以表示為：X→Z1·Z2·⋯·Z13。《康誥》的內容是周公以直接教誨的方式向康叔傳授統治經驗，它在表達形式上的特點是多用祈使句和命令式的語言，逐條提出建議與要求。而這也是所有建設式言論的共同特徵，即言論的重點不在於對目標可行性的論證，而在於對實現目標的途徑與方式諫言獻策。

表5-14：《康誥》建設式記言結構分析

目標行為X		〔惟三月哉生魄，周公初基作新大邑於東國洛。四方民大和會。侯甸男邦采衛，百工播，民和，見士於周。周公咸勤，乃洪大誥治。王若曰：〕「孟侯，朕其弟，小子封！惟乃丕顯考文王，克明德慎罰，不敢侮鰥寡，庸庸，祗祗，威威，顯民。用肇造我區夏，越我一二邦，以修我西土。惟時怙冒，聞於上帝，帝休。天乃大命文王，殪戎殷，誕受天命，越厥邦厥民，惟時敘。乃寡兄勖，肆汝小子封，在茲東土。」
實施Zn	Z1	〔王曰：〕「嗚呼！封，汝念哉！今民將在祗遹乃文考，紹聞，衣德言。往敷求於殷先哲王，用保乂民。汝丕遠，惟商耇成人，宅心知訓。別求聞由古先哲王，用康保民。弘於天，若德，裕乃身，不廢在王命。」
	Z2	〔王曰：〕「嗚呼！小子封，恫瘝乃身。敬哉！天畏棐忱，民情大可見。小人難保，往盡乃心，無康好逸豫，乃其乂民。我聞曰：『怨不在大，亦不在小；惠不惠，懋不懋。』已，汝惟小子，乃服惟弘。王應保殷民，亦惟助王宅天命，作新民。」
	Z3	〔王曰：〕「嗚呼！封，敬明乃罰。人有小罪，非眚，乃惟終，自作不典，式爾，有厥罪小，乃不可不殺。乃有大罪，非終，乃惟眚災，適爾，既道極厥辜，時乃不可殺。」
	Z4	〔王曰：〕「嗚呼！封，有敘時，乃大明服，惟民其敕懋和，若有疾。惟民其畢棄咎，若保赤子。惟民其康乂。非汝封刑人殺人，無或刑人殺人；非汝封又曰劓刵人，無或劓刵人。」
	Z5	〔王曰：〕「外事，汝陳時臬，司師，茲殷罰有倫。」〔又曰：〕「要囚，服念五六日，至於旬時，丕蔽要囚。」
	Z6	〔王曰：〕「汝陳時臬，事罰蔽殷彝，用其義刑義殺，勿庸以次汝封。乃汝盡遜，曰時敘，惟曰未有遜事。已！汝惟小子，未其有若汝封之心，朕心朕德，惟乃知。凡民自得罪，寇攘奸宄，殺越人於貨，暋不畏死，罔弗憝。」
	Z7	〔王曰：〕「封，元惡大憝，矧惟不孝不友。子弗祗服厥父事，大傷厥考心；於父不能字厥子，乃疾厥子；於弟弗念天顯，乃弗克恭厥兄；兄亦不念鞠子哀，大不友於弟。惟弔，茲不於我政人得罪。天惟與我民彝大泯亂，曰：乃其速由。文王作罰，刑茲無赦。

Z8	不率大戛，矧惟外庶子、訓人，惟厥正人，越小臣諸節，乃別播敷造。民大譽，弗念弗庸，瘝厥君，時乃引惡，惟朕憝。已！汝乃其速由，茲義率殺。亦惟君惟長，不能厥家人，越厥小臣、外正，惟威惟虐，大放王命，乃非德用乂。汝亦罔不克敬典，乃由裕民，惟文王之敬忌，乃裕民，曰：『我惟有及則』，予一人以懌。」
Z9	〔王曰：〕「封，爽惟民迪吉康。我時其惟殷先哲王德，用康乂民作求，矧今民罔迪不適，不迪則罔政在厥邦。」
Z10	〔王曰：〕「封，予惟不可不監，告汝德之說於罰之行。今惟民不靜，未戾厥心，迪屢未同。爽惟天其罰殛我，我其不怨，惟厥罪。無在大，亦無在多，矧曰其尚顯聞於天？」
Z11	〔王曰：〕「嗚呼！封，敬哉！無作怨，勿用非謀、非彝，蔽時忱。丕則敏德，用康乃心，顧乃德，遠乃猷裕，乃以民寧，不汝瑕殄。」
Z12	〔王曰：〕「嗚呼！肆汝小子封，惟命不于常，汝念哉！無我殄享，明乃服命，高乃聽，用康乂民。」
Z13	〔王曰：〕「往哉，封！勿替敬，典聽朕誥，汝乃以殷民世享。」

（6）《梓材》的目標行爲與實現途徑

這篇也是周公對康叔的誥詞。在本篇中，周公規定了治理殷地的具體政策，勉勵康叔施行明德，和睦殷民，努力完成先王未竟的事業。在先秦時代，《梓材》與《康誥》、《酒誥》並稱《康誥》，都是在康叔初封於衛地時，周公對他所講的告誡之詞，也就是說，這三篇雖然在具體內容上各有側重，但都是以教誨康叔治理好衛地爲主旨的。《梓材》是先秦時《康誥》三篇的最後一篇，在篇首並沒有對康叔初封一事作相關的介紹，而《康誥》篇首則有史官記敘曰：「惟三月哉生魄，周公初基作新大邑於東國洛，四方民大和會，侯、甸、男、邦、採、衛、百工、播民，和見士於周。周公咸勤，乃洪大誥治」，《酒誥》中周公亦首先宣告：「明大命於妹邦」，都是首先說明講話的歷史背景，《梓材》既沒有這部分內容，根據它在先秦《康誥》中的位置，很有可能是承前省略的結果。顧頡剛、劉起釪合著的《〈尚書〉校釋譯論》認爲，《梓材》開篇數句由殘存簡文組成，但是「當無大問題是周公誡康叔的誥詞的開頭用語，指出康叔前往就衛國國君之重任，有上承天子下聯繫好國內巨室的重要使命」。〔註10〕那麼，也可以說《梓材》篇是以康叔職責的意義概括了他受封於衛地的事實。和《康誥》、《酒誥》篇中一樣，本書認爲，這是對目標行爲（X）的交待。在下文中，周公主要從三個方面教導康叔，分別是：Z1

〔註10〕顧頡剛、劉起釪著：《尚書校釋譯論》，中華書局，2005 年 4 月，第 1424 頁。

周公告誡康叔要以身作則，慎重用刑；Z2 告誡康叔要養民安民，還要惠及孤苦無告的小民；Z3 要繼承先王施行明德的做法，傳承先王未竟的事業。所以，《梓材》篇的結構可以概括爲：X→Z1・Z2・Z3。

表 5-15：《梓材》建設式記言結構分析

目標 X	〔王曰：〕「封！以厥庶民暨厥臣達大家，以厥臣達王惟邦君。
實施 Zn	Z1	汝若恒越曰我有師師、司徒、司馬、司空、尹、旅，曰：『予罔厲殺人，亦厥君先敬勞。』肆徂，厥敬勞。肆往，奸宄、殺人、曆人宥。肆亦見厥君事，戕敗人宥。

| | Z2 | 王啓監，厥亂爲民。曰：無胥戕，無胥虐。至於敬寡，至於屬婦，合由以容。王其效邦君越御事，厥命曷以？引養引恬。自古王若茲監，罔攸辟。 |

| | Z3 | 惟曰：若稽田，既勤敷菑，惟其陳修爲厥疆畎。若作室家，既勤垣墉，惟其塗墍茨。若作梓材，既勤樸斲，惟其塗丹雘。今王惟曰：先王既勤用明德，懷爲夾，庶邦享作，兄弟方來，亦既用明德。後式典集，庶邦丕享。皇天既付中國民，越厥疆土於先王，肆王惟德用和懌先後迷民，用懌先王受命。已！若茲監。惟曰：欲至於萬年，惟王子子孫孫永保民。」 |

（7）《立政》的目標行爲與實現途徑

《立政》是周公對成王的告誡之詞，當時周王朝的迫切任務就是健全官員制度，以求長治久安，周公在誥詞中主要闡述設官理政的法則，如何建立官制是本篇所闡釋的中心內容（X）。《立政》以呼語開篇，周公呼喚成王及其左右大臣與官員，提醒他們重視自己的意見，要在平時有居安思危的意識。然後逐層展開對建立官制的各項建議，周公依次總結了夏、商任用官員的得失，自己政權任用官員的經驗，提出今後要怎樣設置和任用高級官員，並提出了周初官職建制系統。其結構層次爲：Z1，以夏商兩代選用官員的經驗教訓告喻成王（「古之人迪惟有夏」至「奄甸萬姓」）；Z2，以周朝文王、武王時的官制及任用官吏的法則告教成王（「亦曰文王、武王」至「以並受此丕丕德」）；Z3，告誡成王設官任職的具體準則（「嗚呼！孺子王矣」至「以列用中罰」）。《立政》篇的結構可以概括爲：X→Z1・Z2・Z3。

表 5-16：《立政》建設式記言結構分析

呼語	〔周公若曰：〕「拜手稽首，告嗣天子王矣。」用咸戒於王曰：「王左右常伯、常任、準人、綴衣、虎賁。嗚呼！休茲，知恤鮮哉！

實施Zn	Z1	〔周公曰：〕「古之人迪惟有夏，乃有室大競，籲俊，尊上帝，迪知忱恂於九德之行。乃敢告教厥後曰：拜手稽首後矣。曰：宅乃事，宅乃牧，宅乃準，茲惟後矣。謀面，用丕訓德，則用宅人，茲乃三宅無義民。桀德惟乃弗作往任，是惟暴德，罔後。「亦越成湯陟丕釐上帝之耿命，乃用三有宅，克即宅，曰三有俊，克即俊。嚴惟丕式，克用三宅三俊。其在商邑，用協於厥邑；其在四方，用丕式見德。嗚呼！其在受德暋，惟羞刑暴德之人，同於厥邦，乃惟庶習逸德之人，同於厥政。帝欽罰之，乃伻我有夏，式商受命，奄甸萬姓。
	Z2	亦曰文王、武王，克知三有宅心，灼見三有俊心，以敬事上帝，立民長伯。立政任人：準、夫、牧作三事，虎賁、綴衣、趣馬、小尹、左右攜僕、百司庶府、大都小伯藝人、表臣百司、太史、尹伯、庶常吉士、司徒、司馬、司空、亞旅，夷微、盧烝、三亳阪尹。文王惟克厥宅心，乃克立茲常事司牧人，以克俊有德。文王罔攸兼於庶言。庶獄庶慎，惟有司之牧夫是訓用違。庶獄庶慎，文王罔敢知於茲。亦越武王率惟敉功，不敢替厥義德，率惟謀從容德，以並受此丕丕基。
	Z3	嗚呼！孺子王矣，繼自今我其立政。立事、準人、牧夫，我其克灼知厥若，丕乃俾亂，相我受民，和我庶獄庶慎。時則勿有間之。自一話一言，我則末惟成德之彥，以乂我受民。嗚呼！予旦受人之徽言，咸告孺子王矣，繼自今文子文孫，其勿誤於庶獄庶慎，惟正是乂之。自古商人亦越我周文王立政，立事、牧夫、準人，則克宅之，克由繹之，茲乃俾乂國。則罔有立政用憸人，不訓於德，是罔顯在厥世。繼自今立政，其勿以憸人，其惟吉士，用勱相我國家。今文子文孫，孺子王矣。其勿誤於庶獄，惟有司之牧夫。其克詰爾戎兵，以陟禹之迹，方行天下，至於海表，罔有不服。以覲文王之耿光，惟揚武王之大烈。嗚呼！繼自今，後王立政，其惟克用常人。」〔周公若曰：〕「太史！司寇蘇公式，敬爾由獄，以長我王國，茲式有慎，以列用中罰。」

（8）《無逸》的目標行為與實現途徑

　　周公還政成王，害怕成王貪圖享樂，荒廢政事，特申誡以不可逸樂的道理。《無逸》全篇主要由兩部分內容構成，第一，說明目標的內涵（X），周公首先以為君者必須無逸告誡成王，指出要做到這點就必須先懂得稼穡艱難，民生疾苦。然後，周公引述了商周歷史，從正反兩個方面論述了無逸的重要性（「嗚呼！君子所其無逸」至「厥享國五十年」）。這裡的論述與前文所說的化解式言論中的論述有所不同。化解式言論的突出特徵是消極要素（Y）的存在，論述的過程實際上是化解阻力的過程，因而帶有一定程度的駁論意味；而在本篇中，無論是商代以嚴恭寅畏興邦、以荒寧耽樂亡國的經驗教訓，還是周代先王奮勉勤勞、懷保小民以保有天下的歷史先例，都是對篇首提出的「君子所其無逸」觀點的有力證明。所以，從結構形式的角度來看，《無逸》

的這段內容是以觀點加論述的方式提出了本篇的目標（X），與其他建設式言論在篇首簡要直述目標內涵的形式有所不同。本篇的第二部分內容是周公告誠成王勤勞政事的方法，亦即為實現目標而提出的建設性意見（Zn）。具體包括：Z1，告誠成王不可耽樂、酗酒；Z2，告誠成王要與民相保，消除違怨；Z3，告誠成王要效法殷周先王的做法，克盡君德並叮囑嗣位君王要把上述內容引為鑒戒。《無逸》的結構可表示為：X→Z1‧Z2‧Z3。

表 5-17：《無逸》建設式記言結構分析

目標 X	觀點	〔周公曰：〕「嗚呼！君子所其無逸。先知稼穡之艱難，乃逸，則知小人之依。相小人：厥父母勤勞稼穡，厥子乃不知稼穡之艱難，乃逸乃諺，既誕否則，侮厥父母，曰：『昔之人無聞知。』」
	論述	〔周公曰：〕「嗚呼！我聞曰：昔在殷王中宗，嚴恭寅畏，天命自度，治民祗懼，不敢荒寧。肆中宗之享國，七十有五年。其在高宗，時舊勞於外，爰暨小人。作其即位，乃或亮陰，三年不言。其惟不言，言乃雍。不敢荒寧，嘉靖殷邦。至於小大，無時或怨。肆高宗之享國，五十有九年。其在祖甲，不義惟王，舊為小人。作其及位，爰知小人之依，能保惠於庶民，不敢侮鰥寡。肆祖甲之享國，卅有三年。 自時厥後，立王生則逸。生則逸，不知稼穡之艱難，不聞小人之勞，惟耽樂之從。自時厥後，亦罔或克壽，或十年，或七八年，或五六年，或四三年。」 〔周公曰：〕「嗚呼！厥亦惟我周。太王、王季，克自抑畏。文王卑服，即康功、田功。徽柔懿恭，懷保小民，惠鮮鰥寡。自朝至於日中昃，不遑暇食，用咸和萬民。文王不敢盤於遊田，以庶邦惟正之供。文王受命惟中身，厥享國五十年。」
實施 Zn	Z1	〔周公曰：〕「嗚呼！繼自今嗣王，則其無淫於觀、於逸、於遊、於田，惟萬民惟正之供，無皇曰：『今日耽樂。』乃非民攸訓，非天攸若，時人丕則有愆，無若殷王受之迷亂，酗於酒德哉！」
	Z2	〔周公曰：〕「嗚呼！我聞曰：古之人猶胥訓告，胥保惠，胥教誨，民無或胥壽張為幻。此厥不聽人乃訓之，乃變亂先王之正刑。至於小大民，否則厥心違怨，否則厥口詛祝。」
	Z3	〔周公曰：〕「嗚呼！自殷王中宗，及高宗，及祖甲，及我周文王，茲四人迪哲。厥或告之曰：『小人怨汝詈汝！』則皇自敬德，厥愆，曰：『朕之愆。』允若時，不啻不敢含怒，此厥不聽，人乃或言壽張為幻，曰：『小人怨汝詈汝！』則信之。則若時不永念厥辟，不寬綽厥心，亂罰無罪，殺無罪，怨有同，是叢於厥身。」 〔周公曰：〕「嗚呼！嗣王其監於茲！」

（9）《呂刑》的目標行為與實現途徑

《呂刑》為西周時期周穆王所作，他闡系統述了對祥刑的相關意見，也是我國古代較完整的刑法總綱。全篇主要包括兩大部分內容，其一，是穆王通過引述蚩尤濫施刑罰招致滅亡、堯用中刑而享有天下的舊例，總結合理施用刑罰的要義，強調勤政慎刑的重要性（「若古有訓」至「兆民賴之，其寧惟永」）。劉起釪認為本篇在這裡所說的古訓和要義，都是作為下節「為本篇主體以闡述『五刑』這一古代最完整的自成體系的刑法綱領及其實行贖刑的張本」〔註11〕，也是提出了一個目標性的方案（X），即要建立一個完整的刑罰體系。其二，是對刑律的條目和審理案件的方法的說明，是《呂刑》的主體內容，分別從七個方面對實行贖刑作出仔細規定，並在最後嚴肅告誡審理案件要有正確的態度。這是針對實現目標方案所提供的具體的建設性政策。《呂刑》的結構可以總結為：X→Z1・Z2・……・Z8。

表 5-18：《呂刑》建設式記言結構分析

目標 X	〔惟呂命王：享國百年，耄荒，度作刑，以詰四方。王曰：〕「若古有訓，蚩尤惟始作亂，延及於平民，罔不寇賊，鴟義奸宄，奪攘矯虔。苗民弗用靈，制以刑，惟作五虐之刑曰法，殺戮無辜。爰始淫為劓、刵、椓、黥，越茲麗刑，並制，罔差有辭。民興胥漸，泯泯棼棼，罔中於信，以覆詛盟。虐威，庶戮方告無辜於上。上帝監民，罔有馨香德，刑發聞惟腥。皇帝哀矜庶戮之不辜，報虐以威，遏絕苗民，無世在下。乃命重、黎絕地天通，罔有降格。群后之逮在下，明明棐常，鰥寡無蓋。
	皇帝清問下民，鰥寡有辭於苗。德威惟畏，德明惟明。乃命三后，恤功於民：伯夷降典，折民惟刑；禹平水土，主名山川；稷降播種，農殖嘉穀。三后成功，惟殷於民。士制百姓於刑之中，以教祗德。穆穆在上，明明在下，灼於四方，罔不惟德之勤。故乃明於刑之中，率乂於民棐彝。典獄，非訖於威，惟訖於富。敬忌，罔有擇言在躬。惟克天德，自作元命，配享在下。」
	〔王曰：〕「嗟！四方司政典獄，非爾惟作天牧？今爾何監？非時伯夷播刑之迪？其今爾何懲？惟時苗民匪察於獄之麗，罔擇吉人，觀於五刑之中，惟時庶威奪貨，斷制五刑，以亂無辜。上帝不蠲，降咎於苗。苗民無辭於罰，乃絕厥世。」
	〔王曰：〕「嗚呼！念之哉！伯父、伯兄、仲叔、季弟、幼子、童孫，皆聽朕言，庶有格命。今爾罔不由慰曰勤，爾罔或戒不勤。天齊於民，俾我一日，非終惟終在人。爾尚敬逆天命，以敬我一人。雖畏勿畏，雖休勿休，惟敬五刑，以成三德。一人有慶，兆民賴之，其寧惟永。」

〔註11〕顧頡剛、劉起釪著：《尚書校釋譯論》，中華書局，2005 年 4 月，第 1994 頁。

具體政策 Zn	Z1	〔王曰:〕「吁!來!有邦有土,告爾祥刑。在今爾安百姓,何擇非人,何敬非刑,何度非及?
	Z2	兩造具備,師聽五辭。五辭簡孚,正於五刑。五刑不簡,正於五罰。五罰不服,正於五過。五過之疵:惟官,惟反,惟內,惟貨,惟來。其罪惟鈞,其審克之。
	Z3	五刑之疑有赦,五罰之疑有赦,其審克之。簡孚有眾,惟貌有稽。無簡不聽,具嚴天威。
	Z4	墨辟疑赦,其罰百鍰,閱實其罪。劓辟疑赦,其罰惟倍,閱實其罪。剕辟疑赦,其罰倍差,閱實其罪。宮辟疑赦,其罰六百鍰,閱實其罪。大辟疑赦,其罰千鍰,閱實其罪。
	Z5	墨罰之屬千,劓罰之屬千,剕罰之屬五百,宮罰之屬三百,大辟之罰其屬二百;五刑之屬三千。
	Z6	上下比罪,無僭亂辭。勿用不行,惟察惟法,其審克之。上刑適輕下服,下刑期適重上服,輕重諸罰有權。刑罰世輕世重,惟齊非齊,有倫有要。
	Z7	罰懲非死,人極於病。非佞折獄,惟良折獄,罔非在中,察辭於差,非從惟從。哀敬折獄,明啓刑書,胥占,咸庶中正,其刑其罰,其審克之。獄成而孚,輸而孚,其刑上備,有並兩刑。」
	Z8	〔王曰:〕「嗚呼!敬之哉!官伯、族姓,朕言多懼,朕敬於刑,有德惟刑。今天相民,作配在下,明清於單辭,民之亂,罔不中聽獄之兩辭。無或私家於獄之兩辭,獄貨非實,惟府辜功,報以庶尤。永畏惟罰,非天不中,惟人在命。天罰不極,庶民罔有令政在於天下。」
		〔王曰:〕「嗚呼!嗣孫,今往何監?非德於民之中,尚明聽之哉!哲人惟刑,無疆之辭,屬於五極,咸中有慶。受王嘉師,監於茲祥刑。」

以上是對《尚書》建設式言論的結構分析。如果說,前文中所討論的化解式言論在解析矛盾、克服阻力的過程中,在一定程度上帶有駁論色彩的話,那麼,建設式言論則與之相反,處處彰顯了立論的特徵。屬於這一類型的言論,通常不需要對行動或主張的可行性作更多的論證,或者說在提出觀點的同時極少遭遇質疑或反對(《湯誓》篇是為數不多的例外),這類言論所關注的核心問題不是觀點的成立與否,而是如何將主張在實際行動中加以貫徹或怎樣確保目標的實現。從內容上來看,這些言論往往是君王對臣下、尊長對後輩的申命或誥教,因而就必然帶有一種天然的自上而下的權威性。特別是在《甘誓》等誓師詞中,目標行動的不容質疑就顯得尤為突出。所以這類言論的主體內容是針對實現目標而提出的具體要求、命令或建設性觀點,與化解式言論中的論證相比,建設式言論中的這部分內容具有更強的實際指導意義。從言論的結構形式來看,這些對實現目標起到積極促進作用的措施或建

議（Zn），通常會被平行列舉出來，在多數情況下呈並列關係。此外，化解式言論與建設式言論的發表時機也有所不同，前者多發表於矛盾生成之後，後者多發表於行動開始之前；前者著力於「破解」，後者側重於「建立」。一破一立，分別是《尚書》獨白式記言兩大基本類型的形式特徵。

第三，獨白式記言中的其他《書》篇

《尚書》獨白式記言除上述諸篇以外，還有兩篇情況比較特殊，這就是《秦誓》和《文侯之命》。

《秦誓》是秦穆公的悔過之辭。魯僖公三十三年，秦穆公派遣大將孟明視、西乞術、白乙丙率領軍隊遠道偷襲鄭國。老臣蹇叔竭力諫勸，穆公不聽。軍行途中，秦軍獲知鄭國有了防備，只好消滅滑國後回去，在崤地遭到了晉軍的伏擊，秦軍大敗，三將被俘。《秦誓》就是秦軍將帥回國時，秦穆公對他們和群臣所講的自我責備的誥辭。《秦誓》篇主要由兩部分內容構成，第一，是秦穆公對自己沒能在出征前聽從老臣忠諫的做法感到深悔不已（「嗟！我士，聽無嘩」至「則罔所愆」）。這是秦穆公在崤戰之後，對這次軍事行動所做的總結，由於前此君臣曾在是否出征鄭國的問題上出現觀點的對立，秦穆公在這裡的自責和悔恨實際上就帶有承認過失、化解矛盾的意味；第二，是秦穆公痛定反思，認識到君主必須要做至好賢容善、從善如流（「番番良士」至「亦尚一人之慶」），這可以說是秦穆公在總結崤戰教訓的基礎上，對自己提出的告誡。這種立足當下，囑望未來的做法，又與建設式言論在結構存在相似之處。此外，《秦誓》雖然以誓名篇，但卻與《尚書》中的其他誓師詞迥然不同，《甘》《牧》等篇都是發表於大戰開始之前，以宣告戰爭正義性和約誓作戰紀律爲基本內容，帶有極強的號召性和鼓動性；而《秦誓》則發佈於戰爭結束之後，以對決策失誤的總結和反思爲主要內容，屬於秦穆公的自責之辭。《文侯之命》是周平王賜晉文侯之命。全篇主要由兩部分內容構成，第一，是表揚晉文公的功績（「父義和，丕顯文武」至「若汝予嘉」）；第二，是周平王對晉文侯的賞賜與勉勵（「父義和」至「用成爾顯德」）。《文侯之命》是《今文尚書》中唯一的記錄周王表彰賞賜諸侯的冊書，在內容與形式上都具有鮮明的個性。

（二）對話式記言的結構模式

《尚書》中除了記載單個人物講話內容的獨白式《書》篇以外，還有在

同一篇中兼記兩個或多個人物間對話內容的《書》篇，本書將這類情況稱爲對話式記言。在《今文尚書》中，屬於這一類型的《書》篇約有六篇，分別是《皋陶謨》、《西伯戡黎》、《微子》、《洪範》、《召誥》和《洛誥》。本書認爲，《尚書》對話式記言主要具有兩種基本形式，一是問對式，一是普通式。所謂問對式，是指雙方談話內容屬於問答關係，即由一方提出問題，另一方相應地作出解答，並通過這種問答形式的疊加構成《書》篇的基本內容。所謂普通式，是指雙方在對話過程中，不存在提問與解答的關係，而只是一般性的往返告答。需要指出的是，這裡所集中討論的是《今文尚書》中以記言爲《書》篇主體內容的對話式記言情況，至於以記敘爲主的《書》篇中的記言情況，將在下文中專門討論。

第一，問對式

問對式《書》篇是以雙方問答的形式展開內容的，屬於這一結構類型的對話體記言內容，主要存在於《洪範》、《微子》和《皋陶謨》等篇中。

《洪範》

《洪範》記載了周武王和箕子的對話。全篇包括一個問答過程，《洪範》以周武王向箕子請教統治大法的提問開篇，這句簡短的問話（「嗚呼！箕子。惟天陰騭下民，相協厥居，我不知其彝倫攸敘」），在篇中起到引出箕子答語的作用，而《洪範》篇的主體內容——「洪範九疇」的來源與構成則完全是通過箕子隨後對周武王的答覆中闡述出來的。箕子的講話可分爲兩個部分，第一，說明「大法」的來源。即它是由上帝傳授給禹，現在再由箕子傳授給周武王（「我聞在昔」至「彝倫攸敘」）；第二，說明「洪範九疇」的內容。箕子首先用六十五個字概括性地提出了「九疇」的條目（「初一」至「威用六極」），這也是整個統治大法的總綱；然後逐一闡釋各自的內容，它們分別是：五行章、五事章、八政章、五紀章、皇極章、三德章、稽疑章、庶徵章和五福六極章。

如果用 X 代表周武王的提問，用 Y 代表箕子的回答，那麼《洪範》篇對話的基本形式可以概括爲：X→Y。其中，箭頭（→）表示提問對答語（在《洪範》中也是其主體內容）的直接引導功能。

《微子》

《微子》是商王朝敗亡之前，一位宗室大貴族微子向王朝的父師、少師

請問個人如何應付的一篇對話記錄。篇中包括共包括三個記言單元，其中前兩個都是微子向父師和少師請教出處之道時的講話。第三個則是父師對微子提問的回答。

微子的這番話包括兩個層次，首先他敘述了殷商末年上下昏亂、瀕臨滅亡的危急狀況（「父師、少師」至「殷遂喪越至於今」），這也是他內心困惑的直接原因；然後微子就殉死還是出走一事，求教於父師和少師（「父師、少師，我其發出狂」至「顛隮若之何其」）。在第三個記言單元亦即父師對微子的答覆（「王子」至「我不顧行遜」）中，首先肯定了微子對國勢傾危的認識，同時父師也認爲殷商王朝正走向末路，於是他勸說微子出走，並說自己也準備離開。

《微子》以問對形式成篇，全篇也只包括一個問答過程。與《洪範》篇中周武王提問的簡短和直接不同，微子在向父師少師求教時，首先闡述了個人對於局勢的判斷，這也是對問題產生的原因所做的必要說明，所以從篇章形式上來看，問答雙方在篇幅上相對均衡，與《洪範》篇以答語構成內容主體的情況有所不同。《微子》也是通過對話雙方一問一答的形式疊加成篇，提問起到了引導下文下的作用，所以它的形式也可以概括爲：X→Y。

《皋陶謨》

《皋陶謨》是皋陶和禹在帝舜朝庭上的問答之語。總體來看，《皋陶謨》的前半篇（「允迪厥德」至「思曰贊贊襄哉」）主要記載了皋陶與禹之間的對話；後半部（「來！禹，汝亦昌言」至「俞！往欽哉」）主要記載了帝舜與禹及皋陶等人之間的對話。《皋陶謨》中的對話形式既有問答體，又有普通的人物對話，在記言形式上體現出混合式的特點。其中，問答式的對話內容主要集中在前半部分。

與《洪範》、《微子》等篇的情況不同，在《皋陶謨》中的問答體內容，有些並不是以先提出問題，再進行回覆的樣式展開的；而是先概述一個論題，再通過答覆對方提問的方式，對命題加以進一步的闡釋。這時，問話的作用不再是提出論題，而是將論述引向深入。例如，《皋陶謨》開篇首先記載了皋陶與禹的一段對話：「曰若稽古皋陶曰：『允迪厥德，謨明弼諧。』禹曰：『俞！如何？』皋陶曰：『都！愼厥身修，思永』禹拜昌言，曰：『俞。』」在這裡，皋陶首先概括性地提出了一個論題：「允迪厥德，謨明弼諧」，這兩句話是《皋》篇總的綱領，是皋陶所述之謀的總提示，下文所云都是這兩句話的具體化。

〔註12〕禹接著問道：「俞！如何？」意謂你說的很對，但是如何實現呢？接著，皋陶針對禹的提問，對剛才的論題再做進一步的解說，即「慎厥身修，思永。惇敘九族，庶明勵翼，邇可遠在茲。」這是皋陶所提出的實現「允迪厥德，謨明弼諧」的具體要求。「俞」，《夏本紀》作「然」，贊成的意思，禹在聽了皋陶的話之後，說了一聲「是的」，表示贊同。在這裡，如果將禹的講話去掉（如表 5-19 所示），那麼，皋陶的講話就變成了獨白式記言，而且其所陳述的內容也是相對連貫而完整的。因而可以說，禹的問話在這裡並沒有直接參與皋陶的具體論述內容中，而是起到了將論述過程逐步引向深入的作用。上文所例舉的對話內容，在《皋陶謨》中是皋陶所論問題的開端，他對核心內容——「知人」、「安民」的政治綱領的闡述，同樣也是在禹的追問下完成的（詳見表 5-20）。其中，禹對皋陶的詰難（a1 段提問），並不是出於政見不同，而是為了通過辯論使認識更加深入〔註13〕；禹曰：「何？」（a2）是禹問皋陶「九德」都有哪些；正是禹的不斷追問，促使皋陶向問題的深層講開去。

綜上，《皋陶謨》篇中的問對式對話內容也可以表示為：X→Y。

表 5-19：皋陶與禹問對結構分析表（一）

	功　能	記　敘	記　言
A1	提出論題	曰若稽古皋陶曰：	「允迪厥德，謨明弼諧。」
a1	提　問	禹曰：	「俞，如何？」
A2	深入闡釋	皋陶曰：	「都，慎厥身，修思永，惇敘九族，庶明勵翼，邇可遠在茲。」
a2	表示贊同	禹拜昌言，曰：	「俞。」

（*表格中，A 與 a 表示講話人的更替）

表 5-20：皋陶與禹問對結構分析表（二）

	功　能	記　敘	記　言
A1	提出論題	皋陶曰：	「都，在知人，在安民。」

〔註12〕金景芳、呂紹綱著：《〈尚書・虞夏書〉新解》，遼寧古籍出版社，1996 年 1 月，第 189 頁。

〔註13〕金景芳、呂紹綱著：《〈尚書・虞夏書〉新解》，遼寧古籍出版社，1996 年 1 月，第 192 頁。

a1	詰問	禹曰	「吁，咸若時，惟帝其難之。知人則哲，能官人；安民則惠，黎民懷之。能哲而惠，何憂乎驩兜，何遷乎有苗，何畏乎巧言令色孔壬？」
A2	概括回答	皋陶曰	「都，亦行有九德，亦言其人有德。」〔乃言曰：〕「載采采。」
a2	追問	禹曰	「何？」
A3	詳細闡釋	皋陶曰	「寬而栗，柔而立，願而恭，亂而敬，擾而毅，直而溫，簡而廉，剛而塞，強而義。彰厥有常，吉哉！……達於上下，敬哉有土。」

第二，普通式

《尚書》中的普通式對話內容，主要存在於《召誥》、《洛誥》、《西伯戡黎》等篇中。

《召誥》

《召誥》所記載的是周公與召公之間的一次對話。周公平定武庚後，遷殷遺多士（貴族）、庶殷（平民）於洛邑，加上洛邑原在殷時所居住的殷民，所以殷人就較多，需要加強鎮撫與管理，於是營建洛邑成為東都，以鞏固統治。周公和周成王及召公商量利用殷民作為營建洛邑的勞動力。於是就有五年由成王叫召公先到洛邑察看和籌劃命庶殷營建洛邑之事，接著周公到洛邑視察督促工程進行，講了這篇《召誥》。

周公的講話構成《召誥》篇的主體內容。周公首先呼告聽話人曰：「拜手稽首，旅王若公，誥告庶殷越自乃御事」，明言要誥告庶殷和御事人員；但接著又將辭鋒一轉，將這篇講話的中心內容變成了誡勉成王。周公在《召誥》中的言論主要包括三方面內容，第一，周公分析了當時周王朝所面臨的局勢，休恤相依，天命無常，告誡成王要敬德保民（「拜手稽首，旅王若公」至「矧日其有能稽謀自天」）；第二，闡明營建洛邑對於鞏固周王朝統治的重要意義，告誡周王要加強道德修養（「嗚呼，有王雖小，元子哉」至「不可不敬德」）；第三，周公總結夏、商滅亡的教訓，勉勵成王要敬德憂民（「我不可不監於有夏」至「欲王以小民受天永命」）。召公則承接周公的長篇講話之後作了簡短的答語，即：「予小臣敢以王之仇民、百君子越友民保受王威命明德！王末有成命，王亦顯。我非敢勤，惟恭奉幣，用供王能祈天永命。」《召誥》篇首史官記載了召公和庶邦冢君以幣禮入贈周公事（「太保乃以庶邦冢君出取幣，乃復入錫周公」），周公拜謝，並引出他上文中所講的申誡之辭。召公篇末的答

語就是照應上文取幣入賜周公事。

《召誥》篇的記言由周公和召公兩人的講話疊加而成，如果用 X 和 Y 分別表示雙方講話的內容，那麼，本篇記言部分的結構可以表示爲：X+Y。

《洛誥》

《洛誥》是周成王在位周公攝位執政七年營建洛邑的主要工程完成後，請周成王到洛邑舉行祀典，主持國政，成王則在祀後返回宗周，留周公居洛以鎮撫東土這一歷史過程中的相關往返告答之辭，由作冊逸記錄成文的一篇誥詞。

《洛誥》記載了周公與成王之間的多次對話過程。第一次周公在營建洛邑的主要工程完成之後，以新邑的地圖及當時吉卜遣使得送往鎬京告於成王，以及成王答語（「朕復子明辟」至「拜手稽首誨言」）；第二次是在作洛工程基本完工之後，周公返回鎬京欲請成王至洛舉行元祀，圍繞著這一主題，周公和成王之間的往返告答之語，其中「王肇稱殷禮」至「無遠用戾」，爲周公所講；「公，明保予沖子」至「四言其世享」，爲成王所講；第三次是周公奉命到洛，經營並治理洛邑，周成王派人存問周公時，雙方的往返告答之辭（「王命予來」至「萬年其永觀朕子懷德」）。在這裡，成王的話是通過周公轉述的，即「『明禋，拜手稽首休享」，所以二人間的告答是以一種間接的方式實現的。

《洛誥》記載了成王和周公之間的多組往返告答的過程，雖然從記錄方式上看，本篇較《召誥》包含有更多的記言單元，但是在每一次對話過程中，周公與成王二人的講話都呈並列的陳述形式，所以本篇將《召誥》中的記言結構也概括爲：X+Y。

《西伯戡黎》

《西伯戡黎》是周文王征服了居於商王朝西北屏蔽之地的黎國之後，商代統治者感到危亡在即，其貴族大臣祖伊對商王紂提出警告的一篇對話記錄。

本篇中包括三個記言單元，除了祖伊與商紂間的一組對話以外，還有祖伊針對商紂答覆所發出的感喟之辭。首先祖伊指出殷商末年的危急局勢，是商王紂的行爲招致的後果（「惟王淫戲用自絕」），面對天怒人怨的現實局勢，他勸諫商紂趕快注意改變（「天子」至「今王其如臺」）。商紂自恃天命拒絕了祖伊的勸諫，接著祖伊發出了殷商行將滅亡的悲歎（「嗚呼」至「不無戮於爾邦」）。

《西伯戡黎》篇在形式上的突出特點是通過反問句來表示強烈肯定的語氣。(1)「大命不摯，今王其如臺？」這是祖伊向商紂的發問。它所表達的意思與問對式記言中的有疑而問的情況不完全相同，而是同時兼有勸諫和警示的意味，祖伊通過問話所要表達的眞實意圖，是希望商紂有見於王朝面臨的嚴峻形勢，能對自己荒淫的行徑有所警醒和改悔，所以這句問話中實帶有反問的語氣。(2)「嗚呼！我生不有命在天？」這是商紂對祖伊諫言的答覆。商紂用傲慢的反詰語氣拒絕了祖伊的諍諫。他對天命的篤信和倚仗，與祖伊諫言中提到的「天棄我」、「大命不摯」等對國勢的冷靜論斷完全對立。(3)「嗚呼！乃罪多以參在上，乃能責命於天？」這是祖伊在勸諫遭到拒絕後發出的感歎，商紂的罪行已經昭聞於天，又怎麼能向上天責要大命？祖伊用反問的口吻，再次肯定了商王朝的行將滅亡的現實，呼應了他在第一段中提出的論斷。

本篇的對話中雖然多用反問句，但是它所傳達的卻並不是疑問的意思，而是表示強烈的肯定，所以《西伯戡黎》篇在記言形式上屬於普通式，可以表示爲：X+Y。

此外，《皐陶謨》後半部分中，也記載了舜與禹等人的普通式對話，其在形式上與上述諸篇具有相通之處。

除了以上所討論的《書》篇以外，《今文尚書》中還有四部以記敘爲主的《書》篇，即《堯典》、《禹貢》、《金縢》和《顧命》。總體來看，這些《書》篇中的記言是作爲一個相對獨立的內容單元鑲嵌於記敘過程中的（《禹貢》篇除外）。

《堯典》中的對話

《堯典》篇中的記言屬於對話式，通過多人之間對話分別記錄了堯、舜時代舉選賢能、任命官職的情況。《堯典》中的對話簡短直接，並且有些對話還帶有一定程度的程式化特徵。如，堯與眾人的問答多以「A 徵詢——a 推薦——A 否定」的形式構成一個表意循環（這裡的 A，a 分別代表不同講話人）；舜與眾人的對話則通過與史官記敘相互配合，以「A 徵詢——a 推薦——A 採納——（辭讓）——A 任命」的形式生成一個表意單元（詳見表 5-21），其中，「辭讓」的部分由史官記敘表述出來，然後通過多個具有相同形式的內容單元的相互鏈接，共同完成對選官情況的記述。《堯典》中還有堯舜直接任命官職的記載，如，帝曰：「棄，黎民阻饑，汝后稷，播時百穀。」帝曰：「契，

百姓不親，五品不遜，汝作司徒，敬敷五教在寬。」帝曰：「皋陶，蠻夷猾夏，寇賊奸宄，汝作士。五刑有服，五服三就；五流有宅，五宅三居。惟明克允」，等等。總起來看，《堯典》中的記言句式簡短，語詞通順平實，講話人更迭頻繁，沒有具有較強針對性的論述段落，與《尚書》中其他《書》篇記言部分的風格迥然有異。

表 5-21：《堯典》中堯與眾人對話的基本形式統計表

①	徵詢 →	帝曰：	「疇咨若時登庸？」
	推薦 →	放齊曰：	「胤子朱啓明。」
	否定 →	帝曰：	「吁！嚚訟，可乎？」
②	徵詢 →	帝曰：	「疇咨若予採？」
	推薦 →	驩兜曰：	「都！共工方鳩僝功。」
	否定 →	帝曰：	「吁！靜言，庸違，象恭滔天。」
③	徵詢 →	帝曰：	「咨！四嶽：湯湯洪水方割，蕩蕩懷山襄陵，浩浩滔天。下民其咨，有能俾乂？」
	推薦 →	僉曰：	「於，鯀哉！」
	否定 →	帝曰：	「吁，咈哉！方命圮族。」
*	追申 →	嶽曰：	「异哉，試可乃已。」
*	任命 →	帝曰：	「往，欽哉！」

表 5-22：《堯典》中舜與眾人對話的基本形式統計表

①	徵詢 →	舜曰：	「咨，四嶽，有能奮庸熙帝之載，使宅百揆，亮採惠疇？」
	推薦 →	僉曰：	「伯禹作司空。」
	採納 →	帝曰：	「俞，咨，禹，汝平水土，惟時懋哉！」
	（辭讓） →	禹拜稽首，讓於稷、契暨皋陶。	
	任命 →	帝曰：	「俞，汝往哉！」
②	徵詢 →	帝曰：	「疇若予工？」
	推薦 →	僉曰：	「垂哉！」
	採納 →	帝曰：	「俞，咨，垂，汝共工。」
	（辭讓） →	垂拜稽首，讓於殳斨暨伯與。	
	任命 →	帝曰：	「俞，往哉，汝諧。」
③	徵詢 →	帝曰：	「疇若予上下草木鳥獸？」

	推薦 →	僉曰：「益哉！」
	採納 →	帝曰：「俞，咨，益，汝作朕虞。」
	（辭讓）→	益拜稽首，讓於朱、虎、熊、羆。
	任命 →	帝曰：「俞，往哉，汝諧。」
④	徵詢 →	帝曰：「咨，四嶽，有能典朕三禮？」
	推薦 →	僉曰：「伯夷。」
	採納 →	帝曰：「俞，咨，伯，汝作秩宗，夙夜惟寅，直哉惟清。」
	（辭讓）→	伯拜稽首，讓於夔、龍。
	任命 →	帝曰：「俞，往，欽哉！」

《金縢》中的告神之辭

　　《金縢》篇在前半部分中記載了周公請代武王死的告神之辭，這是篇中記言部分的主體。周公祝禱是古代統治者在對祖宗神靈的崇拜下所進行的一種宗教性政治活動，雖然《金縢》後半有關風雷示警、成王郊迎的記載是東周時候補敘的結果，但是這並不影響周公《金縢》故事本身的真實性。顧頡剛、劉起釪合著的《〈尚書〉校釋譯論》指出：「（《金縢》）篇中所載周公冊祝之文，不論是它的思想內容，還是一些文句語彙，也都基本與西周初年的相符合」，〔註14〕這篇告神之辭確是西周初年的成品。它主要由兩部分內容構成，第一，周公極言自己的才能，請求先祖神靈以自己代武王承擔丕子之責（「惟爾元孫某遘厲虐疾」至「不能事鬼神」）；第二，周公敘述以己代武王的理由，是有利於周朝保有天命，先王神明亦有所歸依（「乃命於帝庭」至「我先王亦永有依歸」）；第三，是周公對祖先神靈所講的警示之辭（「今我即命於元龜」至「我乃屏璧與珪」）。因為這是周公在祭壇上向神明的禱告之辭，不同於其他《書》篇中針對政策與軍事等現實問題所展開的分析與論述，特殊的內容決定了它在結構形式與行文風格上的特異。`

　　《顧命》中主要包括三段記言內容，一是周成王臨終時的顧命辭；二是周康王即位時，太保代表群臣諸侯所進之陳戒詞和周康王發表的誥詞。

　　成王顧命辭是史臣記載的周成王病垂危時，對幾位大臣及群臣所講的一篇囑咐其輔佐兒子康王的一番講話，也是《尚書》中唯一的古代君主臨終顧命的重要資料。顧命辭的內容大體包括三個層次，第一，周成王宣告病體沉重，欲將嗣位大事託付於臣下（「嗚呼！疾大漸」至「茲予審訓命汝」）；第二，

〔註14〕顧頡剛、劉起釪著：《尚書校釋譯論》，中華書局，2005年4月，第1253頁。

周成王稱揚文王武王以德業敬受天命，自己作爲嗣王亦恪守王業，只今罹病，不能再克盡職守（「昔君文王」至「殆弗興弗悟」）；第三，周成王委託臣下輔弼長子釗渡過難關，接繼周朝統治（「爾尚明時朕言」至「爾無以釗冒貢於非幾」）。周成王講話之後的第二天就死了，周王朝舉行了隆重的典禮向康王傳授顧命。儀式結束之後，諸侯向新即位的君主獻圭幣再拜朝見，周康王則以新君身份答拜，君臣雙方分別發表了講話。太保代表群臣諸侯所進的陳戒詞（「敢敬告天子」至「無壞我高祖寡命」），主要是勸勉康王繼承文武遺志，敬保有周天命，將先祖開創的事件發揚光大；在答覆臣下的誥詞中（「庶邦侯甸男衛」至「無遺鞠子羞」），周康王勉勵諸侯群臣要繼續忠於周王朝並勤勞於王事。

　　和《金縢》篇中的告神之辭一樣，《顧命》中的兩段記言內容，無論在發表的歷史背景，還是講話的意圖與內容上，都是《尚書》中絕無僅有的。就它們在《書》篇中的地位來看，這些記言內容並不構成《書》篇內容的主體，而是作爲相對獨立的內容單元被「鑲嵌」在史官敘事過程之中，所以它們與其他《書》篇在結構形式上也存在明顯的區別。總之，這些存在於以記敘爲主的《書》篇中的記言，通常具有獨特的內涵與結構樣式，代表了《尚書》記言的另一種風格。

　　綜上所述，《尚書》不僅在篇章的結構形式方面表現出一定的規律性，而且在記言部分內部也具有特定的結構模式。本書認爲，《尚書》中的記言可以按照《書》篇中發言人數的多少分爲兩個基本類型（參下圖）：其一是獨白式，即《書》篇單獨記錄某一人物的講話。由於這類《書》篇中的講話人（A）保持不變，所以它的形式可以表示爲（N：）A 曰+Bn；其二是對話式，即《書》篇中記載了兩人或多人之間的對話內容，這類《書》篇的結構可以表示爲（N：）An 曰+Bn。在獨白式《書》篇中，根據言論在內容與結構形式方面的不同，可以再析分爲化解式與建設式。其中，化解式言論以消極要素（Y）的存在（或潛在）爲典型標誌，化解消極要素不僅是作者（指發言者）發表言論的主要動機，而且解決問題的過程也構成了《書》篇論述的主體內容。建設式言論以對目標行爲的實現提出建設性的意見或命令爲主要內容，而對觀點或主張的成立與否則較少論述。本書將這兩類言論的結構形式分別概括爲 X+Y→Z 和 X→Z1・Z2…Zn。《尚書》對話式《書》篇中的記言，也可分爲兩種不同的形式，其一是問對式，其二是普通式。在問對式對話中，對話雙方呈問答關

係，就問、對內容在構建記言結構方面的作用而言，前者具有提示論題或將
論述引向深入的作用，本書認為問對體記言可以表示為 X→Y。普通式對話是
指對話雙方一般性的往返告答之辭，由於並沒有問對式結構中對話內容間的
強烈針對性和連貫性，所以普通式對話的形式可以概括為：X+Y。此外，《尚
書》中以記敘為主要內容的《書》篇中，也間有記言部分。這些記言無論在
內容上，還是在形式上都具有鮮明的個性特徵。

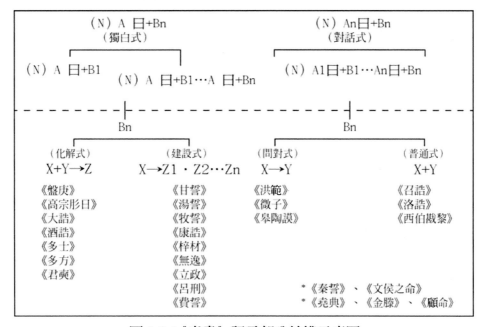

圖 5-3：《尚書》記言部分結構示意圖

結語：《尚書》文本的雙重結構及其意義

　　《尚書》是我國最早的一部歷史文獻，它不僅是儒家至尊至重的思想經典，而且也是封建社會歷史帝王必讀必修的治世明鑒，同時，圍繞著《尚書》自身的版本與流傳等複雜問題所展開的研究，以及《尚書》今、古文學派的分歧等，又使得《尚書》之學成了學術史上一樁十分繁難的學案，從《尚書》研究的總體情況來看，上述傳統的研究方向也一直都是現代學者們關注的重點。應該說，有關《尚書》學史諸多問題的探討，爲包括文學在內的很多《尚書》後起研究方向的發展提供了必要的前提和基礎，而對《尚書》進行多學科多角度的考察，也是全面把握《尚書》歷史意義與學術價值的必然選擇。《尚書》「七厄」，以秦火最甚。先秦時代《尚書》的形制與內容後人已無法確知，現見存於《尚書正義》中的《今文尚書》二十八篇，被視爲較爲可靠的《尚書》文本。本書的研究，就是以今文二十八篇作爲研究對象而展開的。

　　在對《尚書》進行文學研究時，首先要面對一個問題就是如何理解歷史與文學的關係。與先秦時代的其他典籍一樣，《尚書》文本也體現出文史哲涵容並生的文化特徵，這一點決定了在對其進行文學研究時，必須正確理解歷史與文學的關係。本書認爲，歷史是《尚書》的本質屬性，確切地說，《尚書》是我國歷史上第一部記言古史；歷史又是《尚書》的內容，對虞夏商周王朝最高統治階層成員的言語記錄，是《尚書》文本的主體內容。而文學所關注的更多是《尚書》將其所承載歷史內容表述出來的方式與途徑。內容必然通過某種形式得以表述，而形式又注定是某項內容的載體。歷史與文學輔車相依，不可剝離。《尚書》的文學成就，就集中體現在其表達歷史內容時的典型結構形式，同時這種形式的生成，又與《尚書》本質屬性與記言內容對文本

結構形式的內在規定性直接相關。內容決定形式，形式服務於內容，這二者的完美契合，成就了《尚書》文本的文學價值。如果說歷史學對《尚書》所展開的研究，更多的是著眼於《尚書》作爲先秦史籍的豐富內涵，那麼，文學研究要關注的重點，則更多是《尚書》作爲我國散文體發展初期的代表樣式，在結構形式方面的特徵。

　　本書的研究以對《尚書》歷史屬性的還原與歷史內容的深入解讀爲前提。本書認爲，《尚書》在結構形式方面的典型特徵，集中體現在其文本在多個層面上所體現出來的雙重結構。

　　首先，從《尚書》的整體構成來看，《今文尚書》二十八篇在篇目編次上具有明顯的編年體特徵，也就是說，《書》篇之間的先後次序，基本上是按照其內容所涉歷史時期的先後來排列的。而《書》篇的實際作成時間，卻並不完全與這個編年順序相一致。例如，內容時代最古的《虞夏書》中的某些篇章，可能它的整編時代卻相對較晚，要到春秋戰國時候；而保存於《周書》中的一些誥詞則是西周初年的原始文獻。《尚書》在整體編排上表現出來的編年體特徵與《書》篇具體作時的牴牾，與《尚書》在先秦時代的製作與流傳過程具有密切聯繫。先秦時代是《尚書》的生成期。《書》篇原是由史官載筆記錄下來的君王或重臣的重要講話，是爲各王朝所典藏的重要文獻資料，在長期的流傳過程中，逐漸累積、匯總、結集，經春秋戰國時候學者的整理和編輯，逐漸形成編年式體例。在《書》篇的生成與《尚書》的編輯之間存在一個相當長的時間跨度，從某種意義上說，編年體是春秋戰國時代學者對《書》篇這樣的歷史文檔加以整理的有效手段，而這種整理同時又是滯後於《書》篇製作時間、偏離於《尚書》記言本質的，所以它實際上是賦予了《尚書》一條外在的時間線索，《尚書》編年體結構的不完備性就充分說明了這一點。而諸《書》篇之所以能在經歷長期流傳之後，生成一種新的體式，與《尚書》的記言屬性及由此決定的文本結構特徵密切相關。《尚書》以記言爲第一要義，它的核心內容是對統治者所發表之重要講話內容的直接記錄，至於引發言論的歷史事件，包括事件發生的具體時間，都不是《書》篇作者關注的重點。由於言論本身具有較強的針對性，且缺乏敘事文在情節發展方面的連貫性，遂使《書》篇內容帶有很強的獨立性，而這正是《尚書》富於編年體意味的整體結構得以生成的必要前提。由此可見，《尚書》在整體結構上實際上存在著一個雙重結構，外在的具有編年體意味的篇目編次與各《書》篇的具

體作成時間是兩個不同的過程。

第二，在《書》篇構成上也存在一個雙重結構。《今文尚書》中除了《禹貢》之外，其他諸篇都由記敘和記言兩部分構成，記敘是《書》篇的框架，記言是《書》篇的內核。二者在結構和功能等方面都存在明顯的差別。

本書認為，記敘是構建《書》篇結構的主要力量。《尚書》中的記敘主要有兩種形式，一是多冠於篇首（或用於記言單元之前）的簡要背景敘述；二是用以標記講話人並引導記言內容的「某某曰」。前者是對記言內容的有效補充，為準確把握言語內容提供必要的信息支持；後者是引導記言的基本形式，與言語內容共同組成《尚書》記言的基本結構單元（亦即 A 曰：B 形式）。史官記敘的兩種基本形態，構建起《尚書》以記言為主體內容諸《書》篇的兩種基本結構範式，本書將其分別表示為：N：An 曰+Bn 和 An 曰+Bn（其中，N 代表簡要背景敘事；A 代表講話人；B 代表言語內容；n 分別用以標記講話人的變換和記言單元的出現頻次）。《書》篇結構範式的發現說明，《尚書》雖然是不同時期不同王朝歷史文檔的彙集，雖然在講話人與講話內容、口語風格等多個方面存在差異，但是作為記言史書本身，《書》篇之間在文本的結構形式上仍具有明顯的內在一致性。本書認為，這種為《書》篇所共有、為《尚書》所獨有的結構範式就是《尚書》的標誌性結構特徵。而這正是以《書》篇中的史官記敘為主要力量構建起來的。

《尚書》以記言為主體內容。由於史官記言方式的獨特性，使《書》篇中的言語部分取得了相對獨立的結構地位。總的看來，《尚書》中的記言內容多富於論說文意味，諸《書》篇的言語內容雖不相同，但是卻具有內在統一的結構規律。根據同一《書》篇中講話人數的不同，《書》篇中的記言內容可首先劃分為獨白式與對話式。獨白式言論論述性質明顯，根據其論說方式的不同，本書又將其分化解式與建設式兩類。在這兩種論述類型中，都包括一個目標項，它可能是一項具體的行動（如盤庚遷殷等），也可能是一種抽象的預期或要求（如周公對康叔好好治理衛地的寄望等），其中，化解式言論以對目標項的實現具有破壞力量的消極因素的出現為特徵，化解目標與阻力之間的矛盾關係是這一類型言論的主要動機，論說的過程則構成言論的主體內容；建設式言論以為目標項的達成提出建設性意見為主要內容，在多數情況下，不再著意論述行為目標的合理性和重要性，而是將關注的焦點轉向達成目標的方式和途徑。雖然《尚書》中的言論並不是嚴格意義上的論說文，但

是化解式與建設式言論還是分別在不同程度上體現出駁論文與立論文的文體特徵，二者一破一立，圍繞各自《書》篇中的具體論題展開論述，在邏輯層次的推進與論證方法的應用等方面都取得一定的成績。本書將化解式與建設式言論的結構形式分別概括為：$X+Y{\to}Z$ 和 $X{\to}Z1 \cdot Z2{\cdots}Zn$，其中，X 代表目標項，Y 代表消極因素，Z 代表闡論的過程。對話式記言內容根據雙方對話關係的不同，再細分為問對式和普通式兩種類型，其中，問對式是指雙方談話內容屬於問答關係，即由一方提出問題，另一方相應地作出解答，並通過這種問答形式的疊加構成《書》篇的基本內容；普通式是指雙方在對話過程中，不存在提問與解答的關係，而只是一般性的往返告答。本書將問對式與普通式記言分別表示為：$X{\to}Y$ 和 $X+Y$。其中，箭頭（$\to$）表示問話對於答語的直接引介功能，加號（$+$）表示前後項之間是並列或附加關係。

由此可見，在《書》篇的構成上也存在著一個雙重結構，記敘和記言一方面相輔相成地構建起諸《書》篇的完整內容，另一方面又在原始作者、表述人稱、語言風格與結構形式等方面具有明顯的差異，彼此間既相互依存，又具有相對獨立性。

《尚書》還有四篇作品以史官記敘為主要內容，它們分別是《堯典》、《禹貢》、《金縢》和《顧命》。這些《書》篇中的大篇幅記敘與記言內容相互錯雜（《禹貢》篇除外），往往具有平行於記言內容的獨立性，在敘述語言方面體現出程式化的特徵。

本書對《尚書》文本結構模式的研究，是在把握其作為上古典籍所固有的泛文學特徵的前提下，對《尚書》記言本質與文學形式之間的關係進行重新思考，並結合對文本的細讀而漸次展開的。本書認為，《尚書》的文學研究必須與其歷史屬性與歷史內容相結合，而不能簡單運用現在文學研究理論對這樣一部具有母體意義的作品進行純文學成就與價值的剖析與考量。用綜合的方法解決特殊的問題，是走近以致走進《尚書》文學世界的有效途徑。《尚書》文本以雙重結構為代表的結構特徵，既是中國早期史學著作尚未發達的一種特殊形態，同時也是那一特定歷史時期，史官們所創造的一種最為切實有效的歷史記述方式。通過這種特殊的歷史敘述方式，史官們很好地完成了歷史賦予早期史學的任務，從而使《尚書》這部著作以其所包容的豐富歷史內容，成為中國文化經典，深刻地反映了中國上古時期在哲學、歷史、政治、文化、思想等多個方面所能達到的高度。不僅讓後人對上古文化有了很好的

瞭解，而且也不禁爲先人所取得的巨大歷史成就而感歎。史官們在記敘這一階段歷史的過程中，所探索出來的特殊的敘述模式，雖然在後世看來，在某些方面還顯得有些粗糙或不夠完善，但不可否認的是，這些前人所做出的有益探索對中國後世文章學（包括文學）的發展奠定了堅實的基礎。從記事來說，《尚書》的結構和《春秋》記事的結構有異曲同工之妙；從記言的角度來講，《尚書》直接影響了後世的史書，如《國語》、《戰國策》及諸子散文，如《論語》等的記言；從人物形象和敘事技巧方面來講，它對後世的史傳文學等也產生了直接的影響，《尚書》中所運用的敘事語言和描寫性語言，是後世各種文學語言的淵藪。因而，本書的研究，就是要試圖找到一條破解中國早期史學著作的有效途徑，從而進一步認識《尚書》這部著作在中國早期文學和史學兩方面所具有的偉大意義，恢復其至高無上的經典文本價值。陳柱在《〈尚書〉論略》中說：「研究文章者，不可不讀《尚書》。韓愈云：『上窺姚姒，渾渾無涯，周誥殷盤，詰屈聱牙。』其贊《尚書》者至矣。……要之《尚書》爲吾國文章之冠冕，推而廣之，並爲世界最古文章之冠冕。不學文則已，如其學文，則此書之不可緩可知也。」《尚書》文學成就的研究是一項具有重要意義的工作，有關這部上古文學經典，還有太多值得我們探索和思考的問題。

參考文獻

1. 〔清〕阮元校刻：《十三經注疏》，中華書局影印，1980 年。

2. 〔戰國〕韓非著，陳奇猷校注：《韓非子新校注》，上海古籍出版社，2000 年。

3. 〔漢〕班固撰，〔唐〕顏師古注：《漢書》，中華書局，1962 年。

4. 〔漢〕司馬遷撰：《史記》，中華書局，1959 年。

5. 〔南朝宋〕范曄撰，〔唐〕李賢等注：《後漢書·儒林傳》，中華書局，1965 年。

6. 〔宋〕蔡沈著：《書經集傳》，上海古籍出版社，1987 年。

7. 〔清〕王夫之著：《尚書引義》，中華書局，1976 年。

8. 〔清〕陳柱著：《〈尚書〉論略》，商務印書館，1924 年。

9. 〔清〕孫星衍著撰：《尚書今古文注疏》，中華書局，1986 年。

10. 郭沫若著：《金文叢考》，北京人民出版社，1954 年。

11. 王國維著：《觀堂集林》，中華書局，1959 年。

12. 范文瀾著：《中國通史簡編》（修訂本），人民出版社，1961 年。

13. 屈萬里著：《尚書釋義》，中國文化學院出版部，1980 年。

14. 朱自清著：《經典常談》，三聯書店，1980 年。

15. 顧頡剛著：《尚書通檢》，北京圖書館出版社，1982 年。

16. 馬雍著：《〈尚書〉史話》，中華書局，1982 年。

17. 王世舜著：《尚書譯注》，四川人民出版社，1982 年。

18. 顧頡剛編著：《古史辨》，上海古籍出版社，1982 年。

19. 周秉鈞著：《尚書易解》，嶽麓書社，1984 年。

20. 孫星衍著：《尚書今古文注疏》，中華書局，1986 年。

21. 劉毓慶著：《古樸的文學》，北嶽文藝出版社，1988 年。

22. 蔣善國著：《尚書綜述》，上海古籍出版社，1988 年。

23. 劉起釪著：《尚書學史》，中華書局，1989 年。

24. 江灝、錢宗武著：《今古文尚書全譯》，貴州人民出版社，1990 年。

25. 謝无量編：《中國大文學史》，中州古籍出版社，1992 年。

26. 謝楚發著：《中國散文簡史》，長江文藝出版社，1992 年 10 月。

27. 周民著：《尚書》詞典，四川人民出版社，1993 年。

28. 聞一多著：《聞一多全集 10・文學史編》，湖北人民出版社，1993 年。

29. 聶石樵著：《先秦兩漢文學史稿・先秦卷》，北京師範大學出版社，1994 年。

30. 郭預衡著：《中國散文簡史》，北京師範大學出版社，1994 年。

31. 漆緒邦、牛鴻恩編：《中國散文通史》，吉林教育出版社，1994 年。

32. 羅鋼著：《敘事學導論》，雲南人民出版社，1994 年。

33. 譚家健著：《先秦散文藝術新探》，首都師範大學出版社，1995 年。

34. 張夢新著：《中國散文發展史》，杭州大學出版社，1996 年。

35. 金景芳、呂紹綱著：《尚書・虞夏書新解》，遼寧古籍出版社，1996 年。

36. 韓兆琦著：《中國文學史・先秦漢代》，北京師範大學出版社，1996 年。

37. 張炯主編：《中華文學通史》，華藝出版社，1997 年。

38. 劉起釪著：《日本的尚書學與其文獻》，商務印書館，1997 年。

39. 劉大杰著：《中國文學發展史》，上海古籍出版社，1997 年。

40. 鄭振鐸著：《鄭振鐸全集 8・插圖本中國文學史》，花山文藝出版社，1998 年。

41. 褚斌傑、譚家健主編：《先秦文學史》，人民文學出版社，1998 年。

42. 傅修延著：先秦敘事研究，東方出版社，1999 年。

43. 王玉哲著：中華遠古史，上海人民出版社，2000 年。

44. 趙義山、李修生主編：《中國分體文學史・散文卷》，上海古籍出版社，2001 年。

45. 錢宗武、杜純梓著：《尚書新箋與上古文明》，北京大學出版社，2004 年。

46. 顧頡剛、劉起釪著：《尚書校釋譯論》（全四冊），中華書局，2005 年。

47. 曹道衡、劉躍進著：《先秦兩漢文學史料學》，中華書局，2005 年。

48. 陳夢家著：《尚書通論》，中華書局，2005 年。

49. 郭沫若著：《青銅時代》，中國人民大學出版社，2005 年。

50. 劉起釪著：《尚書研究要論》，齊魯書社，2007 年。

51. 楊樹增著：《中國歷史文學》，呼和浩特遠方出版社，2004 年。

52. 褚斌傑著：《古典新論》，湖南人民出版社，2004 年。

53. 劉衍著：《中國古代散文史》，高等教育出版社，2004 年。

54. 錢基博著、傅道彬點校：《現代中國文學史》，中國人民大學出版社，2004 年。

55. 馬瑞芳、鄒宗良等著：《中國古典文學研究》，人民文學出版社，2006 年。

56. 譚家健著：《中國古代散文史稿》，重慶出版社，2006 年。

57. 汪震：尚書洪範考，文載《北京晨報》，1932 年 1 月 20 日。

58. 高亨：「中國文學史稿」討論會發言稿，文史哲，1956 年第 9 期。

59. 于省吾：《「王若曰」釋義》，載《中國語文》1966 年第 2 期。

60. 劉心予：先秦史傳文學試論，華南師範大學學報，1979 年第 4 期。

61. 劉起釪：尚書學源流概要，遼寧大學學報，1979 年第 6 期。

62. 郭沫若：《先秦天道觀之演變》，《郭沫若全集‧歷史卷》（一），人民出版社，1982 年 9 月。

63. 鄭臨川：聞一多論古典文學（上），社會科學輯刊，1983 年第 6 期。

64. 鄭臨川：聞一多論古典文學（下），社會科學輯刊，1984 年第 1 期。

65. 熊憲光：先秦政論文略論，四川師院學報，1984 年第 2 期。

66. 黃景行：先秦文學文獻概述（續），山東圖書館季刊，1985 年第 3 期。

67. 郭預衡著：《中國散文史》，上海古籍出版社，1986 年 5 月。

68. 黃景行：先秦文學文獻概述，山東圖書館季刊，1985 年第 3 期。

69. 程福寧：談談我國文章發展的基本線索，西藏民族學院學報（社會科學版），1990 年第 4 期。

70. 羅書勤：西漢奏疏的公文性質與文學價值，貴州教育學院學報（社科版），1992 年第 2 期。

71. 褚斌傑、王恒展：論先秦歷史散文中的小說因素，天中學刊，1995 年 5 月。

72. 王紹忠、李辰：從《大盂鼎銘》看西周時期訓誥文書的一般格式，辦公室業務，1995 年第 2 期。

73. 錢宗武：論今文《尚書》的語法特點及語料價值，湖南師範大學社會科學學報，1995 年第 4 期。

74. 劉本臣：論《尚書》的修辭學價值，錦州師範學院學報，1995 年第 4 期。

75. 顏建華：散文萌發階段的名篇——《尚書‧無逸》簡談，貴州師範大學學報（社會科學版），1996 年第 4 期。

76. 陳平原：從言辭到文章 從直書到敘事——秦漢散文論稿之一，文學遺

產，1996 年第 4 期。

77. 劉本臣：《尚書》比喻的文化内涵，修辭學習，1996 年第 4 期。

78. 劉剛：先秦散文發展史綱，鞍山師範學院學報（綜合版），1997 年 9 月。

79. 羅炳良：論中國古代史書體裁之辯證發展，史學月刊，1997 年第 5 期。

80. 郝明朝：「周誥」所見周公之天命觀，東嶽論叢，1997 年第 5 期。

81. 郝明朝：論《盤庚》在中國散文史上的地位，聊城師範學院學報（哲學社會科學版），1997 年第 2 期。

82. 郭守信：從《〈尚書·虞夏書〉新解》看金景芳先生對《尚書》研究的貢獻，煙臺師範學院學報（哲社版），1997 年第 4 期。

83. 陳玉剛：中國古代散文史，人民日報出版社，1998 年 8 月。

84. 蕢志毅：試據《尚書》體例論其編纂成書問題，學習與探索，1998 年第 2 期。

85. 郝明朝：《尚書》所見之周公思想，經學論苑，1998 年第 2 期。

86. 郝明朝：《尚書》中的周公，聊城師範學院學報（哲學社會科學版），1998 年第 3 期。

87. 郝明朝：論《尚書》的文學價值，齊魯學刊，1998 年第 4 期。

88. 張大燭：《尚書》「五誓」比較談，南平師專學報，1998 年第 1 期。

89. 王文清：論《尚書》散文的藝術風格特點，山東社會科學，1998 年第 6 期。

90. 周森甲：《尚書》——我國早期公文寫作的總結，湘潭大學學報，（哲學社會科學版），1998 年第 4 期。

91. 莫礪鋒：論朱熹對歷代散文的批評，漳州師院學報，1999 年第 1 期。

92. 石鵬飛：談談《尚書》——中國散文史箚記，雲南大學人文社會科學學報，1999 年第 4 期。

93. 王恒展：《尚書》與中國小説，山東師大學報（社會科學版），2000 年第 3 期。

94. 徐柏青：論先秦散文產生和發展的文化原因，湖北民族學院學報（哲學社會科學版），2000 年第 1 期。

95. 張興福、王偉翔：古代中國應用文的初始實踐——《尚書》的性質及文體類型淺析，社科縱橫，2000 年第 4 期。

96. 阮忠：前散文時代的文化思潮與散文的萌生，華中師範大學學報（人文社會科學版），2001 年第 5 期。

97. 劉紹衛：論駢文的文體意識的歷史演進，柳州師專學報，2002 年 12 月。

98. 王記錄：六經的意義與史學變革——對章學誠六經皆史論的再認識，山西師大學報（社會科學版），2002 年第 10 期。

99. 呂志毅：方志起源研究，中國地方志，2003 年第 5 期。

100. 劉緒義：《尚書》——中國最早的語錄體散文，湖南稅務高等專科學校學報，2004 年第 4 期。

102. 褚斌傑：論中國文體的源流演變與分類，職大學報，2004 年第 1 期。

103. 林誌強：新出材料與《尚書》文本的解讀，福建師範大學學報（哲學社會科學版），2004 年第 3 期。

104. 李乃龍：論《文選》「對問」體——兼論先秦問對體式的發展歷程，廣西師範大學學報（哲學社會科學版），2005 年 10 月。

105. 郭英德：由行爲方式向文本方式的變遷——論中國古代文體分類的生成方式，陝西師範大學學報（哲學社會科學版），2005 年 1 月。

106. 周衛東：先秦儒家文學思想研究，中央編譯出版社，2005 年 4 月。

107. 李炳海：從上古文學到中古文學的轉型——兼論中古文學的幾個基本屬性，陝西師範大學學報，2005 年第 1 期。

108. 陳彥輝：西周春秋經典對辭令的關注——經典對辭令關注的一個階段性考察，阜陽師範學院學報（社會科學版），2005 年第 6 期。

109. 郭英德：論中國古代文體分類的生成方式，學術研究，2005 年第 1 期。

110. 于雪棠：《尚書》文體分類及行爲與文本的關係，北方論叢，2006 年第 2 期。

111. 袁世碩：文學的歷史與歷史的文學，中國古典文學研究（馬瑞芳、郁宗良主編），人民文學出版社，2006 年 9 月。

112. 范甯：歷史與文學，古典文學研究文集，重慶出版社，2006 年 6 月。

113. 陳良中：昭昭如日月之代明　離離若星辰之錯行——試論《尚書》的敘事藝術，蘭州學刊，2006 年第 2 期。

114. 左東嶺：中國古代文學研究的中心與邊界——關於古今文學觀念的差異與整合，首都師範大學學報，2006 年第 2 期。

115. 鄧聯合：從政治合法性的建構到歷史更改的覺醒——論《尚書・周書》的歷史敘事，江淮論壇，2006 年第 4 期。

116. 〔日〕野間文史著：《春秋學——公羊傳與穀梁傳》，研文出版，2001 年。

117. 〔日〕東方文化學院京都研究所編：《東洋史研究文獻類目》，人文學會，1934 年～1962 年。

118. 〔日〕東方文化學院京都研究所編：《東洋學文獻類目》，人文學會，1963 ～2001 年。

119. 〔日〕 日本中國學會編：《日本中國學會報》，1950～2003 年。

120. 〔日〕吉川幸次郎著，陳順智、徐少舟譯：《中國文學史》，四川人民出版社，1987 年。

121.〔比〕J.M.布洛克曼著，李幼燕譯：《結構主義　莫斯科——布拉格——巴黎》，商務印書館，1980年。

122.〔瑞士〕皮亞傑著，倪連生、王琳譯：《結構主義》，商務印書館，1984年。

123.〔荷蘭〕D.W.佛克馬、E.貢內-易布思著，林書武、陳聖生、施燕、王筱芸譯：《二十世紀文學理論》，生活·讀書·新知三聯書店，1988年。

124.〔香港〕《殷周金文集成釋文》（1～6冊），香港中文大學中國文化研究所，2001年。

125.〔美〕王靖宇著：《中國早期敘事文研究》，上海古籍出版社，2003年。

126.〔臺灣〕林慶彰主編：《日本研究經學論著目錄》（1900～1992），中央研究院中國文哲研究所籌備處，1993年10月。

127.〔臺灣〕林慶彰主編：《經學研究論著目錄1988～1992》，漢學研究中心，1995年。

128.〔臺灣〕國立編譯館主編：《十三經論著目錄（三）·〈尚書〉、〈禮記〉論著目錄》，洪葉文化事業有限公司，2000年。

129.〔臺灣〕林慶彰主編：《經學研究論著目錄1993～1997》，漢學研究中心，2002年。